# 数字社会转型与治理研究

梁松柏 著

人民出版社

# 目　录

# 前　　言

　　在当今快速发展的数字化时代,数字社会治理已成为愈发重要的议题。随着科技创新不断涌现,数字技术已深刻改变了我们的社会生活和社会治理方式。数字社会治理不再局限于传统的信息管理范畴,而是涉及数字技术与社会治理深度融合的全新领域。

　　数字化转型对社会平等、社会信任和社会稳定等领域都可能带来潜在影响,因此,如何在确保数据安全和隐私保护的同时,保障数据的可用性和可信度是数字社会治理研究的核心问题。此外,探索如何建立全面严密的数字隐私保护体系,实现数字技术的普及,确保数字化红利能够惠及所有社会群体,对数字社会治理研究也至关重要。

　　本书关注数字技术在政府治理、社会服务、公共安全以及隐私保护等方面所带来的影响和挑战,深入探究了数字技术对社会治理的影响,包括政府运作、社会服务改进、公共安全保障以及个人隐私保护等方面的应用。本书聚焦于深入探讨数字技术与社会治理的交汇点,探索解决数据安全、隐私保护、社会平等以及可持续发展等方面挑战的途径，旨在为构建更加包容、安全和谐的数字社会治理体系提供理论支持和实践指导。

鉴于互联网信息更新速度之快，本书所提及的数据和信息难免存在一定的时效性和变化性，恳请广大同人、读者批评指正。

# 第一章　数字社会的演进、数智化及转型驱动机制

## 第一节　数字社会的演进

### 一、从原始社会到数字社会

社会发展和社会关系的核心是人,人与环境交互推动社会前进。自人类诞生以来,生产力提升和生产关系变革推动社会形态不断迭代。社会形态是生产力、生产关系、上层建筑等社会要素组成的完整体系,并按自身规律发展变化。人类社会形态有狩猎、农业、工业、信息社会和数字社会等。数字社会是数字时代的社会形态,展现人、技术和数据的相互作用过程。不同社会形态有不同社会关系特性。

在狩猎社会,人们依赖捕鱼、打猎和采集谋生,对自然界的认知和改造处于初级阶段,强调适应自然界的变化。农业社会的核心资源是

土地,主要生产工具为铜器和铁器,人与环境的关系主要依靠初级社会群体来维系。工业社会中,战略资源扩大到矿藏、石油、电力等各类能源,特别是电力,人们操作动力机械形成新的生产力,个体成为机器系统的一部分,以企业组织与社会团体为基础的相关关系得以体现。信息社会中,人类利用信息和知识,通过普遍化的信息网络服务方式进行生产,社会关系体现为以信息为纽带的社会联结。进入数字社会后,数据成为全新的生产要素,算法和算力成为新的生产力,通过网络相连的人和物成为生产数据的基本单位和参与社会互动的基本单元。

社会演变的主要驱动力是生产方式的变化,这种变化导致了生产资料在不同生产力和生产关系中形成的各种各样的社会关系。马克思主义理论强调,人类自身的生产和相应的依赖关系对有文字记载的人类历史具有重大的影响和意义。社会的结构随着时间的推移,经历了从以家族血缘为主导的模式,到以财富地位为主导的模式,再到以知识智慧为主导的模式的转变。在早期的血缘社会和农业社会中,血缘关系是主导,人们依照家族和亲戚关系来决定社会地位和角色。随着社会的发展,农业社会的生产方式逐渐被工业社会的生产方式所取代,以物质为基础的物缘关系成为主导。在工业社会中,人们的社会联系主要围绕着物质生产资料和产品来进行,形成了以"物缘"为主导的社会结构。

而到了信息社会,社会的结构进一步演变。数字社会被一些学者视为信息社会的进一步演化,它们都以虚拟的信息和数据为生产资料并以此作为社会联系的纽带。然而,数字社会和信息社会虽然在某些方面相似,但在特性上却有所不同。数字社会更注重于处理和生成大量的数据信息,以及利用这些信息进行决策和预测。而信息社会则更注重于信息的传播和分享,以及利用信息来促进社会的发展和进步。

在数字社会中,"信息"和"知识"成为主导。人们通过数字化技术和工具获取、处理、分析和利用大量的信息,以支持各种社会和经济活动。这种变化不仅改变了人们的生活方式和社会结构,也推动了生产力的提升和经济的发展。数字社会的出现,使得人们能够更高效地进行信息交流和知识共享,促进了创新和合作。同时,数字社会也带来了一些新的挑战,如信息安全、隐私保护、数字社会不平等等问题,需要努力解决。

## 二、信息社会的再认识:知识和效率

"信息社会"概念最早由日本学者林雄二郎于 20 世纪 60 年代提出,与数字社会相近。美国经济学家弗里兹·马克卢普(Fritz Machlup)于 20 世纪 50 年代开始研究知识和知识产业。第二次世界大战后新技术推动美国经济发展,马克卢普在其代表作《美国的知识生产与分配》中正式提出"知识产业"概念,评估 1958 年美国知识生产总规模为 1364.36 亿美元,占国内生产总值的 29%,成为第一大产业,对全球产生巨大影响。

20 世纪 60 年代,信息社会开始被提出并逐渐被人们所认识。1945 年以后,美国等西方国家在现代知识及技术驱动下,形成新的竞争优势。马克卢普等学者深入分析知识生产与经济发展的关系，最终形成《美国的知识生产与分配》一书，发现 1958 年美国知识生产规模占比高达 29%，认为美国已步入"知识社会"。这一结论带来极大影响，人们逐渐接受知识和创新是现代经济持续增长的决定性因素。随后的学者对马克卢普的理论和方法进行了完善。这一时期的信息社会探讨主要是工业社会如何实现转型发展。

20 世纪 80 年代以后，互联网技术的广泛应用加速了经济和社会的进步。这一时期，许多国外学者对这一现象进行了深入研究，其中最具代表性的理论有丹尼尔·贝尔的"后工业化社会"、阿尔温·托夫勒的"第三次浪潮"和约翰·奈斯比特的"网络社会"。

20 世纪 90 年代以后，信息革命时代到来，信息化成为全球焦点，给人类带来巨大影响。美国学者深入研究信息技术与信息社会关系，尼古拉斯·尼葛洛庞帝的《数字化生存》描述了网络时代的生活方式，即信息技术革命推动经济社会快速发展，人类向信息社会演进。网络通信技术快速发展，短时间内迎来爆发式增长，对人类社会发展带来了深刻而持久的影响。学者从技术视角思考网络技术对人类发展的影响，认为推动信息社会形成的并非信息和知识而是电子通信、现代信息技术。然而，关于信息社会的研究仅停留在经济效率提升层面，缺乏对整个社会形态的思考和研究。

在信息社会理论的演进历程中，主要形成了两大流派：知本主义与技术主义。在信息社会理论初步发展的时候，人们主要从知识与社会的关系角度来理解这个新的社会形态。虽然学术界对于信息社会是一种全新的社会形态还是传统社会发展到新阶段的体现存在一些争议，但大家普遍认为：知识的价值作用日益增强，对经济社会发展产生重大影响；知识对政策制定的作用也日益显著，专业人才和专业知识也发挥了重要作用。

知本主义流派强调知识的价值在社会中处于核心地位，认为信息社会是以知识为基础的社会。这个流派的观点认为，知识在信息社会中扮演着至关重要的角色，它不仅是社会发展的驱动力，也是推动社会转型的主要力量。技术主义流派则更关注信息技术的发展和应用对社会的影响。他们认为，信息技术的快速发展和广泛应用是推动信息社会发展的关键因素。

### 三、数字社会的再进化：数据和计算

数字社会是信息社会的进化。其技术逻辑源自大数据的发展与演进。20世纪90年代，互联网与电子商务的蓬勃发展使得各领域产生和处理的数据量大幅增长。2011年6月，麦肯锡发布了《大数据：下一个创新、竞争和生产力的前沿》报告，对数据作为新生产要素的作用进行了分析。该报告认为，数据作为重要生产要素，正在广泛渗透并影响着各行业的发展，充分利用海量数据能够带来新一轮生产率提升。这份报告引发了企业、政府和学术界对大数据革命的高度关注与讨论，标志着数据驱动的全新时代的来临。国际数据公司IDC指出，当前人类社会数据总量呈指数级增长，已进入ZB时代，推动着产业向"数据驱动"范式转变。

谷歌在 2006 年提出"云计算"的概念,云计算系统提供强大的算力资源,方便模拟核爆炸、预测气候演变、实现基因测序等。随着云计算、大数据、物联网等技术发展,数据采集、存储和分析能力越来越强,从海量数据中挖掘数据带来的价值变得不再困难。机器学习能力的加强将促进人工智能与大数据进一步融合,使大数据整体更接近客观现实。大数据、云计算、人工智能的出现和发展是人类历史的重大变革,可以更深入和广泛地认识世界,并使世界的可计算性更接近现实。

在数字化生存中,人们的行为模式也发生了巨大的变化。个人、商业和政府都在不断地适应数字化时代的新环境和新趋势。未来,数字化生存将会更加普及和深入。人工智能、大数据、云计算等技术的不断发展将会为数字化生存带来更多的可能性。同时,也需要不断探索数字化生存的新模式和新应用,以更好地适应数字化时代的新变化和新需求。

## 四、数字社会的内涵:基于知本主义和技术主义维度

相关学者认为,人类社会从信息时代演进到数字时代,这一过程不仅涉及技术主义的推动,同时也受到知本主义的影响,两者相互交织,形成了独特的"双重进化"特征。在知本主义视角下,知识成为推动社会经济发展的核心力量。知识的重要性逐渐超越了资本,成为替代多种资源的存在。在这种背景下,知识价值论逐渐取代了劳动价值论,成为社会核心认知。

数字社会从多个角度拓展了信息社会的内涵。

首先,在知本主义维度的变革中,将信息泛化延伸为数据是关键的一部分。在信息社会,信息的传播仍然受到限制,信息关系分析主要集中于因果关系。进入数字社会,数据量激增,使得信息的实用性降低。人们更看重信息相关关系分析的价值,这颠覆了长期以来的思维模式,也是数字时代的独特特征。数据的泛化让一切数字化,数据量的快速增长和维度的丰富使其成为社会的核心资源。在此作用下,知识信息的生产、传播以及创新活动更加活跃。从知本主义的角度来看,数字社会的形成与发展是对数据资源持续深入挖掘和利用的过程。"数据"已成为新的生产要素,与土地、劳动、资本和技术具有同等重要的地位。

其次,技术主义维度的延展在数字社会中显著体现。信息社会的互联网技术注重于连接功能和缩小空间范围,充当传播媒介的作用。然而,数字社会中,技术主义更突出在数字科技创新与应用方面,不仅提高了效率,更发现了新的价值。基于算法和模型的数据重新组织和挖掘成为核心的价值来源。人工智能等数字技术的发展使机器的智能程度逐渐接近真实人类,通过对人类思维和脑力活动的模拟功能不断增强。这些技术在人类生产和生活的多个领域深入应用,推动着人类社会向智能社会加速迈进。在人类社会科技演进过程中,数字技术呈现出"拟人化"的特征。工业时代的技术模拟和加强了人类运动器官,而数字时代的网络通信与计算机技术则更注重于模拟和扩展人类思维感知器官。相较之前的技术,数字技术对人类社会发展的影响更加深远,渗透性和颠覆性更为强大。

# 第二节　数字社会与数智化趋势

历史长河与数字化浪潮并行，人类面临巨变时代的不确定性。自认知革命以来，信息技术和工业变革引领人类快速发展。新一波数字化浪潮——数智化，为人类带来无限可能，开启数字大陆迁徙的旅程。

## 一、全球技术革命的历史脉络

信息技术和工业经历了多次迭代，从认知革命到新一代信息技术革命，从第一次工业革命到第四次工业革命，不断创造新的可能性。

### （一）信息技术引领人类认知革命

语言沟通交流是协作、协同、合作的基础，信息技术革命带来认知革命，历史启动。文字创造带来第二次信息技术革命，区域文明出现。印刷术发明带来第三次信息技术革命，大规模发展人类文化。认知革命和工业革命后，人类探索无知和信息技术发展仍在进行。

第四次信息技术革命始于电报、电话、广播和电视机的发明和普及。1844年，莫尔斯拍发了第一份电报。1876年，贝尔发明了电话。1906年，费森登进行了首次无线电广播。1924年，贝尔德发明了电视机。这些创造性的技术为现代信息技术的发展奠定了基础。20世纪60年代，计算机普及应用，与现代通信技术有机结合，标志着现代信息技术革命的开始。计算机经历了4代发展，从机器语言到现代操作系统,速度得到了极大提升。

科技不断进步,计算机技术发展迅速,未来计算机将呈现分子、纳米、量子、光子和生物等多种类型,发展方向将朝着微型化、网络化和智能化迈进。信息技术的革命性发展推动着社会的进步。

### (二)工业变革探寻打开未知世界

在技术革命的推动下,工业革命的历史篇章在欧洲悄然开启。新教伦理和资本主义精神的出现,促进了贸易的增长和英国纺织业的技术创新。蒸汽机的应用使机器代替人力成为可能,水力和蒸汽动力推动了生产领域的工业化,从而引发了第一次工业革命。这一革命将世界带入"蒸汽时代",而英国成为工业革命引发生产方式变革的"社会实验场"①。

发电机的诞生和内燃机的问世带来了新的动力系统,推动了生产能力的提升和生产规模的扩大,社会分工进一步分化,全球化深入发展,人类进入电气时代。20世纪四五十年代以后,原子能、计算机、微电子技术、航天技术、分子生物学和遗传工程等领域取得重大突破,以计算机和信息通信技术为标志的第三次工业革命在美国兴起,计算机的迅速发展和广泛运用开辟了信息时代。第四次工业革命的浪潮正以前所未有的速度席卷全球,这一革命主要得益于大数据和人工智能(Artificial Intelligence, AI)技术的推动。在移动互联网、智能传感器、

---

① 米加宁、章昌平、李大宇等:《"数字空间"政府及其研究纲领——第四次工业革命引致的政府形态变革》,《公共管理学报》2020年第17期。

计算机信息处理等领域中,大数据与 AI 的相互作用和辅助效用正在产生强大的力量,推动整个系统的创新。

正如许多专家所指出的,现今正处于第四次工业革命的开端,这一轮革命性变革正以惊人的速度推动着人类社会的发展。它跨越了农业社会的畜力、工业社会的机械力和信息社会的算力,推动着现今社会迈入一个全新的"超链接世界"。

中国在第四次工业革命过程中扮演了非常重要的角色。作为世界上最大的"社会实验场",中国正在积极探索和实践如何利用信息化来推动产业变革,从而让人类社会更快、更全面地进入信息社会 5.0 阶段。这个阶段的特点是数字空间的出现和扩大,让生活和发展具有了更多的可能性。

## (三)新一波数字化浪潮涌向国内

信息技术革命与工业革命紧密关联,前者可导致后者。信息技术革命在一定社会经济条件下可能引发工业革命,两者存在先后关系。信息技术革命可直接影响或推动生产力发展,进而引发工业革命,变革生产方式和生产关系。信息技术与数字空间融合,呼唤数智时代到来。

### 1.移动互联网让消费者在线

近年来,数字化和智能化的终端普及程度不断增加。计算机视觉、机器视觉、自然语言理解、语音识别、计算机图形学、数字图像处理以及人工智能技术的迅速发展极大地拓展了数据来源和数据结构,成为推动数字经济快速增长的主要技术驱动力。

云时代开启全领域数字化变革,包括云太空、云城市、云社区、云家庭、云政府、云金融、云交通、云能源、云游戏、云教育等。数字化云消费从企业走向政府、社区、家庭和个人,数字政府、数字经济和数字社会的全面发展将引领进入数智化时代,让小微企业共享数字红利,个体享受政府数字化服务。

2. 云网融合与数字创新演进

计算是核心,AI 是引擎,物联网(Internet of Things, IoT)是链接。未来,随着在线用户和 5G 流量的迅猛增长,各种应用场景如高清视频、VR、云游戏、工业互联网、智能驾驶等日益丰富。在 5G 边缘网络上,数据的采集、存储、计算和使用将直接推动服务需求的高速增长。

5G 带动云和 AI 市场,在工业制造场景中,"云+边缘计算+AI"的解决方案,可应用于产品质检、融合定位、AR 辅助等数十个细分场景,多个行业领先企业已部署。

5G、增强现实(Augmented Reality, AR)、人工智能物联网(Artificial Intelligence of Things, AIoT)等技术的广泛应用正在推动新一代云架构的持续发展,而容器的出现则为云的使用方式带来了显著变化。IDC 的报告《Future Space 2020》显示,预计到 2025 年,将有 85% 的企业新建数字基础设施被部署在云端。智能云网络将持续向各行业输送云端算力和智能,这将大幅提升企业生产效率,为数字经济注入新的活力。IPv6+作为 IPv6 的创新演进,是面向云时代的智能 IP 网络技术。它构建了云和端的智能连接技术,实现了便捷上云、多云连接以及灵活的云网络自助服务等功能,为企业上云提供了有力支持。

AI 技术发展,包括 AlphaGo 和 Chatgpt 等深度学习技术浪潮,使得 AI 服务器从技术研发阶段发展到商业化应用场景,用户规模增长将直接反映在对服务器的需求规模上。同时,容器和云原生已成为数字创新背后的技术力量。

### 3. 空天地一体化互联网潮起

Google、亚马逊、微软、雅虎致力于构建高效、便捷、泛在的云数据、云存储、云计算能力。云计算和卫星互联网的融合发展迅速。微软发布了 Azure Space 计划,与 SpaceX 合作,将云服务扩展至太空。这一集成式、安全的网络建设将云、太空和地面的能力紧密连接,实现太空中的云服务。

这一举措对全球互联网意味着巨大的进步,将激发各行业对于大规模数据传输、存储和计算的需求。未来,云计算与卫星互联网的融合将使大规模数据得到整合分析,支持空间碎片的观察和警告任务,并控制商业卫星的轨道。

网络空间正在进行"竞赛",而"星链"是抢占太空制高点的强大武器。美国有关部门将新的数据管理战略命名为"数据即服务",将数据视为战略资产,整合到云平台中,开展大数据和 AI 数据分析,并将结果更快速地交付给使用者。

数据和信息是工业时代的"石油",时间就是生命。安全可靠、低延迟、广覆盖的数据是后台中枢和一线前沿协同合作的关键。云计算是资本和技术密集型产业,具有天然的进入门槛和壁垒。AWS 是全球云计算服务最大的提供商,已形成高壁垒、大投入、高增速模式,是全球

laaS 市场的领导者。

## 二、数智化的潮流与价值

现代科技革命推动数字时代来临,随着移动互联网、AI、大数据、云计算等技术升级应用,人类进入数字时代。信息化革命推动数字空间在经济、政治、文化等领域渗透,数智化成为新潮流趋势。

### (一)数智化的潮流

#### 1.数字化与智能化协同

数字化有狭义和广义之分,狭义数字化指利用数字技术对业务、场景进行数字化改造,关注数字技术的降本增效作用;广义数字化指利用数字技术对组织进行系统化、整体性的变革,关注数字技术对组织的赋能和重塑。数字化是一个过程,具有阶段化特征。

数字化发展涵盖了多个领域,其中最为重要的 3 个方面是信息化、网络化和智能化。数智化是数字化发展的高级阶段,通过数字化和智能化协同实现数据信息的算法呈现,运用 AI、大数据等技术对数据资源进行广泛、深度的开发与利用,打通多维空间,实现数据信息的自由且有序流动,达到最佳效率,创造最佳生态。

#### 2.数智化链路——数据、智能与智慧纵深融合

数智化是数字化与智能化的结合,它是一个新潮流和新趋势,经历了长时间的演进且具有丰富的内涵。实现数智化需要将数据、机器智能和人文智慧 3 个方面有机融合,从而引爆全链路的数字化进程,实现

智能化的万物互联和万物协同生长。

　　数据融合指各种信息源中有用信息的采集、传输、综合、过滤及合成,旨在辅助人们进行态势判定、规划、探测、验证、诊断。数据融合分为三类:数据层融合、特征层融合和决策层融合。数据层融合在原始数据层上进行,采用集中式融合体系处理。特征层融合对特征信息进行综合分析和处理,提取与决策分析相关的特征,采用分布式或集中式融合体系。决策层融合通过不同类型的传感器观测同一个目标,每个传感器完成基本处理后,通过关联处理进行决策层融合判决,获得联合推断结果。

　　数据融合受到信息提取需求和机器智能支持的双重影响。机器智能包括 AI、大数据等技术,支持不同层次的数据融合和利用。从应用角度来看,机器智能是研究如何利用计算机软件和硬件来实现感知、决策和智能行为的技术。其实质是对人类信息处理和利用思维过程的模拟。因此,机器智能的运用具备模拟人类处理和利用信息的能力,有助于挖掘数据的价值。

　　由于机器智能具备仿人的特性,它能够先满足人们的需求并支持后续的人文智慧实现。数智化的核心在于更灵活、智能地满足人们的需求和解决公共问题。机器智能可以根据人们的需求进行数据采集、分析、处理和决策,满足个性化和服务化的要求。同时,精准的智能系统可以提升价值和效率,在各个领域、行业、产业和个人中赋予能力和利益,最终实现双重智慧化的数智化过程和结果。

　　各行各业都在进行数字化变革,包括医疗、教育、制造、新零售、互

14

联网、交通运输等。数字化采集、数字化处理是基础,然后实现全链路覆盖,通过数据融合、机器智能和人文智慧三个层次纵深实现数智化。

3. 数智化的特征

数智化具有流动性、灵活性和回应性,通过数据和数字技术预知未来和风险,并基于已有数据和信息展望长远。

数智化在应用方面能够跨越生产链,打破生产壁垒,实现资源如信息、技术、资金、人才和物资等的流动配置,提高资源使用效率。这种资源流动可以促进不同产业、行业的交叉融合,在数智化的支持下实现业态间的互补,增强数字技术的应用和普及。业态间的交叉使结构更为扁平,数智化使资源和要素能够同时实现水平和跨层面的流动,由单向发展转变为全方位升级。数智化作为驱动力,具有极强的流动性。

数智化是应对当前挑战的新思路,它借助智能化的工具和手段,超越现有体制和利益格局,提供创新的问题解决方案。在遵循现行规定的前提下,数智化能够更灵活地寻找解决新问题的途径。当遇到超出既有规定的新情况时,数智化能够创造性地探索新的对策和路径,并有效解决当前以及未来的问题。

数智化的核心在于对公众需求的敏锐洞察和积极响应。通过数据平台和数字技术,可以迅速捕捉并充分满足公众的需求。智能化的分析工具可以精准地识别不同人群、不同行业的需求,大数据和云计算等技术有利于深入了解每个群体甚至个体的需求诉求及其满足程度。在此基础上,能够形成更具针对性的解决方案,有效地回应公众的需求,提升他们的幸福感和获得感。

## （二）数智化的价值

### 1. 数智化扩展组织的边界

全球化进程虽有曲折,但仍是不可逆转的趋势。科技的飞速发展,对于全球化的推动作用不可忽视。数字化企业作为全球化和数智化的主要参与者和驱动者,其影响力不言而喻。投资者在评估企业价值时,盈利、有效用户和市场预期是重要的考量因素。数字化不仅扩大了市场的范围和容量,还拓展了企业的边界,提升了企业的稳定性。这一点对于企业的发展和投资者的决策都具有重要意义。

数智化驱动着价值的互联。它通过技术和思维的升级,改变了资源和信息的流动方式,实现了直接连接,减少了中间环节。这使得个人和组织能够直接交换资源和信息,促进了价值的互联互通。这种价值互联不仅提高了资源和信息的利用效率,还通过不同主体和连接方式创造了多样化的新价值。

数智化突显了个体的力量。它将重点放在个体活动和数据上,借助数据融合和机器智能更好地理解个体的需求和问题。数智化不仅让个体的问题得到关注和解决,还通过协同个体、企业和政府的关系,提升了个体的价值和满足感。这种关注个体的数智化策略不仅增强了个体的影响力,也为个体带来了更多的机遇和可能性。

数智化促进组织利益协同,扩展边界,联通全球组织的同时,模糊了组织边界,实现了交叉和融合。基于交叉促进合作和良性竞争,共享资源,实现可持续发展。数字科技与传统组织的融合促进组织结构、商业模式、供应链和生产模式的创新,促使产业模式向开放化、智能化、柔性化和差异化转变,形成新动能,推动数字化转型和产业转型升级。

新信息通信技术和数字化发展推动全球化,使交流和交易不受时空限制,组织边界扩展和模糊化,尤其在企业领域。这种数字化和全球化的趋势在美国市场尤为突出,催生了科技巨头。2021 年,特斯拉市值首次突破 1 万亿美元,苹果、微软市值突破 2 万亿美元。特斯拉仅用 21 个月从 1000 亿美元飞跃至 1 万亿美元。截至 2020 年 12 月 31 日,亚马逊拥有 798000 名全职和兼职员工。尽管美国已是全球最大单一市场,但仍积极推动数字化和全球化进程。

2. 数智化推动价值共生、社会和谐

(1)移动互联网促进个人和组织在线互联

移动互联网将移动通信和互联网合二为一,展现出传统互联网所不具备的新特征,其中最为突出的就是交互性、紧密联系和身份统一。这些新特性促使个人和组织形成在线互动,构建起点对点、点对面以及面对面的多维网络。作为特殊表现形式之一,在线消费方式直接改变了公众的生活方式以及企业的发展模式。这一变革影响了公众的消费习惯,催生了新的消费需求和形式,推动着企业向线上业务的转型,从而改变了它们的发展路径。移动互联网为个人和组织提供了在线连接的平台,使得个人和组织的联系方式和生存方式能在线上和线下之间灵活切换。

(2)数智化推动政治、经济、社会一体化

数字技术驱动经济加速发展,为线上业务整合提供新路径。数字政府创新自我发展方式,推动社会治理机制和治理能力进步。S省的"最多跑一次"改革创新了服务模式,实现企业和公众办事"最多跑一次"的目标。政务钉钉等打造政务协同总平台,赋能政府数字化转型,整合政务通讯录等功能,改变公务员工作方式。数字技术的使用和流程的优化推动政府公共服务方式和政务处理方式转变。最终实现整个国家和社会的一体化。

(3)AI和新一代互联网引领新浪潮

中国互联网络信息中心第51次《中国互联网络发展状况统计报告》显示,截至2022年12月,我国网民规模达10.67亿,互联网普及率达75.6%。手机网民规模达10.65亿,人均每周上网时长26.7小时。互联网已经深度融入人民日常生活,市场期待新一代互联网的到来。数智化革命影响生产力和生产方式,数字和数据成为有价值资源,AI和新一代互联网引领新浪潮。

## 第三节　数字社会转型的驱动机制

### 一、观念驱动

思维模式是人类大脑中用于做决策的思维框架或视角,是观察、思考和解决问题的方法。数字社会转型需要解决思维模式的问题,采用系统、数据、平台和变革思维。转型的目标是应对不确定性,实现业务变革与模式创新,需要解决为什么要转型、从哪些方面进行转型和创新、应该如何转型等问题。成功的关键在于结合前沿的数字社会转型方法论,以及众多政府成功经验和企业数智化转型最佳实践,创新性地采用以下4种思维模式。

## (一)系统思维

系统思维是高级思维方式,以系统论为基础,从整体和全局把握问题,看透事物结构间的关系。对系统思维来说,关键是结构化系统因素,例如淘宝女装分类维度包括上装、女裙、女裤等,不同维度又涉及不同品牌、价格区间等,使用金字塔原理和MECE分析法解决结构化问题,MECE指相互独立、完全穷尽,细分问题在同一维度上、明确区分、不重叠且全面周密无遗漏。数字社会转型是组织核心要素及关系的重构,解决顶层设计和数字治理问题。

### 1. 顶层设计

一是业务推动IT发展,使IT为业务提供支持。企业架构的重要职责之一是确保信息化战略与业务战略、信息架构与业务架构之间的持续匹配,确保顶层规划具有前瞻性和可操作性。

二是现状到未来的转变。企业架构的另一个重要职责是准确描述当前情况和目标,帮助业务和技术团队了解目标,认识现状与目标的差距,并规划明确的变革路径。

三是简化复杂性。对大多数人来说,业务和IT都很复杂,因此企业架构还有一个作用——采用系统化、有条理的方式,建立框架,只关注核心、主要、关键的方面,剔除次要、无关紧要的内容,以简化复杂的问题。

2. 数字治理

数字治理是组织在数字化过程中解决"谁说了算"和"谁负责"等问题的关键,本质是安排制度和流程以平衡数字化风险和收益,实现组织目标。数字治理涉及多个方面,包括运营数字化、客户体验数字化和业务模式数字化创新。在互联网企业中,技术地位高,能"说了算",而在传统企业中,信息技术更多地起支撑作用。

数字治理非常重要,国内外有专业机构研究其相关理论体系。COBIT 是国际通行的企业 IT 治理和 IT 管理的业务框架,由美国信息系统审计与控制协会于 1996 年发布,是数字治理的管理框架。COBIT 2019 框架是更全面的信息和技术治理管理框架,明确了数字治理的方法、原则、评估与实施指南,是国际上权威的 IT 控制框架,已被运用于世界 100 多个国家的重要组织与企业中。学习 COBIT 的理论与方法是建立数字治理体系的重要基础。

## (二)数据思维

大数据在社会中扮演着多重角色。首先,它被视为一种宝贵的资源,就如同新时代的"石油",具有无法估量的价值。其次,数据也被看作一种资产,它的价值不仅在其本身,更重要的是能够带动业务的指数级增长。互联网之父蒂姆·伯纳斯·李认为,数据应该被视为一种公共基础设施以及支撑城市创新体系的基础。

数据思维,代表组织对数据驱动力的承诺。它是一种组织性的认知和态度,表现为对数据的重视和理解,以及为挖掘数据价值所付出的努力。数据思维强调组织对数据的战略性应用,应科学地使用数据来创新社会服务的属性、能力和过程。这种思维不仅体现了组织对数据的价值认知,也反映了组织为利用数据而投入的人力、物力资源。因此,数据思维是组织在数据应用方面的重要指南,也是推动组织持续创新和发展的重要动力。

数据价值的认知在演进,但数据治理复杂,实现数据价值困难。英国数据开放研发院提出"数据光谱"理论,数据分为封闭、共享和开放3种状态。封闭保护国家、企业、个人隐私数据;共享部分数据给具有相应资格的人;开放授权声明公共数据给社会所有人,允许自由使用和分发。

判断一个组织是否为数据驱动型组织,关键在于它是否在数据的采集、存储、计算、开发、利用方面投入了足够的人力和资源。数智化转型不仅是技术设施的建设,更是站在战略高度构建以数据为基础的组织运营体系和数据资产能力体系,并在组织中树立数据思维。

要实现业务价值,需解决数据战略和数据能力问题。通过创新和优化数据,推动组织和社会的进步。

1. 数据战略

全球各国都把大数据视为重要的战略性资源,应用于社会治理、公共服务和产业转型等领域。美国政府于2012年提出《大数据研发倡议》,并在2019年12月23日发布了《联邦数据战略2020年行动计划》。该战略包括数据原则、数据实践和行动计划3个部分,分别指导政府内部数据使用的框架原则和具体的数据管理举措。

英国政府于2020年9月9日发布的《国家数据战略》明确了在英

国如何释放数据的力量,并建立了框架,以处理和投资数据来推动经济发展。《国家数据战略》包括 3 个方面。

(1)五大机遇

指英国政府在大数据领域的发展方向,包括经济增长、就业、公共服务、研发和社会治理。

(2)5 个优先行动任务

阐述了英国在数据领域的 5 个优先行动任务,即释放整个经济中数据的价值、确保促进增长和可信赖的数据机制、转变政府对数据的使用以提高效率和改善公共服务、确保数据所依赖的基础架构的安全性和弹性、倡导国际数据流动。

(3)四大支柱

针对英国在数据使用中遇到的诸多障碍,提出了数据基础、数据技能、数据可用性、数据责任四大支柱。

我国政府高度重视数据战略。国务院于 2015 年印发了《促进大数据发展行动纲要》,部署了 3 个主要任务和 7 个政策机制。无论是政府还是企业,都需要以数据战略开发框架制定组织的数据战略。该框架描述了将组织转变为由数据驱动的方法。

愿景规划是组织对未来 10 年数据发展的长远规划和目标,勾勒出了组织在数据领域的未来景象和方向。

原则规划是指组织在实施数据战略时必须遵循的基本准则和核心理念,包括数据治理、投资策略、技术路线等方面。

能力体系设计是组织在数据治理与运营、人才能力管理、数据资产管理、数据开发与利用、技术与基础设施等方面的能力框架构建,旨在提升组织在数据领域的整体竞争力和发展潜力。

　　关键任务设计是指组织为提升数据能力而设计的核心任务和行动计划,这些任务对于组织持续发展和提升数据能力具有关键作用。

　　行动计划设计是指在短期(如1—3年)内,组织在数据方面必须采取的具体行动计划和时间安排,以确保组织能够实现其数据愿景和目标。

　　2.数据能力

　　数据能力是实施数据战略、任务和行动所需的行为、技能和知识的综合。它源自数据管理的指导目标,使组织能够像利用其他资产一样,从数据资产中获取价值。

　　组织的数据治理十分复杂,要实现数据战略的目标,需要具备以下4个核心能力(见图1-1)。

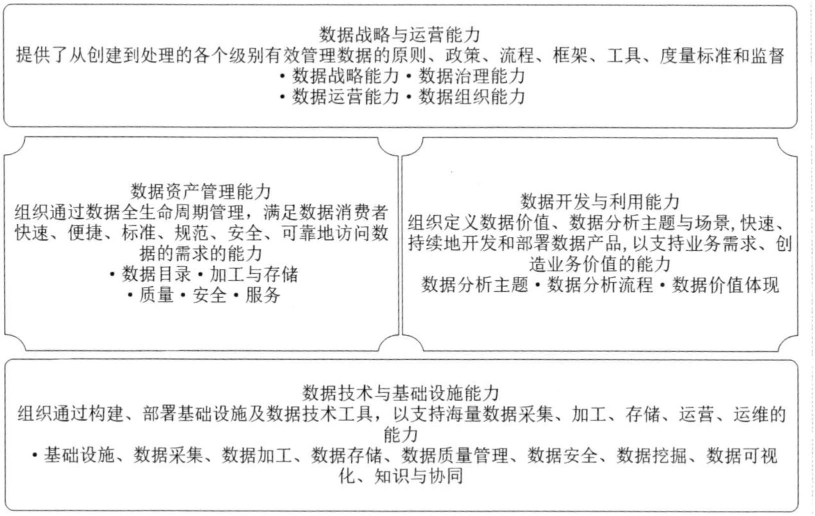

图1-1　数据能力体系

数据战略与运营能力是组织关于数据战略、数据价值、数据原则及数据管理策略,以及数据管理部门全面治理与运营数据的能力,重点解决"谁"和"如何"管理与运营数据战略的问题。

数据资产管理能力是组织通过数据全生命周期管理,满足数据消费者快速、便捷、标准、规范、安全、可靠地访问数据的需求的能力,重点解决数据如何存储、计算与访问的问题。

数据开发与利用能力是解决数据分析价值与场景的关键能力,它包括定义数据价值、数据分析主题与场景,以及快速、持续地开发和部署数据产品以支持业务需求和创造业务价值。此外,这种能力还包括数据挖掘、数据可视化、数据质量管理以及知识与协同等元素。

数据技术与基础设施能力则是解决采用何种产品和工具的问题,它包括构建和部署基础设施及数据技术工具,以支持海量数据的采集、加工、存储、运营和运维。此外,这种能力还包括数据安全、数据挖掘、数据可视化以及知识与协同等元素。

数据能力可进行评价,分为5级:起步、职能、成型、领先、卓越。成熟度与组织、流程、技术、绩效有关。起步级缺乏应用基础,通过报表了解业务。职能级有分散、自发分析,缺乏业务协同。成型级有平台、组织体系,但分析是职能活动。领先级有统一平台、专门资源进行广泛分析,但分析不是核心竞争力。卓越级完善战略、组织、数据、技术与运营闭环能力,通过数据智能实现创新。

## （三）平台思维

传统政府和企业数字化是封闭的,主要服务于内部业务,具有中心化、线性的特征,依靠信息差获取利润,各环节互相屏蔽。数智化驱动融合发展需要形成开放的网状结构,这需要思考平台能为各用户群体提供什么价值、能否吸引足够数量用户、通过什么策略吸引敏感用户、平台与各相关方如何协作创造价值。平台思维是开放、共享、共赢的思维,需要系统思考、设计和构建平台核心要素及关键机制,解决平台价值定位和用户黏性问题。

1. 平台价值定位

平台的三重价值:平台参与者、平台自身、社会价值。价值的实现依赖用户数量和活跃度,即网络效应。平台需实现自身价值,同时提供参与者生存和持续发展价值。4PRC 模型是平台思维的系统化、模型化呈现,解释平台基本逻辑,由 4 个要素(4P)和两个机制(R+C)构成,如图 1-2 所示。

平台参与者:外部主体,提供服务与资源,代表流量引入。政府和企业需要识别和满足相关方需求,吸引进入平台形成流量。

价值主张:平台实现参与者价值的功能与服务,代表价值发现。平台构建需要识别参与者价值诉求,对需求、资源和能力进行识别、理解与挖潜。

互动关系:平台各参与者之间的互动与交易,代表价值创造。各主体基于自身资源和能力,通过平台功能和服务进行互动与交易,为其他

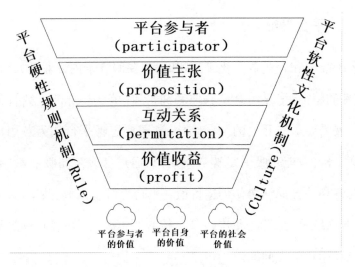

图1-2　4PRC模型

主体提供价值。

价值收益:代表平台盈利过程,针对不同参与者设计不同盈利模式和盈利点,获得因平台繁荣而带来的收益,达到建设平台的目的。

两个机制(R+C):一是平台硬性规则机制,包括准入规则、互动交易规则和退出规则;二是平台软性文化机制,降低互动风险和成本,增强平台生态圈竞争力。

政府或企业构建平台可借鉴4PRC模型,对参与者、需求、资源、能力进行分类分层次,对平台互动模式和盈利点进行分类分层次,最后实现平台自身的价值。

2. 平台用户黏性

平台价值基于流量和用户黏性,用户黏性用日活跃用户人数(Daily Active User, DAU)和月活跃用户人数(Monthly Active User,

MAU)衡量。互联网风口出现时,很多团队开发类似产品,技术强大,但能否存活取决于运营获取的用户黏性,而非纯技术。

平台提升用户黏性的关键在于开放和运营。政府应用对社会公众具有天然的黏性,是刚性需求。数字政府需要以"整体智治"为价值驱动力,加快场景和平台建设,构建新型互动模式,通过开放政府数据引入更多第三方,为社会提供创新服务,提升平台的价值与黏性。

(1)开放与生态

企查查、天眼查、启信宝等公司受益于政府数据开放,并满足了广大用户的需求。政府可以借鉴这一思路,在企业或个人信用方面建立开放平台和小程序生态,吸引更多第三方参与并提供相应商业模式,以推动各类社会服务的发展。同时,S省在数字化改革方面处于领先地位,通过公共数据开放系统向社会开放了大量数据,鼓励各方进行创新应用。此外,S省还推动建立了合资公司,整合了企业和政府数据,为地方政府和企业提供风险防范、物资联储联备、产业链招商和供应链金融等创新应用。

(2)数智化运营

互联网平台认为成功的关键是少部分技术和大部分运营。政府平台可以学习这种运营思维,建立基于不同商业模式的运营团队。利用数据智能、个性化技术和人工智能,尤其是对社会公众的分类标签,了解他们的需求。通过内容、活动和社区管理提供多样化的社会服务。

### （四）变革思维

在过去,诺基亚以卓越品质和创新科技统治手机行业。然而,随着智能手机的出现,苹果公司颠覆性的思维重新定义了手机的功能和价值,迅速在市场上取得领先地位。

在功能机时代,诺基亚一直占据市场领先地位。但随着智能手机的出现,苹果公司创新性地重新定义了手机,迅速获得了消费者和市场领先地位。诺基亚前 CEO 约玛·奥利拉在书中提到,尽管他们意识到苹果的威胁,但因为过去模式的成功,他们错过了最佳的变革时机。变革思维是苹果和诺基亚在手机业务上的重要区别,应该打破固有思维惯性,接受不确定性,推动变革,做难而正确的事情。

埃隆·马斯克是 PayPal、SpaceX、SolarCity、Hyperloop 和 Tesla 等颠覆性创新方面的天才。这些突破性产品的诞生源于他的变革思维,即打破知识界限,回归事物本源去思考,从物质世界最本源出发。数智化转型的本质是变革与创新,变革思维是核心。这种思维以人为本、以客户为中心,解决变革驱动力和方向问题。

#### 1. 变革驱动力

人们渴望确定性的想法自古有之,但在现今这个特殊时期,确定性似乎变得遥不可及。全球格局的深刻变化、技术革命的飞速发展以及新冠疫情的持续冲击,使得整个社会和组织面临前所未有的挑战。

从国际视野来看,现今世界正经历百年未有之大变局。这一变局不仅体现在地缘政治和经济格局的重大调整上,更在于社会结构和人们生活方式的深刻转变。城市化进程加速,导致人口高度集中,进而加剧了老龄化、气候变化等一系列社会问题,为社会治理带来了前所未有的挑战。

与此同时,我国已经进入了一个新发展阶段,经济发展方式正在发生重大转变。产业调整和升级的趋势日益明显,数字化转型成为各地经济发展的主攻方向。这预示着每年将有万亿级的新商业机遇涌现,为市场参与者带来无限商机。

在消费互联网与产业互联网的融合趋势下,各行业的加速变革成为一种必然。这种变革的趋势将推动消费市场不断升级,形成万场升级的局面。同时,政府治理也正在发生积极的变化,更加注重融合服务、协同治理,以提升公共服务的效率和质量。

在这个过程中,数据的自主安全问题备受关注。随着数据成为新的生产要素,保障数据安全、维护产业链的稳定和环境与能源的安全,成为当前的重要任务。

政府的关键职责是向公众提供出色的公共服务与公共产品,优化供给效率和服务质量是全球性的挑战。与此同时,科技产业正在经历前所未有的变革,《中华人民共和国国民经济和社会发展第十四个五年规划和2035年远景目标纲要》将"加快数字化发展　建设数字中国"单独成篇,强调"迎接数字时代,激活数据要素潜能,推进网络强国建设,加快建设数字经济、数字社会、数字政府,以数字化转型整体驱动生产方式、生活方式和治理方式变革"。

2.变革方向

中国政府正在着力完善和发展中国特色社会主义制度,以推动国家治理体系和治理能力现代化。《中共中央关于制定国民经济和社会发展第十四个五年规划和二〇三五年远景目标的建议》提出了两个关键方向:"全面深化改革,构建高水平社会主义市场经济体制"和"坚持和完善社会主义基本经济制度,充分发挥市场在资源配置中的决定性作用,更好发挥政府作用,推动有效市场和有为政府更好结合"。

在"十四五"规划中,政府的变革方向聚焦于以人为本,从管理型向服务型转变。数字化方面的重点在于建立平台型政府,让政府、企业和社会公众共同参与和共同治理。这一转变意味着政府在服务方面将更贴近人民需求,致力于提供更高效、更便捷的服务,并通过数字化手段促进公私合作,实现共赢发展。

S省在2017年启动了"最多跑一次"改革,并在2018年开始了政府数字化转型。这两个举措推动了政府服务的现代化和高效化。S省以群众和企业需求为中心,采取"一窗受理、一网通办、一证通办、一次办成"的方式,简化了办事流程,提升了群众和企业的满意度和市场竞争力。2021年初,S省政府进一步召开数字化改革大会,全面部署数字化改革工作,并提出了贯穿党的领导和各领域建设全过程的数字化、一体化、现代化的目标。

企业的成功变革关键在于正确定位自身并匹配核心竞争力和管理基石。埃森哲提出了S发展曲线理论:市场和产品的发展并非直线上升,而是呈现S形曲线,经历起伏、高峰、停滞、下滑的周期。绩效卓越的企业需要持续调整市场定位、提升竞争能力、吸引优秀人才，不断跨越 S 曲线，实现持续卓越。

## 二、技术驱动

新一轮以数字技术为主导的产业革命和技术变革正在全面影响着人们的生产和生活方式，同时深刻推动着政府、经济和社会转型的发展。这一大势下，新一代信息通信技术蓬勃发展，数字经济快速增长，推动着数字化和智能化技术的不断融合和更新迭代。

数智化因其强大基础、多元创新、智能整合和全面开放的特点，正全面融入社会发展的各个环节和阶段。这种融合包括全链条、全周期的智能化发展，对政府、经济和社会产生了深远影响。数字技术所带来的数智化趋势正推动着社会朝着更加数字化、智能化的方向迈进，为未来的发展开辟了全新的可能性。

### （一）基础强大的智能算力

AI 概念提出 60 多年来，近年因算法、数据积累和计算能力变革而爆发。计算能力多样化供给，以云、边、端为主要形态，算力、算法、算料是 AI 的关键要素。以云侧 GPU（Graphics Processing Unit，图形处理器）为主，边缘和端侧有不同场景的芯片架构，各厂商面向 AI 的软、硬件工具生态日益完善。

1. 智能算力呈现多样化供给模式

目前，云、边、端这三个层级构成了主要的算力供给模式。在云端，公共云、专有云和混合云是主要的供给模式,阿里云、腾讯、华为等云计算企业通过云服务向政府、企业和个人提供算力资源和技术服务。同时,边缘和端侧的计算模式正逐渐成为热点,用以解决云端计算传输速率低、反馈不及时等问题。很多企业已经通过智能终端如无人机、可穿戴设备、智能摄像头等,为工业制造、安全防控、交通出行等领域提供了云边协同的解决方案。这种趋势促进了在不同场景下的智能化应用,推动着算力供给模式的多元化发展。

### 2. 云计算是数智社会的新基建

云计算是数智社会的支柱,为其提供稳定、安全的基础服务。尽管很多人认为应用比云更为重要,但未来趋势显示核心算力支撑将成为各社会组织的竞争力。阿里云在诸如"双 11"订单创建峰值和 12306 网站点击量等方面提供了弹性算力支持,证实了云是最佳基础算力供给方式。云计算技术的成熟推动了阿里云发布适用于创业公司的低成本 GPU,成为创业公司迁移至云端的转折点。这些发展让基于云的高速通信网络成为 IT 基础设施实现公共服务化,类似工厂从自主发电切换到电网统一供电的变革,使得政府和企业无须自行构建数字经济时代的关键算力基础设施。

### 3. 多元化场景在边缘与端侧催生大量创新探索

AIoT 设备在 AI 热潮下迅速普及,但人们普遍对现有的 AI 设备智能化程度不满。主要问题在于设备过度依赖云端算力,导致响应速度慢、反馈不及时,尤其在自动驾驶、工业生产和城市应急管理等领域表现明显。

为了优化云计算,边缘计算成为一种解决方案。它在更靠近数据源头的网络边缘提供计算和存储资源,弥补了传统云计算的不足。边缘计算通过使信息处理、内容收集和传递的场所更靠近需求侧,减少流量损耗和降低延迟,实现了本地化处理。

然而,边缘计算的应用场景复杂多样。边缘设备不仅负责数据采集和转发,还需要智能化运算能力,并能产生可操作的决策反馈,用于反向控制设备端。大多数端侧设备具备固定功能和低功耗等特点,因此,在不同业务场景中,需根据需求选择部署边缘设备和端侧设备,并确保与云端计算中心良好的计算协同。

### (二)多元创新的智能技术

#### 1. 以深度学习为主要特点的算法演进

算法是对重复现象的抽象,也是能够刻画事物变化的模型,提供特定问题的解决方案。它必须遵循最小化原则,在消耗最少资源前提下解决问题,同时保持高效性和灵活性。随着 AI 的兴起,人们将算法与数据关联,构建了以数据为核心的抽象应用。

阿兰·图灵提出了"深度学习"的概念,主张设计一个类似儿童一样通过不断训练与自我学习成长为智能系统的简单系统,而不是建造成人智商和思维能力的机器。这一理念得到广泛接受和应用,成为现代 AI 发展的重要思想基础。

深度学习是推动机器视觉、语音识别、机器翻译和强化学习等 AI 技术发展的重要驱动力。随着数智化浪潮的推动,技术与应用相互融合创新,展现出多方面并行发展的繁荣态势。这种整合使得不同领域的 AI 技术相互受益,加速了各个领域的发展和进步。

2. 多点开花、精彩纷呈的 AI 技术

(1)智能语音交互

智能语音交互技术在音频识别和语音合成领域发挥着重要作用。音频文件识别能够将语音转化为文字,实现实时转写,应用于呼叫中心质检、法院庭审、医院病历录入等多个领域。而语音合成则通过自学习训练语音模型,将文字转换为具有定制效果的语音。目前,语音合成广泛应用于智能客服、智能家居、智能音箱以及有声朗读等领域。

(2)人脸识别

人脸识别包括人脸检测、分析和比对,可实现人脸检测定位、属性识别和比对等功能,广泛应用于人脸 AR、识别和认证、人脸检索和照片管理。例如,在身份验证场景中,可基于图像或视频输入进行检测和 1∶N 或 1∶1 比对。

(3)图像识别服务

图像识别技术基于大数据和深度学习算法,能够精准地识别图像中的视觉内容。该技术可以应用于多个业务场景,例如智能相册管理、图片分类和检索、图片安全监测以及鉴黄等。在智能相册管理方面,图像识别技术可以帮助用户将照片按照不同类别进行整理和分类,例如将风景照片细分为天空、山水、日落等子类别。同时,该技术还可以将人物事件分为聚会、运动、演出等类别,方便用户进行查找和浏览。

（4）图像搜索

图像搜索是一种基于深度学习和机器视觉技术的服务，旨在实现相同或相似图片的搜索。在电商场景中，这项服务可以帮助消费者通过上传商品图片来快速搜索和找到所需商品，从而省去了烦琐的文字描述过程，极大地改善了购物体验。

（5）自然语言处理

自然语言处理是文本分析和挖掘的重要技术，涵盖了多种应用方向，比如多语言分词、词性标注、命名实体识别、信息抽取、拼写检查和语法纠错等，已经广泛应用于多个行业。随着 AI 技术的不断发展，自然语言处理的应用范围越来越广泛，未来还有更多的技术等待探索和实践。

## （三）一体智能的数据平台

政府和企业正在进行数字化和智能化转型，这不仅需要解决计算和存储问题，更需要有效地利用数据，发挥出数据的最大价值。在数字化和智能化时代，无论是港口智能装配、政务事项一网通办还是工业提升设备产能，都需要高质量的数据来推动数字化和智能化转型。为了满足不断变化的应用需求，大数据技术和相关平台也在不断发展演进。目前，数、视、智一体化数据平台（见表 1-1）在支持数字化和智能化转型以及实现"一切业务数据化、一切数据业务化"方面正发挥着关键作用。

表 1-1　数、视、智一体化数据平台

| 行业应用 | 数字交通 | 数字政务 | 自然资源 | 数字医疗 | 数字制造 | …… |
|---|---|---|---|---|---|---|
| 智能分析及可视化 | 数字孪生 | | 业务模型 | | 数字驾驶舱 | 关系网络分析 |
| 数据资产管理 | 数据同步 | 数据标准 | 数据建模 | 数据开发 | 数据标签 | 统一服务 | 质量评估 | 资产目录 |
| 计算平台 | | | | | | |

## 1. 数据资产管理平台

大数据应用初期,政府和企业面临内部数据管理的挑战,如数据质量低、共享困难、缺乏统一标准等。数据资产管理平台是解决方案,可定义、加工、管理和服务数据资产,提供数据同步、标准、建模、开发等功能,助力政府、交通、金融等多领域进行数据治理、智能应用构建和数字化资产管理。

以政务服务为例,部门众多、业务复杂、数据源头多且频繁更新,导致数据标准化和准确性难以维护。传统政务服务效率低下,需要民众多次提交纸质材料给不同部门。

政府数据管理部门可借助数据资产管理平台,快速建立数据仓库来解决数据质量问题。其流程包括:

第一,数据同步。整合各部门业务系统数据到统一存储引擎,初步融合数据。

第二,数据标准和模型建立。加工多源异构数据为标准化资产,确保数据的完整性、一致性、准确性和可用性。

第三,资产注册和编目。方便各部门搜索数据资源并申请数据权限,促进业务协同和共享。

该平台有助于提升政企客户各部门间数据协同,加速服务响应速度,提高效率,并可在不同领域广泛应用。

2. 数据智能分析

数据智能分析的核心在于从海量数据中挖掘数据和业务价值。然而,目前大多数分析工具存在着过度注重技术而忽视应用的问题。要实现数智化转型,必须深度融合数据智能分析工具与业务领域。只有这样,才能产生实际的价值,否则将局限于理论推演而无法应用于实践。

为了实现技术与业务的融合,可以在数据智能分析工具和平台中引入业务专家模型。这种模型能够帮助最终用户解决特定领域的问题,从而实现技术与业务的有机结合。举例来说,在城市治理领域,政府借助智慧城市智能运行中心(Intelligent Operations Center,IOC)平台内置各类事件与流程模型,通过智能识别和合并事件,并利用算法分配处置流程,从而实现了城市事件的高效处置。在智能制造领域,低代码的生产决策控制优化系统能够让业务专家的经验得以传承,并通过内置的工业控制算法和机器学习模型提供最佳控制策略。

3. 数据可视化分析

数据管理和分析技术服务于专业技术人员,但结果需要以简洁明了的方式展示给非技术领域的数据消费者。数据可视化工具成为重要利器,用于以图形化界面呈现专业水准的数据解读。数据可视化旨在帮助非专业人士分析复杂数据,满足业务监控、风险预警、空间分析等需求,并实时呈现数据背后的业务洞察。在多个领域如零售、物流、电力、环保以及交通等,交互式实时数据可视化应用成为大数据解决方案不可或缺的一部分。

数据可视化的挑战不在于图表类型,而在于如何在一页之内展示数据的层次与关联。此过程涉及色彩、布局、图表的综合运用。现代数据可视化平台致力于让业务人员通过简单拖拽即可创建专业的可视化应用,内置多种模板和图表模型。此外,这些工具连接分析型数据库和关系型数据库,满足各种大数据实时计算和监控需求,并发挥大数据计算能力。

## (四)全面开放的应用平台

在数智化时代,开放性成为明显特征。万物互联、云端技术推动各个个体、组织连接,构建了边界模糊、近乎无限开放的社会环境。这种开放激发了政府数据开放促进数字经济创新、互联网平台加速扩大用户规模和建立生态系统等神奇现象。因此,数智社会需要建立开放式创新体系。

### 1. 平台是开放与创新的载体

开放与创新是平台的天然特征,数字时代的平台是开放式创新的关键基础设施。它通过开放合作连接各类要素和主体,构建创新的生态体系,在经济、科技、政务服务和生活中扮演重要角色。

平台经济崛起,世界前十大企业中有7家是互联网科技企业,其中6家是典型平台型企业,聚集了全球主要创新资源。政府在数字治理领域建设城市大脑和政务服务平台,成为政府治理和服务创新的关键场所。科技创新方面,企业主导的技术开源社区和政府支持的科技创新平台共同推动着数字经济的不断创新。

2. 基于数字政府平台的开放式创新体系

数字政府建设是构建数字治理体系、推动治理现代化的重要手段。作为一个集结各方资源的平台,数字政府赋能各行各业。当前数字政府建设体现了平台化思维,与传统电子政务项目有明显区别。

传统电子政务注重信息化项目推进,由特定企业承建,例如国家部委层面的"十二金"工程。尽管过去的电子政务项目提升了政府智能效率和信息化水平,但也造成了孤立的"数据烟囱",妨碍了数据共享、业务协同和创新。

当前数字政府建设是系统性工程,由政府统一规划并与技术企业合作,建设一体化数字政府平台,旨在构建数字治理创新生态。政府通过安全有序地开放公共数据,促进市场创新,引入市场主体解决经济社会发展中的难题。

3. 基于城市大脑平台的开放式创新体系

城市大脑作为数字化转型的关键基础设施,利用新一代信息技术构建智能运营平台,支持城市各领域的数字化应用。它是城市治理的操作系统,通过数据资源整合共享,实现城市运行监测、资源配置和决策指挥的数字治理。

在各地的城市大脑建设中,出现了许多创新实践。例如,H市建立了统一的政务数据共享体系和公共数据工作平台,促进了各类创新应用;H市在城市管理领域率先实现了多项创新,如无杆停车场、急救车通行、交通限行措施放宽等,彰显了城市大脑推动治理创新和社会创新的活力。

**4.基于科技及产业创新平台的开放式创新体系**

科技和产业创新是国家发展和国际竞争的核心。中国正在实现经济转型,其中以科技创新提升生产率对于实现高质量发展至关重要。目前,市场主导和政府打造是两种不同类型的科技创新平台,各自关注不同发展重点。

市场主导的技术开放社区平台由行业领军企业主导,具备强大的生态构建和创新能力。政府也支持企业建立开放式创新平台来促进行业发展。例如,在2019年工业互联网峰会上,S省宣布建立中国工业互联网小镇,其核心是阿里云supET工业互联网创新中心。

这个特色小镇将成为工业互联网的示范区,利用国家政策支持,促进"智能+"发展,助力制造业转型升级。通过吸引5G、信息软件、AI、云计算等领域服务商,该小镇旨在打造长三角地区的工业互联网产业聚集区。

**5.基于互联网平台的开放式创新体系**

互联网从连接世界的工具演变为数智社会的重要载体,实现了现实与网络之间的边界消融。各种技术支持下的互联网平台不断涌现,包括搜索引擎、电子商务、众包众筹、平台经济、工业互联网、元宇宙等,带来技术和模式的创新。

互联网平台改善了信息不对称,重塑了产业链,各方合作更加紧密广泛。例如,用户自创的内容分享社区(如微博、豆瓣、知乎、小红书)衍生了不同的商业模式;纺织服装行业出现了高度互联网化,用户直连制造(Customer-to-Manufacturer,C2M)和柔性制造推动了生产设备和模式的变革。

## 三、方式驱动

古代的《管子·地员篇》提到了"宫、商、角、徵、羽"五个音,定义了"五部曲"。类比地,数字社会转型也定义了"五部曲",包括基础设施云原生、触点全面数字化、组织业务在线化、业务运营数据化和决策全面智能化。这五个方面站在全方位的视角,对数字化转型的各个环节进行了定义,促成了技术支持、用户需求捕捉、组织协同和信息流畅等方面的有机结合,推动了数字社会的全面转型,并促进了数字创新和发展。

### (一)基础设施云原生

1.基础设施云原生的内涵

政府部门利用云计算技术实现了政务业务上云、连接和提供服务。这种基础设施云化促进了政务服务的升级和管理的精细化,使政务云迈入了2.0时代。同时,采用云原生架构为新基础设施的云化提供了灵活的IT架构,使得新基础设施可以更加敏捷地发展。

云原生架构是建立在云原生技术基础之上的一种设计原则和模式,它将云应用中的非业务代码部分分离出来,让云基础设施能够应对应用中的非功能性特性,如韧性、弹性和安全性等。这种架构不仅使业务不受非功能性业务中断的影响,还具备轻量、灵活、高度自动化的特点。

基础设施云原生:加强原有云环境,支持云原生架构的多元技术栈,为应用开发提供更好的资源编排、分布式部署和高可用架构的基础支持。

云原生的融合与发展:云原生不断融合科技创新与商业要素,重新定义了新业态的增长模式。在中国各行业普遍应用下,云原生技术不断进化,开源项目涌现,实践进入高速发展阶段。

云原生的变革:通过方法论、工具集和最佳实践,云原生改变了整个软件技术栈和生命周期。它全面升级了云计算服务和互联网架构,使企业和开发者更专注于业务创新,有效提升企业的增长效率,激发出前所未有的生产力与创造力。

2. 基础设施云原生架构的发展趋势

(1)围绕云原生,如何提供更加自动化的基础设施是一个重要方向

自动化在云原生架构中的关键地位是基于 Kubernetes 的面向终态理念。这种架构天然地赋予了云环境更强的自动化能力,涵盖了应用开发的各个方面,如维护副本数、确保版本一致性、处理错误和异步事件。云原生架构的探索和演进正专注于三个主要方向:一是应用部署和运维的自动化,针对各类业务需求提供更高效的部署方案;二是在自动化能力应用过程中,防范误操作带来的潜在风险,以防护措施保障架

构安全;三是对 Kubernetes 运行时自动化的持续优化,通过扩展、灰度升级、隔离和安全保护等方面增强其自动化管理能力。这种持续演进的自动化探索是云原生架构发展的重要路径之一,旨在为企业提供更灵活、高效、稳定的业务环境。

(2)"云边一体"快速发展引来基础设施云原生的新发展

随着 5G、物联网和直播等行业迅速发展,更多的计算能力和业务开始向距离数据源或终端用户更近的位置下沉,以获得更快的响应时间和更低的成本,这种计算方式被称为边缘计算。未来,边缘计算将出现三个明显的发展趋势:AI、物联网与边缘计算的深度融合,边缘计算场景中业务的种类会更加多样化和复杂,边缘计算作为云计算的延伸将在混合云场景中得到广泛应用,并且 5G、物联网等基础设施的发展将推动边缘计算的迅速增长。边缘计算的规模和复杂度正在不断攀升,而运维手段和能力的短缺开始变得无法承受。

在当前背景下,云、边、端一体化运维协同已成为共识。利用云原生技术,云与边缘的融合正迅速发展:一方面,在云层保留云原生管控和丰富产品能力,并将其通过云边管控通道下沉至边缘,将边缘节点和业务纳入云原生体系的工作负载;另一方面,在边侧通过流量管理和服务治理实现与端的高效交互,以获得与云端一致的运维体验,并实现更好的隔离性、安全性和效率,从而实现业务、运维和生态的一体化。边缘计算云原生是云原生的新边界,也代表着边缘计算的崭新未来。

(3)基础设施云原生驱动数据变革大发展

数据是企业重要的资产,云原生应将支持数据驱动应用视为其未来重要使命之一。除了云原生 AI 外,如何平稳迁移传统的大数据和高性能计算应用至 Kubernetes 平台,是云原生亟须解决的问题。

当前,任务调度器在多资源调度方面迎来成熟发展,尤其是 Kubernetes 在资源调度上的探索。然而,在大数据和高性能计算领域,Kubernetes 与传统离线调度器(如 Yarn)相比仍存在差距。Kubernetes 的 Scheduler Plugin Framework 为适配大数据和 HPC 场景的批量调度——Capacity 调度提供了灵活框架,正在逐步实现。此外,Kubernetes 利用容器特性和插件化调度策略,独特地支持 GPU 资源的共享调度和隔离,并在 NVIDIA Ampere 上实现了 MIG 原生支持。这种调度能力不仅局限于 GPU,还包括 RDMA、NPU 和存储设备等各类资源。这些进展将为多领域的资源调度提供更多可能性,推动云原生技术在资源利用上取得更大突破。

3. 云原生架构对用户的价值

(1)从 IT 架构角度看基础设施云原生的价值

云原生架构充分继承了云计算的强大功能和设计理念,为应用开发提供了优越的基础支持。通过新的架构和技术保障,应用系统变得更加健壮,最大限度地释放了云计算的优势。此外,其极致的弹性能力解决了异构环境的部署一致性问题,推动了资源标准化和服务自动化,使得云原生技术体系成为更高效、灵活的资源管理与利用方式。云原生技术以容器为基本调度单元,将资源的切分颗粒度提升到进程级,同时轻量化的共享内核设计进一步提高了资源利用的弹性效率。这些特性共同构成了云原生架构的核心优势,为应对当今不断变化的业务需求提供了更可靠、高效的解决方案。

云原生架构以其能够兼容多元技术栈的特性,与传统单体应用相比,为应用和开发提供了更大的灵活性。在云原生架构下,不同业务领域可以相对独立地选择适合自身需求的技术路线,使得应用开发更具弹性和个性化。此外,云原生架构自动化程度高、自愈性强,使得应用本身更具韧性,能够在面对压力和挑战时更好地缓解和恢复,从而提高了业务的稳定性和可靠性。这些特点为现代企业面对不断变化的市场环境和需求提供了更强大的应对能力,是云计算架构演进的重要方向之一。

(2)从 IT 运营角度看云原生的价值

云原生架构在降低客户 IT 成本和加速业务交付方面发挥着重要作用。通过其极致的弹性和资源复合利用率,云原生架构能够有效降低资源成本,同时减少了传统 IT 架构下研发中的重复成本。更重要的是,云原生采用微服务化开发、标准接口通信等方式,实现了敏捷开发,降低了业务试错成本,极大提升了交付速度。这使得企业能更快速地响应用户需求、改善用户体验,并且加速业务创新,对于面对数智化转型的企业来说具有显著的竞争优势。云原生架构因其对于企业成本和交付速度的双重优势,正逐渐成为企业数字化转型的核心支撑。

云原生架构在用户体验方面有显著优势。传统架构下,中间件与业务捆绑,难以实现中间件的通用复用,导致用户在应用部署中反复构建,增加了用户的负担。相比之下,云原生架构基于云平台构建,云服务商负责基础设施的烦琐运维,用户可以一键部署云原生集群,并利用平台提供的标准化中间件服务快速部署应用。这种方式减少了用户在部署过程中的心智负担,有助于用户更专注于核心业务逻辑,从而提高整体研发效能。

## (二)触点全面数字化

触点全面数字化对于政府和企业的数字化转型至关重要,它包含用户、交易、服务、物流和生产等各种触点的数字化。这种数字化反映了在数智化转型过程中与多方互动触点的成熟度,通过移动化和智能化等手段实现对用户需求、员工、服务状态、商品状态、合作伙伴和生态系统等多维度的感知,保持全链路连接和数据获取能力。触点数字化的核心在于以用户需求为中心,通过全面数字化触点促进了供给侧的改革和升级,提高了供给侧的灵活性,更全面地满足了用户的多样化需求。

在数智化时代,数据已成为政府和企业重要的资产之一。数据质量和价值密不可分,如何通过数字化触点收集大量且高质量的数据成为当下亟须解决的核心问题。政府和企业需保持数字化触点的轻量、敏捷性,这是推进数智化战略的关键要素。这一战略的重点在于搭建"小前台、大中台、强后台、富生态"的体系,数据的数字化触点在其中扮演着重要的引领和支持角色。

### 1.触点全面数字化的关键点

政府和企业过去主要单向向用户推介商品和服务,现在趋向双向甚至多向互动。多向互动意味着政府和企业与用户、供应商、生产商、运营商等进行即时交流和互动,利用新技术了解需求,更好地满足各方的需求。因此,设计多向互动机制、实现个性化体验成为数智化创新的重点,激发各方积极性、创造性和参与感。

零售业务中的触点包括线上、线下、商业和社交等多个层面,构成一个多元且多角度的触点网络,架起政府、企业和用户之间的桥梁。这些触点网络中的各节点相互关联,不断运算,根据用户消费触点的变化智能调整决策。因此,全面数字化触点是数智化的关键,将业务、数据运营、决策智能化紧密结合,连接了物理世界和数字世界。

2. 用户触点数字化

传统政务服务系统由各部门构建,服务功能以系统为核心,要求用户在需求时选择特定系统。数字化用户触点支持以人为核心的服务组织,打破系统边界,实现信息资源间深度融合;同时,在应用层,根据用户喜好和情境,利用众包方式快速打造满足需求的应用,以个性化、定制化和主动服务为目标,实现"以人为中心,系统为辅"的服务模式转变。

用户触点数字化在宏观上要汇集城市的多元服务,满足不同人群及生活阶段需求;在微观层面,针对个体用户提供个性化服务,避免提供无关服务,比如对学生不提供不相关的服务,实现服务的个性化和针对性。

传统会员卡模式信息有限,阻碍了企业对消费者行为的深度了解。数字化会员模式以多维度数据分析和即时沟通工具为支撑,跟踪消费路径、提供个性化服务,加强与消费者的互动,推动消费者数据价值发挥,有助于企业提升盈利能力。

### 3. 交易触点数字化

在政务服务领域,分散的用户信息和单一维度的特征使得对用户偏好的了解受限。利用城市中多样的信息系统积累的历史数据,通过数字化交易行为、整合多源数据等手段,可以丰富用户特征和准确捕捉用户偏好。这样的数据整合和分析方式使得用户在多种设备上、多种场景下都可以享受到全方位的政务服务。以用户为中心的服务模式打破了时间和地点的限制,大幅提高了服务效率。

商业领域中,传统百货企业对交易行为仅掌握粗略信息,重视收入而非交易内容本质,导致重要数字资产未被充分积累、分析。通过数字化交易行为,百货零售业能实现全渠道经营,摆脱时间和空间限制,实现随时随地交易。结合线上和线下消费者购物喜好及习惯行为的数字分析和预测,可以优化库存品种和商品陈列。通过打通消费数据,数字化交易触点能够进一步提升消费体验,如消费者的消费情况与停车优惠折扣自动关联,无须手动兑换优惠券。

### 4. 服务/商品触点数字化

过去,政府机构向企业和群众提供服务主要依赖系统辅助,需要人工介入。但随着技术的发展,政府机构和组织逐渐采用标准化在线服务形式,减少人工干预,实现服务触点的数字化。这种数字化要求提供服务资源的语义描述框架,比如采用IOPE(输入、输出、前置条件、后置条件)等方式刻画服务的功能语义,以满足不断涌现的新服务需求和挑战。

在商业领域,商品数字化是百货类企业转型的主要挑战之一。面对非标品经营和非直营商业模式的阻碍,商品数字化不仅仅是线上销售,更是重新构建"人、货、场"基于数据的新格局。数字化带来的大量数据能够建立以消费者为中心、场景化的商品知识图谱,推动线下购物创新,优化供应链,提供更准确的消费者洞察,并结合数字化会员体系提升购物体验。

商品数字化通过赋予每个商品独一无二的二维码,使消费者能够通过扫描二维码溯源商品的整个生产、流通和销售过程,实现了消费者对商品信息的全面了解。在数字化商品后,消费者能够迅速获取商品的实时信息,包括价格调整、促销优惠等,不再依赖于销售员的介绍,提高了消费者对商品的清晰度和商品本身的透明度。

### 5.物流触点数字化

物流在政府服务和商业领域的数字化转型中扮演着重要的角色,要求设备普遍配备传感器。菜鸟物流园区利用 LoRa 物联网协议,通过传感器实现了对各种设备和环境参数的实时监测,在出现异常时立即发出警报。这种数字化监测方式不仅降低了传统监测方法所需的人力成本,还提升了监测的准确性和可靠性,为物流行业提供了更高效的管理模式。

物流触点的数字化发展要求摄像头具备自主运算能力,未来园区的摄像头不同于普通摄像头,能够通过捕捉的影像进行实时计算和分析,实现车辆智能调度、科学的备货管理,甚至发现并预警异常员工行为,而无须持续地人工监控。这种摄像头的自主运算能力将大幅提升物流园区管理的智能化水平,节约人力成本,提高安全性和效率。

智能化仓储和分拣中心的核心在于 AI 技术的应用,这种技术在三大模块——智能存储、智能拣货和智能分拣方面发挥着关键作用。这些中心采用了自动化流水线、自动导引车(Automated Guided Vehicle, AGV)和机械臂等设备,使得仓储的拣选和分拣工作效率大大提高。整个园区的智能化仓储系统采用了菜鸟物流自主研发的信息系统进行综合管理调度。这个系统解决了传统物流中心的一些固有问题,例如低效的存储、拣货和分拣效率。这一系统还涵盖了全机器人作业场景,替代了传统物流作业中员工的行走过程,将所有的行走任务转交给了AGV。这样的安排大大减少了作业员工的行走距离,实现了效率的极大提升。

6. 生产触点数字化

信息技术的快速发展使得线上服务也可以像物理商品一样实现流水线生产,通过持续集成、在线开发等技术手段,服务型商品的生产过程数字化程度不断提高。从需求分析到设计、开发、测试再到上线运营,这一过程的数字化管理使得服务型商品的生产周期显著缩短,而且不再受限于物流数字化所带来的阻碍。

实体型商品的生产触点数字化指的是生产设备的数字化和智能化。现今制造业已经不再仅仅局限于机械设备和电动零件,而是涵盖了包括硬件(如芯片、传感器、网络设备)以及软件(数据库、生产管理软件)在内的复杂系统。生产设备的数字化和智能化已经在许多行业和企业中得到应用,例如,机器人等智能设备已广泛应用于工厂车间。

通过生产触点的数字化,企业能够对生产的各个环节进行更精细的控制和管理。

企业在服务/商品生命周期中,除了常见的数字化触点外,还包括营销、市场活动和售后等各个环节的数字化。这些数字化触点构成了一个网络,为业务在线化提供了基础,使得业务以数字数据的形式高效运作。

## (三)组织业务在线化

### 1. 数据定义效率,组织业务在线化是大势所趋

在数智化时代,数据的流动性和价值得到了提升,重塑了人与人、人与组织、组织与组织之间的关系。通过组织业务在线化,解决了业务创新和应用链接的难题,构建了组织的生命力和创新能力,

组织业务在线化体现了数据化、网络化和智能化对传统社会组织结构和行为方式的影响。数据的流动让实体组织和虚拟组织的边界变得模糊,形成了无边界组织、网格化组织、液态组织等新特征。组织需要灵活应对外部环境的变化,而互联网技术和大数据技术的应用则促成了信息流动的多向传递。

### 2. 组织业务在线化的核心特征与新业务形态

数字时代的特点是技术赋权日益显著,促使各类组织和个人更个性化、更积极地参与社会事务。公众参与能力不断增强,基于数字技术的基层创新也变得更加活跃。政府可以利用数字技术的精准优势,建立统一的指挥调度体系:在内部促进多条线的协作,在外部将各种组织

和个人的分散、多元、碎片化诉求和行动有机整合。

政府数字化转型引领了内外部政务服务的整合优化,形成了"一站式服务"的新趋势。S省的"最多跑一次"等举措,有效地减少了民众跑腿次数,实现了高效服务。政府资源统筹、数据共享、部门联动、统一平台建设等"四位一体"的协同推动了政府各部门间的横向合作。

3. 公共产品与公共服务的一体化、在线化

我国在数字化生活领域拥有全球领先地位,政务服务经历了"互联网+"时代的高速发展,例如S省、G市等地建立了一体化的网上政务服务,致力于让个人和企业办事变得更加便捷。然而,服务的精准性、个性化和全面性仍然有待改进,这对政府数字化转型提出了更高的要求。要实现社会服务的在线化,不仅需要服务对象的全面在线服务,还需要管理者在数字治理和创新建设方面提供全面的在线支持。

社会服务在线化以人民为中心,重点在于政府数字化改革要与人民服务和数字治理相结合。这种改革是基于群众评价的指导,涵盖了政府、企业、平台用户、开发者和工作人员等各方利益。借助云计算平台,改革推动各部门之间实现无障碍的业务连接,提供了全面在线的公共产品和公共服务。

信息和数据的积累是业务管理服务完全在线化的必然趋势。但光有数据积累是不够的,必须运用云计算技术来解析大数据,从中发现隐藏的见解和价值。这强调了在线服务阶段采用云平台模式的重要性,即最大限度地利用数据资源。通过挖掘数据中的规律和价值,使大数据不再是静态存在,而是一个不断产生新知识和新价值的动态过程,这

正是公共产品与公共服务一体化、在线化的关键所在。

4.社会服务在线化的不同特征

社会服务在线化针对不同用户群体展现出差异化特征。针对领导者和管理者,重点在服务数字化和在线化的基础上,通过整合服务入口、打通各部门业务,实现"最多跑一次"和"一网通办";对办公人员,则强调需求推动、监管结合,让企业和群众服务通过办公人员办公端快速触达实现"一网统管";此外,还体现在政府决策科学化和社会治理精准化,通过数据采集、整合和应用,科学施政,满足社会发展需要,实现"一网慧治"。

社会服务在线化的重要任务是扎实数据治理。在这一过程中,"在线、活用、闭环"成为关键,其中"在线"表示数据随时可用;"活用"表示数据不断增值,融合多维度和多来源的数据,发挥最大价值;"闭环"意味着数据用于提供精准、个性化的服务,并将服务结果反馈至原始数据,持续更新数据,改进算法和模型。

## (四)业务运营数据化

1.从 CIO 到 CDO,数据正成为业务运营中的新生产要素

在互联网经济时代,数据被视为新的生产要素和重要资源,推动着新的生产关系和生产力。为了有效利用数据生产要素,推动数字经济发展并实现数智化转型,成立首席数据官(Chief Data Officer,CDO)职位成为必然趋势。例如,美国国防部在现有的 CIO 架构下设立了 CDO 职位,强调将数据视为战略资产,并强调确保数据的可见性、可访问性、

可理解性、可链接性、可信赖性、可互操作性和安全性。

中国数字政府建设历程可分为三个阶段:信息化阶段着重于计算机利用、信息化办公、系统上云;数据化阶段强调数据资源化、多维度创新;智能化阶段将数据和智能技术全面应用于政府决策、服务、治理模式。

在当前数字政府建设的新阶段,数据化运营成为核心。政府需利用数据的价值,打造网络化、平台化的治理模式。中国已高度发展电子政务和城市信息化,如何充分开发和利用数据资源,使数据更具活力,发挥重要作用,将成为"十四五"期间数字政府发展的关键重点。

2. 数据中台支撑企业数字化运营的快速迭代

数据中台在企业数字化运营中扮演重要角色,促成业务数据化和数据业务化。

业务数据化和数据业务化分为数据源管理、数据资产化、资产服务化和服务业务化四个主要过程。首先,通过数据源管理,企业在线完成大多数行为并记录数据;其次,数据资产化对采集到的数据进行清洗、管理和归类,转化为可用的数据资产;然后,资产服务化将这些数据通过 API 封装成工具,为数据赋予服务业务能力;最后,服务业务化根据业务需求,随时调用这些工具来处理数据,以支持业务的发展。

数据业务化是业务数据化的衍生,将数据应用于业务本身。这一概念涵盖了数据可视化和数据创新两种形式。通过数据分析形成业务看板提高了管理效率,而数据创新则通过对外输出数据能力,为产业上下游和合作伙伴提供了更多价值。业务数据化和数据业务化形成一个循环闭环,随着数据不断积累和加工,不仅量有增加,更引发了质的提升,不同业务中积累的数据越多,整体价值也就越高。

3. 数据化运营让数字政府下的创新更灵活

数字政府需要借助数据化治理理念,有效管理和充分利用数据,以挖掘数据的最大价值。数据化运营的目标在于实现科学决策的数据化服务、数据化治理和数据化支撑。在实践中,政府应专注于数据治理、数据开放和数据创新这三个关键方面,以推动数字化治理取得更大进展。

(1)数据治理让数据资源潜在的价值被挖掘

数据治理在业务数据化中占据重要地位,对数据资源的开发和利用具有直接影响。它涵盖了对数据全生命周期的管理,通过规划、设计、实施和监控等步骤,使数据资源转变为可利用的数据资产。类比于水源需要经过净化处理,数据经过数据治理后可以更好地实现资产化、智能化和服务化的目标。

(2)数据开放让数据资源的价值被最大限度地开发和利用

数据与传统资源(如石油)有着显著的不同特征:①数据不会消耗,其价值在使用中不会减少;②数据的价值与数量关联密切,随着数据种类和数量增加,价值可能呈指数级增长;③数据价值在不同场景和领域有差异;④数据可被多方同时使用;⑤数据被利用后价值可能增加;⑥数据流动性创造价值;⑦数据具有时效性,价值会随时间衰减。

数据开放是政府数据化运营的重要环节,旨在让数据价值回馈社会,为社会带来红利。通过安全可靠的数据开放,社会创新活力得以释放,使得数据资源的价值能够最大限度地得到开发和利用。数据开放不仅是信息的传递,更是数据价值的释放与社会效益的提升。

(3)数据创新让数据资源以自我提高的方式创造价值

数据创新扮演着数据价值转化的关键角色,它能释放数据内在的潜力,使得资源的价值得以充分发挥。数据资源的利用需要多种形式的"发动机",这些方式能够提取和输出价值。数据价值的转换不仅依赖技术手段,还涉及数据的连接、流动和共享,这些因素共同创造了数据资源的价值。

例如,数据的流动能够产生价值,建立渠道即可释放价值;数据开放共享机制让多个创新主体围绕同一数据创新,使同一资源产生多重价值。数据资源的价值不仅不会因使用而减损,反而可能在使用中增值。因此,政府只需提供初始输入,数据就能自我强化,产生更多的价值。

4. 推动业务运营数据化,需要加强CDO顶层设计和组织保障

(1)业务运营数据化需要CDO统筹和领导

IDC发布的《全球云计算IT基础设施市场预测报告》指出,全球云基础设施投资在2020年首季度高达145亿美元,超过传统基础设施投资比例,占比达到55.13%,预示着全球数据中心正在朝着"云化"转型。为适应这一趋势,政府部门、重点机构以及企业纷纷设立"首席数据官"职位,以加强数字化转型的领导和统筹,促进技术、文化和战略方面的全面变革。

（2）促进从 CIO 到 CDO，加强数据资产运营能力

企业需快速将传统的 CIO 角色转变为 CDO。CDO 职位将更注重数据战略和生产力，通过链接数据消费者实现数据、技术和业务的战略整合。省级和市级机构将借助大数据管理机构，整合政务服务、公共服务和物联网等资源，利用云计算、大数据、人工智能等工具进行数据分析，实现数据的智能化处理，促进数据从资源转变为资产，以数据资产运营释放数据的生产力。

（3）加强 CDO 资源保障，提高数据战略落地能力

数字经济成为我国在新时代引领全球经济发展的关键领域。为此，应主动迎接和适应数字时代的变革，建立起以 CDO 为核心的组织机制，以满足政府和企业在数智化转型方面的需求，通过强化指导，并分阶段推进，加速数智化转型升级。

## （五）决策全面智能化

### 1. 决策智能化的内涵

赫伯特·亚历山大·西蒙提出管理的本质是决策，着重强调了决策的理性和效率。数据驱动决策概念则是依据此原则，让决策者通过分析相关数据，发掘其中隐含的与决策对象相关的偏好关系信息，并根据这些信息对决策对象进行分类、评级或排序，最终作出最适合的选择。

决策智能化是指基于自动化和设备智能化，将大数据分析能力转化为深刻洞察，以促成实际行动。它不仅在技术层面提升了洞察

分析能力,同时有助于提升组织与管理层面的能力,实现了"感知—洞察—评估—响应"的闭环循环,从而不断改进和提升决策的智能水平。

决策智能化在企业经营管理中是指利用深度学习、优化和预测技术的算法设计,以实现在人力调度、资源优化、货物分配等领域的精准营销、风险控制、收益管理、智能物流、派送调度、工业制造、航空调度、电力市场等方面的智能决策。

**2. 实现决策智能化的重要步骤**

(1)核心业务在线化是决策智能化的基础

决策智能化的成功离不开数据,政府和企业在此过程中都需要实现核心业务的在线化,将传统服务迁移到数字化和软件化的线上平台。这一步骤是实现决策智能化的基础,使得业务流程能够更方便追踪和管理,为未来智能化的决策奠定了基础。

(2)业务运营数据化是决策智能化的必要条件

实现核心业务的在线化为数据采集打下了基础,接下来,政府和企业需要将业务环节自动化和业务运营数据化,通过引入数据中台技术构建客户运营体系。一旦具备这些条件,他们的核心业务将能够迁移到云端并以软件驱动,为未来智能化发展铺平了道路。

(3)AI 技术持续推动决策智能化

政府和企业借助数据和算法构建新型决策机制,使决策过程不再依赖传统的经验,而是基于数据分析和算法推导。这一机制的特点在于自动性和循环学习,能够不断优化并改进决策的效率和成果。

3.决策智能化助力社会精细化治理

我国城市化进程引发了一些"城市病"问题,包括交通、应急响应和生态环保等方面的挑战。这些问题不仅考验着城市的管理和治理能力,也成为政府执政面临的重要挑战之一。

在数字经济时代,城市的可持续发展得益于大数据、云计算和人工智能等数字技术的支持。城市中产生的大量"活数据"通过算法和算力,为社会治理提供了物质和技术基础,助力实现精细化的治理模式。

(1)数据支撑城市精细化管理

通过城市大脑的构建,城市智能精细化管理推动了感知、管理和服务模式的数字化转型,旨在全面感知城市各方面情况,提供精准高效的服务和协同工作,成为城市精细化管理的关键数字化平台。

(2)城市大脑让城市交通会"思考"

借助"数据驱动+AI"的云计算技术,城市智能交通系统实现了全方位的道路交通管理,通过智能化流程,从感知到处置,提升城市交通管理的效率和智能化水平,改善城市交通运行环境,以提供更优质的交通管理服务。

(3)智慧消防联动响应实现"零延迟"

通过先进的物联网技术,智慧消防系统能实时监测火灾情况并将信息传输到云平台,利用智能分析实现快速报警和决策,有效节省救援时间,最大限度地减少火灾造成的损失。

4.决策智能化助力区域经济决策智能化

决策智能化不仅为企业提供了生产效率提升的方法和发展引领

的机会,同时对于整个区域经济的发展也至关重要。数据智能化能够加速区域经济的一体化发展,促进区域间资源、优势的协同和互补,深化产业间的合作与生产方式,推动区域经济形成共享共建的新格局。

当今社会,区域产业发展已形成错综复杂的网络结构,传统的人工分析方法难以全面应对区域经济的发展。然而,借助大数据、云计算和人工智能等新一代信息技术强大的计算能力和数据分析能力,能够实现区域间的精准对接和相互补充,为区域经济的进步提供更深入、更精确的支持。

(1)决策智能化绘制区域经济全景图

通过建立区域产业景观、全景洞察和企业画像等功能,决策智能化的核心目标是推动经济产业的高质量发展。这意味着在整合产业经济数据、多方位展示数据、协助企业评估、促进区域发展、精准招商、风险管控和提升政府产业服务等方面,必须全面提升地方政府的辅助能力。

(2)智慧旅游用数据改善游客体验

政府利用云计算、大数据和 AI 等先进技术,建立全域旅游一体化平台,以统一融合全域旅游产业链并深度运用数据资源。这一智慧旅游的决策智能化举措有助于提升旅游智能决策和管理水平,从而全面提高全域旅游的核心竞争力,为政府、旅游企业和游客提供更优质的服务与支持。

(3)普惠金融:金融供给侧改革的"最后一公里"

决策智能化应用政府在公共服务中积累的农户数据,构建区域专属信贷模型,为农户提供纯信用信贷服务,解决普惠金融面临的发展不均衡、服务范围不足等问题。此外,在工业互联网、智慧园区、营商环境、创新创业、扶贫和数字乡村等领域,决策智能化也助力政府经济决策向数据驱动转变。

# 第二章　数字社会转型的表现

## 第一节　政务服务高效化

数智化与融合发展不断推进,技术在数字政府、数字经济和社会领域发挥关键作用。数字化和智能化已广泛渗透于政务、经济等各领域,促进了创新和发展。科技创新驱动的新产品、新服务需求不断增长,满足人民对高品质生活的需求成为未来发展的重要方向,而政务服务的高效化变得尤为关键。

### 一、政务服务发展的 3 个阶段——"网上""数上""智上"

我国的政务服务系统建设已经经历了很长的时间,大致可以划分为 3 个阶段(表 2-1)。

表 2-1 政务服务系统建设的发展历程

| "网上"阶段 政务服务在线可办 | | | | "数上"阶段 政务数据协同和业务易办 | | "智上"阶段 政务服务智能好办 |
|---|---|---|---|---|---|---|
| 线上 | 应用 云上 | 应用 汇聚 | 资源 集约 | 线上 | 移动 办事 | 网上 办事 | 体验:主动服务 |
| | 政务服务一张网:事项 同源发布,网上预审 | | | | 材料共享、全程网办、信任 在先、办结核验、快递送达 | 效率:智能审批 |
| 线下 | 行政服务中心: 一门式、集中办事、材料 纸质提交、重复提交 | | | 线下 | 区域行政服 务中心: 一窗受理,最 多跑一次 | 村镇社区服 务中心: 就近跑一次 | 决策:复杂研判 |
| 搭框架,以平台建设为主 | | | | 练内功,以数据为主 | | 优体验,以智能为主 |

第一个阶段是"网上"阶段,主要以政府服务在线化为特征。这一阶段注重政府部门业务规范和效率提升,通过门户网站和单一部门业务系统提供在线信息和简单办事服务。线下行政服务中心主要提供综合政务服务,存在物理集中、纸质材料提交和重复提交等问题。线上应用以单一部门业务为中心,系统之间连接较弱,数据分散在政府各部门,呈现出"信息孤岛",公众接触到的仍是单一部门的形象,线上系统与公众互动有限,主要以发布和查看事项为主。

第二个阶段是"数上"阶段,政务服务系统建设关注"政务数据协同和业务易办"。此阶段主要着眼于打造"整体政府",通过数据共享交换和业务协同,使政府服务更便捷,让"数据多跑路、百姓少跑腿"。行政服务中心转向协同服务,建立区域行政服务中心和村镇社区服务中心,大幅减少"跑腿"成本。线上政务服务更加人性化,具有"指尖办"、事项同源、材料共享、全程网办、信任在先、办结核验、快递送达等特点。公众对政务服务的体验大幅改善,目前大部分地方政务服务系统处于这一阶段。

第三个阶段是"智上"阶段,政务服务系统建设关注"政务服务智能好办"。着重于"整体智治",强调数据应用和先进技术的价值,以提升体验为核心。通过"智能导服、收办分离、线上线下融合"的服务新模式,为公众提供更智能、融合、便捷的服务。数字技术推动下,以"高效办成一件事"为目标,重构部门内部流程和跨部门、跨层级、跨区域的协同流程,整合数据资源,提高政府协同效率,实现革命性的流程再造。

## 二、数据驱动、中台支持与智能保障等,拓宽"互联网+政务服务"发展之路

在政务服务发展趋势和一些领先省份的实践中,新思路和新举措以"互联网+政务服务"为核心,持续拓展未来发展路径。数据驱动、中台支持、智能保障以及科技赋能等是其显著特征。这表明政务服务正在朝着更智能化、更科技化的方向迈进,不断探索创新。

### (一)新举措之一:"一件事一次办",最多跑一次

群众和企业在解决各项事务时需提交繁多材料,频繁奔波于各窗口办理手续。以群众和企业关心的婚育、户口、企业办理等"一件事"为核心,通过智能化整合和材料简化,建立了标准化、规范化的"一件事"服务清单,并在线下提供"个人一件事""企业一件事"等服务模式。

1. 建设内容

"一件事"联办系统平台建设,从不同场景出发,推动跨部门业务流程再造。采用"领跑者"标准,共同促进减少办理事项、流程环节、材料提交次数和时间,整合申请表单、精简材料、压缩办理时间,并重塑流程,实现"一次提交、多方共用",以实现群众和企业"一件事"全流程"最多跑一次"的改革目标,提升跨部门、跨层级协同服务能力,实现从告知、申请、受理、审批、办结、发证到送达的全流程一次性完成。

"一件事一次办"的核心建设内容包括:

(1)一次性告知。为解决群众和企业在多部门、多流程的办事服务中所面临的复杂问题,该方案旨在简化指引和材料要求,提供必要文件并简化办理流程。它着眼于重新塑造告知方式,实施智能导办、精准告知,针对不同的办理情形进行细致分析,向申请人提供关于"一件事"的一次性告知服务,从而实现从"一证一次性告知"向"一事一次性告知"的升级。

(2)"一件事"的智能构建。在现有的单项服务基础上,政府通过精细化梳理针对不同业务委办局的"一件事"具体业务场景,以智能重组的方式快速创新服务场景。同时,为满足群众或企业的个性化需求,提供具有特色的办事体验。这种方式使得政务服务更加贴近群众和企业的实际情况,提升了服务的针对性和满意度。

(3)信息聚合和智能共享。以用户选择的单项服务表单为基础,整合多项服务所需的材料,为群众和企业提供定制化的"智能表单"服务。这种智能共享字段和材料的方式,使群众和企业在办理事务时所需的填写字段和提供材料减少,更迅速地完成整个服务流程。这样的个性化服务模式大大简化了办事流程,提高了办事效率。

(4)流程定制和智能调度。该系统能够根据政府各部门的定制,同时进行串行和并行的"一件事"办理流程。基于群众或企业选择的办理事项,系统智能地连接各业务系统,依照定制的流程进行审批。通过系统智能监测和推动,有效地将待办理事项准确分发至特定部门和人员,实时监控和促进"一件事"的办理进展和结果。

(5)服务评价与问题精准追溯。系统旨在提升"一件事"服务整体质量,全面评价和监督受理、办结等过程。明确各部门在"一件事"流程中的职责范围,建立问题整改机制和责任追踪措施,通过"差评处理"保障全方位的用户体验和服务质量管理。

2. 应用价值

以"一件事一次办"为基础,采用多证联办模式,实现了涵盖多区域、多部门的闭环办理流程,使得办理过程更为便捷高效。

为提升群众和企业的办事体验,通过"一事一次一窗办理"策略,将过去烦琐的办事流程优化为高效、便捷的服务。通过将政府部门与数据连接,将办事的负担从群众和企业身上转移到政府部门和数据间的协同,从而实现更少跑动、更高效的服务模式,改善整体营商环境和提升市场活力。

着眼于提升政府机构的办事效率,致力于打破部门间的壁垒,以简政放权为导向。采用"一口受理、在线咨询、网上办理、代办服务、快递送达"的服务方式,目的在于降低民众办事的烦琐程度,减少跑腿次数,缩短办理时间,并在审批流程方面实现一次受理、并行审批,以提升政府部门的工作效率和服务质量。

### (二)新举措之二:政务中台,助力服务随需而变

随着新基建政策的出台,社会经济正迈向一个新的常态。传统的工程和系统连接方法已无法应对经济数字化、多元化需求的挑战。数字政府的转型不仅仅是线下服务向线上迁移,而且需要政府服务能够更主动、高效、精准、快速,这需要利用"互联网+"思维和智能化工具,推动政务服务的一体化业务提升、精细化治理和运营。

#### 1.建设内容

政务中台不同于传统的互联网连接方案,是源自对服务持续运营的"数字孪生思考"。通过业务和技术方面的整合,打破系统独立,形成共享能力中心,实现政府数据的互联互通。这使得复杂工程变得系统统一,并消除了数据壁垒。

"一网通办"的核心理念在于"通",通过政务数据中台和政务业务中台实现了"业务通、数据通、系统通、体验通、管理通"。政务数据中台整合了个人基础数据、证照数据和各业务部门数据,为群众办事提供数据支持。政务业务中台则标准化并精细化了办事材料、流程和情形,通过统一用户、智能表单和智能路由,让群众可以通过政务服务网、城市超级 App 等渠道办理单项或多项事务。

一是能力原子化:整合多种技术和工具,解决服务标准化和颗粒化结构问题,赋予政务系统可组装、可设计、可生产的能力。

二是开发乐高化:降低设计、研发、部署的复杂程度,提高效率。

三是应用服务化:利用拖拉拽方式快速构建政务和公共服务应用,大幅压缩工作完成时间。

四是业务平台化:整合多源异构系统和复杂业务,实现扁平化、高效协作,使服务供给更加规模化。

五是运营数字化:通过中台能力实现服务效率的感知和服务症结的精准发现,实现对服务体验的精细治理。

政务中台通过建立服务、履约、治理和供给等四大体系,实现了政府整体数字化治理的目标。这些体系的建设旨在提供全方位的服务能力,确保服务的可视化、评估、管理和控制。主要内容包括:

(1)1套数据资产。政务数据中台以数据为核心资源,通过整合政府、社会、互联网以及感知等多源数据,建立城市信息模型。重构数据产生了高效、精确、丰富的政务服务数据资产,整合并结构化了原始、历史和集成数据,形成了涵盖多方面业务库的 One ID(个人、企业、事项、物联网、证照、办件等多套业务库)体系,为政务服务的优化和整合提供了可靠的基础。

(2)集成共享能力平台。集成共享各类数据资产、履约系统和智能设备是支持业务优化和创新应用构建的重要能力,同时也是资产保值和增值的关键。快速整合已有能力并促进平台创新,随着业务的推进,实现了能力的充分利用和升级。

(3)集约化应用搭建平台。通过免代码、低代码技术快速搭建支撑政务服务海量应用的能力,显著提高了效率,降低了成本,并增强了安全性、稳定性以及多端无差别体验的支持能力。

（4）集约化业务搭建平台。智能化服务中心以智能分发和快速搭建事项服务的能力为支撑，有效地实现了业务定义和流程设计的快速编排。其专注于业务创新和灵活性，通过聚类创新和场景融合，推动政务服务的高效集约化，从而促进各级部门、区域和基层业务的灵活创新，并全面实现服务同源的目标。

（5）集约化服务投放能力平台。互联网技术中台的多端灵活投放和中央管控能力解决了政务服务一致性体验的问题。同时，利用海量场景并发技术保证了政务服务的高度稳定性。通过集约化服务投放能力，促进了现有服务渠道的充分复用，保障了服务同质性和一致的用户体验，显著提升了工作效率，降低了维护成本。

2. 应用价值

政务服务中台的实施使业务、技术和数据得以无障碍整合，实现了跨层级、跨地域、跨系统、跨部门、跨业务的全业务办理，为政务服务的高效运作提供了支持。注重从服务用户的体验出发，政务部门着重打造了一个"导服—受理—审批办理—好差评"的完整的服务闭环。这一模式实现了线上线下服务一体化，利用不同服务场景，例如网上、社区服务中心和办事大厅，为用户提供更为便捷和符合需求的服务体验。

政府数字化转型为政府各业务部门提供了一个全面的政务服务生产闭环流程，包括对事项进行梳理、拆解、组装、测试、发布等环节。通过对事项属性数据的细致处理，确保了梳理结果与实际运行情况高度贴合，为后续政务服务的持续运营奠定了坚实基础。

## （三）新举措之三：大厅智能化，兜底保障

传统政务大厅虽然集中了办事窗口，但长期存在窗口不足、排队周期长、办事烦琐、效率低下等问题。因此，针对这些问题，"一网、一门、一次"改革方案提出了"线上线下融合"的措施，依托"一网通办"政务服务平台，实现线上线下服务的互补与衔接，全程留痕，以支持群众和企业在线下只需进一扇门、办理事务于一扇窗口的服务目标。

### 1.建设内容

智能政务大厅作为新型行政服务中心，强调"线上线下融合"，利用政务服务平台提供高效、统一、跨部门、跨区域的政务服务，简化流程、减少材料提交，为群众和企业带来更人性化、零等候、就近办理的线下政务服务体验。通过智能导办、统一收件、服务评价、受理审批、统一出件等环节，实现了"零等候""就近办"等无差别服务（见表2-2）。

表2-2　智能政务大厅建设思路

| 智能导办 | 统一收件 | 服务评价 | 受理审批 | 统一出件 |
|---|---|---|---|---|
| 现场取号/咨询用户到达大厅 | PC、App、自助机窗口多渠道统一收件 | 好差评系统，全省统一评价标准，提升政务服务满意度 | 业务系统快速审批 | 大厅综合取件窗口/快递取件/电子件发送/自助打印 |
| 线上取号/预约用户尚在家中 | | | | |

智能大厅以线下窗口PC办事工作台、移动iPad工作台和智能自助终端为核心，旨在为群众提供代办、帮办和自助办理的服务。它不仅包含管理员和收件人员等不同权限的视图，还提供了综合运营管控能力，能够对工作人员、受理事项以及办结效率等进行综合管理。

2. 应用价值

（1）群众服务精准化。该系统以线上服务预约和材料梳理为核心，有效解决了群众因信息不全而不得不多次线下跑路的问题。同时，提供线上预约取号和提前排队等功能，实现了服务的"线上线下一体化"，为群众办事提供了更便捷高效的途径。

（2）流程在线可视化。该系统通过线上流程指引和可视化办事环节，为群众提供了便捷的在线订阅和提醒服务，使其能够实时了解办事进展和出件状态。同时也提供了全流程评价功能，让用户可以对窗口工作进行评价反馈，进一步提升服务质量和透明度。

（3）数字化智能运营。该系统全面解决了政务大厅内综窗、专窗和自助智能终端的运营情况。通过对大厅各窗口的运营效率、办理情况和群众满意度进行全程数字化记录和评价，系统为政府大厅的数字化管理与运营提供了有力支持，有助于实现更高效、更智能的服务运营模式。

（4）24小时全场景覆盖。该系统颠覆了传统政务大厅的物理束缚，融入社区、邻近办事、上门服务等多种场景，以大厅为中枢，拓展至周边社区、住宅区及企业。借助 PC 端、iPad 端、一体机等多元智能终端，整合各类服务方式，实现了全天候、多场景的 24 小时服务，为公众提供更便捷高效的公共服务模式。

（5）全业务统一受理。这一系统采用"一网通办"多渠道发布的方式，统一了受理界面和流程，降低了工作人员的学习和操作成本，使得跨部门、跨场景的工作更加容易上手，提高了人力资源的灵活性和效率。

(6)大厅业务可扩展。智慧大厅平台具备开放的数智化服务能力,提供多样化的服务和应用组件。建设服务商可对大厅工作台进行各种智能场景的定制,增强大厅服务的内涵和功能。

### (四)新举措之四:政务智能服务,让服务更有"温度"

新技术如人工智能(AI)、5G和大数据在政务领域的应用,促进了数据、业务和技术的融合,打造了高效智能的在线服务,塑造了"AI+政务"等场景服务。这包括 AI 应用服务平台的建设,将政务服务与智慧应用相结合,实现了拟人化服务体验,包括智能问答、导服导办、热线和智能外呼等功能。同时,这种智能服务还能主动预测并解决群众和企业的需求,推动多种智能化办事方式。

1. 建设内容

(1)智能热线咨询。通过语音识别、语音合成和自然语言处理等技术,实现了具备语音交互能力的智能语音机器人,能够理解政务业务场景中的用户问题和意图,并提供相关答案,支持日常咨询和投诉任务。在客服服务过程中,提供了实时语音转译、知识推荐和工单录入功能,并对客服工作进行质检分析,以提升服务质量。这种"AI+小客服团队"模式极大地降低了客服的人力成本和学习成本,同时提升了用户体验和响应速度。

(2)智能外呼。智能语音外呼机器人系统运用 ASR、TTS 语音引擎和机器人 NLP 技术,针对特定用户,在特定时间内执行多种复杂场景的外呼任务。其可实现政务满意度回访、用户调研、服务结果通知等外呼任务,并借助语音转文字、语义理解、语音合成等技术,定制个性化外呼内容,并将收集的信息反馈至工单系统,从而提升客户体验、降低运营成本。

(3)智能在线咨询。基于 AI 技术,构建一个智能咨询问答机器人,不再依赖关键词检索,而是能听懂用户需求,提供精准服务。利用自然语言理解等技术,结合政务问答知识库和不同场景的问答算法模型,提供在线智能问答服务,通过政务服务网、App 等入口主动识别用户语义,提供高效便捷的自助咨询服务,分流后台处理压力,降低用户等待时间,同时持续优化智能问答效果。

(4)智能导引导办。利用公众认证信息、用户空间信息和全景画像信息,结合机器人 NLP 技术,为用户提供智能的服务事项检索和推荐,并设立在线导办入口,智能匹配导办人员进行在线对话咨询。提供导办工作台,支持专员、深度咨询专员和专家顾问的不同级别服务,实现边办边聊、边聊边办的智能导引服务,全程提升用户服务体验。

(5)智能推荐服务。多维数据分析能够全面洞察用户需求,实现以用户需求为中心的服务优化。通过用户数据的精准预测和主动推荐服务,实现个性化服务供给,为不同场景下的用户提供最优质的服务体验。

(6)智能业务辅助。政务业务中利用智能机器人辅助业务人员办事,为领导的决策提供智能预测和支持。提供智能热线服务,包括智能辅助、工单任务分派、审批、判决、托管和摘要等功能。通过对政务大厅流量和办理情况进行智能预测,主动感知公众需求,并为领导提供智能调度、排班和舆情监控等智能辅助服务。

2. 应用价值

AI 的情景感知和自主认知让机器具备了主动感知公众需求的能力。结合大数据和知识图谱,AI 实现了服务的主动预测和推荐,以及智能问答和交互式服务,为提供更智能、个性化的服务提供了可能。

智能导引导办的实施提升了线下政务大厅的服务效率,同时,通过线上智能咨询问答和导引服务,以及政务热线的智能接单分派,整体提升了线上服务的响应速度和准确性,让政务服务更有"温度"、更高效。

## 三、打造让人民满意的服务型政府

"一网通办"的新方向是"跨省通办",以 S 省和 J 省跨省"亮证"为例。合作后,人们在各自的"掌上办事"App 上办理跨省证件。例如,J 省人在 S 省办理生育登记无须提交结婚证和户口本,非常便利。长三角服务推动了 116 项跨省市通办服务,在 41 个地市设立了 500 余个服务窗口,为市民和企业提供信息化服务。

2020 年,Z 市开展了"城市大脑"建设,由 Z 市人民政府和 Z 市大数据管理局主办。他们打造了"四端协同"一体化政务服务平台,包括"掌上办事"App,为市民提供政务服务、公共服务、便民服务和新闻资讯。"掌上办事"App 可提供以下服务:

政务服务事项的"掌上办事"App 提供了公积金提取、新生儿一站式办理、学校报名、青年人才补贴、医保社保等高频事项的办理服务,方便了市民的日常办事;同时,"指尖查"新闻资讯发布权威信息,"心连心"政民互动,以及"移动端"智慧城市服务,包括智慧停车、医疗、文旅服务等,让市民享受便捷的城市数字化、智慧化服务。

Z市的"掌上办事"App集成了智慧停车、智慧医疗、文旅服务等多项智能化服务,吸引了大量市民的关注和使用。App的下载量和注册用户数不断攀升,已覆盖400多万Z市市民,为居民提供了便捷高效的智慧服务体验,为城市数字化转型提供了有力支持。

J省和S省超级App的背后是政府体制改革和科技升级的成果。这些App源自开明政府决策,通过统一的政务中台和智能化手段,整合了碎片化的服务,重塑了政务服务模式。从统一收件到数据支撑,这些变革彻底解决了以往政务服务入口混乱、碎片化的问题,实现了服务的一体化和智能化提升,为公众和企业提供更高效、更统一的服务体验。

政务服务在追求"让人民满意的服务型政府"这一核心价值时,通过数据驱动和创新技术的应用,发生了深刻的变革。未来,政务服务将继续不断演进以满足人民群众日益增长的多样化需求,为更好地服务社会民生不断努力。

## 第二节　经济金融融通化

国家重视实体经济和制造业发展,同时支持多元化金融机构和中小微企业的融资。新一轮技术浪潮带来云计算、大数据、人工智能、区块链等技术与金融的深度融合,驱动着金融和产业的变革。金融科技是信息技术与金融的深度结合,数字金融则是科技与金融不可避免的结合,促进实体经济与金融业的紧密发展成为政策和技术的关注焦点。

## 一、技术融合加快经济金融融通

### (一)移动支付促进金融创新

移动支付在我国的出现和发展既是偶然也是必然。

2003 年淘宝网首次推出支付宝服务,旨在解决小额网上交易的问题。随后支付宝独立运营,努力为更多合作方提供支付服务,但面临用户信任和习惯问题。直到 2005 年,支付宝推出"全额赔付"承诺,才打开了移动支付市场。

2008 年,苹果公司推出 iPhone 3G,智能手机迈入新纪元,移动支付进入高速发展期。同年 10 月,支付宝正式上线公共事业缴费服务,支持水、电、气、暖等缴费方式。二维码支付成为移动支付的主流方式,极大地降低了中小商家的经营成本,提升了消费者的支付便捷度。2013 年,支付宝推出余额宝服务,用户数超过 3 亿,手机支付达数 10 亿笔、9000 亿元,成为全球最大的移动支付公司。

支付宝在中国移动支付发展中扮演了先行者和见证者的角色。近年来,以二维码支付为代表的移动支付理念已经深入人心,成为人们生产和生活中最广泛使用的支付方式。这种支付方式推动了数字金融、电商平台经济和数字经济的发展,促进了共享经济模式如共享单车、网约车等的兴起。

支付宝等支付企业的交易手续费相对较高,然而,大多数支付企业的利润空间却较为有限。在这种情况下,移动支付以支付宝为代表开始走向生态化发展方向。支付宝已经演变成一个综合的开放平台,涵盖了支付、生活服务、政务服务、社交、理财、保险和公益等多个领域,构建了一个融合多种场景和行业的应用生态系统。

### (二)市场主体开始走向相互融合

金融领域正迎来万物融合的大数据时代。金融科技改变了传统金融竞争格局,金融机构面临着内外部变革压力,传统的银行业务受到了冲击。金融产品需要快速地适应客户个性化、碎片化需求和长尾客户的需求变化,因此金融机构迫切需要高效、数字化的支持来进行产品开发、业务处理、组织管理和决策分析。同时,新技术推动了互联网信贷、消费金融等业务的普及,这些业务的每个环节都体现出数据化、智能化的特点,使金融行业更智能、高效,实现了更精准的普惠服务,带来了更无感便捷和安全稳定的用户体验。

在监管趋严的背景下,互联网金融企业正在思考与传统银行等金融机构从竞争走向合作共赢。商业银行意识到了数字金融和平台的重要性,积极推进自身的数字化转型,并主动寻求与互联网金融科技公司的合作。

传统银行业正致力于数字信贷的发展,通过多种途径参与数字银行、线上业务以及与金融科技平台的协作。诸如花旗银行和摩根大通银行等国际银行,通过投资设立数字银行等途径,布局数字信贷领域。我国商业银行亦与互联网银行携手,依托其数智能力,将资金输送至实体经济中的小微企业及个体经营者。

### (三)金融 SaaS 服务促进产融发展

美国金融市场的发展具有借鉴意义,特别是在标准化的 SaaS 服务方面。该市场涌现出一些在金融领域领先的 SaaS 企业,如 INTUIT。INTUIT 致力于提供智能财税领域的解决方案,主要服务对象包括中小型企业、金融机构、消费者及会计专业人士。其产品 TurboTax 是一款在线报税软件,为纳税人提供方便的收入填报服务。

美国的金融科技和 SaaS 企业,在美元体系、资本市场和消费市场的有力支撑下蓬勃发展,这不仅推动了数字金融与生产、生活服务的有机融合,也促进了经济金融之间更加紧密地联系。这种发展势头为整体经济增长提供了动力,并推动了金融和技术之间的创新融合。

国内互联网巨头如阿里巴巴、腾讯、京东等,借助第三方支付平台积累的庞大互联网大数据,通过数字银行和互联网小贷公司向平台生态内的小微企业和消费者提供数字贷款。这一举措旨在实现更精准的大数据风控,为小微企业和消费者提供更便捷、灵活的融资服务。

支付宝作为互联网金融领域最大的数字金融平台,将金融服务置于人们生活的背后,实现了前台金融服务与生活的融合。移动设备终端如手机已经成为人们生活中不可或缺的一部分。同时,创新科技如人工智能、大数据、区块链等正在为金融数智化转型开辟新的可能性。

国内金融科技领域拥有几个商业科技云服务平台,其中金融壹账通和资本邦专注于金融机构,而航天信息则在现代金融领域有着深远影响,展现出了产业链深度融合的典型案例。

航天信息旗下的诺诺金服和爱税融平台在 2019 年为两万多家中小微企业提供了超过 300 亿元的免费融资服务。公司的"爱信宝"提供了全方位的金融服务,包括支付、开票、征信、融资等,积极支持了中小微企业的发展。通过与各类金融机构合作开发信用融资产品,并受国家税务总局和银保监会"银税互动"政策推动,航天信息有效改善了中小微企业的融资环境。

## 二、数字金融的技术构建和价值创造

随着数字技术和数字金融的迅速普及,二者的融合与融通更为全面深入。数字金融作为经济金融融合的有效形式和重要工具,其对经济社会发展的价值日益受到广泛认可和重视。

### (一)数字金融业务特征与技术构建

中国数字金融用户总数在 2020 年超过 10 亿,居全球首位。这显示了大数据、云计算、人工智能、区块链和生物识别等技术在金融领域的广泛应用,推动着数字金融快速发展并保持领先地位。

首先,数字金融的初级阶段是数字化,覆盖了 C 端消费者、投资者、金融机构与监管机构的在线化,以及实体经济在 B 端领域的数字化进程。大数据风控依赖准确数据、算法和计算力,构建风控模型,为金融服务提供全流程数智化支持。这表明数字化是数字金融发展的关键步骤,促使金融行业精准高效地服务于群众和企业。

其次,金融业务与服务的线上化是数字金融的目标,通过现代科技改造或创新金融产品、业务流程等,提升数字金融发展的质量和效率。"互联网贷款"充分展现了数字金融线上化的方式。线上化的组织和业务流程可简化操作、降低协同成本、迅速完成核心业务环节,包括授信审批、合同签署、放款支付和贷后管理等。最终目标是为合格的借款人提供个人贷款和流动资金贷款,满足其资金需求,包括消费和日常生产经营周转等。

最后,金融科技作为数字金融的核心能力,主要利用移动互联网和通信技术,包括大数据、云计算、人工智能、区块链等数字技术。大数据和人工智能的应用能够通过风险数据和模型验证进行风险管理,实现在线自动受理贷款申请和风险评估。随着数字移动互联网、大数据、人工智能和深度学习等的不断发展,金融业与不同场景的融合更加深入,场景金融和平台金融已成为全球不可阻挡的趋势。

金融服务需求驱动,从零售到小微、从机构到对公客户,包括个人信贷、金融供给和金融监管,数字化和在线化已经在金融领域呈现出链式联动趋势。区块链技术在金融领域的应用前景备受关注。传统跨境贸易流程中的信任问题通过银行担保解决,但烦琐的流程和高额服务费成为小商家的困扰。

金融的核心在于资金融通,区块链作为去中心化和去信任的技术解决方案,能降低成本、快速完成交易。其潜在应用价值涵盖国际汇兑、信用证、股权登记和证券交易所等领域。Visa 的 Visa B2BConnect 和花旗银行的加密货币试验显示了区块链在金融领域的探索和应用前景。

Trusple 作为蚂蚁链技术支持的国际贸易和金融服务平台,旨在解决跨境交易中的支付安全和核心障碍。其自动化流程允许订单上链后,银行依据约定条件自动进行支付和扣款,有效解决了供应链延迟、贷款到账和恶意拖欠货款等问题,为跨境贸易生态体系提供信任基础。

基于区块链的可信性不仅能够将信用传递至产业链末端,而且为企业提供了解决紧急问题的可能性。在网上银行利用双链通技术连接供应链上下游企业的案例中,最末端供应商原本需要等待 3 个月才能获得融资,但现在仅需 1 秒,这种技术带来的改变为企业带来了更迅速的融资通道。

借助区块链技术,供应链上下游交易得以实现更高程度的透明度、实时性和可靠性。与此同时,金融机构得以利用区块链技术为中小微企业提供融资支持,通过应收凭证等手段构建了一个值得信赖且稳定的供应链金融生态系统。这种技术的应用不仅提升了交易透明度,还催生了金融服务的创新,有助于提高供应链运作效率。

## (二)普惠化——数字金融的社会价值

安全、高效的支付体系对数字金融和数字经济发展至关重要。移动支付等数字金融方式的广泛应用,带来了经济和社会等多方面的效益。它不仅促进了信用体系建设、资金流通、用户体验改善和支付效率提高,还降低了社会交易成本,刺激消费、拉动经济增长。同时,它也有助于畅通货币政策,推进数字金融与数字经济融合和创新,维护金融稳定,并促进公共服务均等化、区域协调发展以及国家重大政策战略的实施。

首先,数字金融有效提升了经济运行效率,这得到了多个国家金融管理机构的观察和认可。根据中国人民银行相关数据,电子支付在消费总支付中的比例每增加10%,能带动 GDP 增长 0.5%。特别是在非洲等地区,传统金融体系面临着供给和服务不足的问题,因此数字金融服务在这些地方迅速发展,例如津巴布韦的 EcoCash、肯尼亚的 M-Pesa 以及埃塞俄比亚的 Ethswitch 等移动钱包平台的建立。

其次,数字金融的发展有效地减小了地区发展的不平衡。北京大学数字金融研究中心主任黄益平在"数字金融开放研究计划启动仪式暨首届学术研讨会"上指出,2011 年至 2018 年,移动支付广度指数跨越了传统的东西部差距,8 年间东西部地区的移动支付覆盖率差异降低了 15%。到 2018 年,最高覆盖率地区(北京)与最低覆盖率地区(西藏)的差距缩小至 1.42 倍,地区间极值差异显著降低。这意味着用户获得金融服务的差距明显缩小,数字金融,特别是移动支付,可能带来历史性的变革。现在,农村居民可以在家门口办理基本金融业务,逐步获得与城市居民相当的基本金融服务。

再次,数字金融已经深入融合到公众的生产与生活中。移动支付等新兴电子支付工具日益发展,人们生活的各种场景都在应用数字金融服务,包括移动支付、数字借贷、数字理财、数字保险以及数字信用等。数字金融的特点是全天候、实时响应,24 小时提供快速服务。在我国,一些农村地区银行网点稀少,实现农村金融的"最后一公里"需要技术支持,能够精准了解农户需求并快速提供贷款服务。例如,在 J 省 Y 县,网商银行首次采用卫星遥感技术为村民提供无接触贷款。这项技术利用卫星遥感影像的光谱识别,精确识别农田内的作物类型和生长情况,同时预测农作物的产量和价值。结合农户提供的耕地信息,风控系统能够评估农户的信用情况,为其提供合理的信贷支持。此外,这项技术还有助于农户调整种植结构,及时预警气象灾害,从而降低农业经营风险。

最后,数字金融的发展对于降低现金交易、增强交易透明度起到了关键作用,从而有效地遏制了公共权力滥用、贪腐行为,以及偷税漏税和犯罪行为。面对日益复杂的非法跨境资金流动和洗钱等挑战,传统监管手段显得力不从心,因此,借助大数据、人工智能、云计算等技术,加强监管的数字科技应用,如建设金融大脑等,已成为国家应对风险,甄别和化解跨行业、跨市场风险的重要手段。

### 三、实践案例

数字金融进入高质量发展阶段,要求在风险控制和成本降低方面取得更大进展。在此阶段,互联网金融科技企业和传统金融机构将共同发展融合,致力于提升数字金融服务实体经济和小微企业的能力。提高服务质量和金融供给能力将成为发展重点。

## （一）新银行，服务实体经济的新模式

网商银行于 2015 年成立，是中国首批民营银行之一。它是首家基于金融云架构的科技银行，没有实体网点，通过互联网为用户提供服务。该银行利用金融云计算平台处理高并发交易和海量数据，运用"310"模式实现无接触贷款，专注服务小微企业和个人经营者。

自网商银行成立以来，已有超过 4000 万名小微经营者使用其数字信贷服务，其中半数以上为涉农用户，80% 的用户以前从未获得过银行经营性贷款。2021 年 6 月，该银行推出了乡村振兴助农计划，旨在为全国 100 个县域产业带提供免息贷款，全国已有 1/3 涉农县区与网商银行合作，签署贷款合同数量超过 850 个。

数字金融下的新银行与传统的信贷服务在本质上是相同的，都致力于金融服务实体经济，但它们在商业模式、技术和流程方面存在显著的差异。

首先，数字金融的崛起大大简化了放贷流程，实现了线上化服务。通过 PC 端或移动设备，客户能完成信贷申请和审批过程，使得原本漫长的审批流程减少至几小时甚至几秒钟。这种数字化趋势也在推动传统金融机构的转型，像工商银行等传统银行已经有超过 90% 的业务被电子银行取代，而且大部分客户在银行办理业务时已倾向于使用智能设备完成，柜面人工办理的比例降低至 30% 以下。数字化服务更好地满足了客户的需求，据网商银行透露，约有 40% 的贷款业务发生在每天下午 5 点至第二天早上 7 点。

其次,随着数字化时代的到来,个人用户和商户在各类平台上留下了大量数据,为金融机构和服务提供商提供了宝贵的信息资源。利用这些数据,并依托人工智能和互联网大数据技术,可以进行批量化、自动化的数据风险控制,大幅增强风控能力。这种方法能够降低放贷成本,提高服务效率,使业务能够更快速地扩张。因此,在数字经济时代,充分利用数据和先进技术进行风险管控已成为金融和商业领域不可或缺的重要策略之一。

网商银行勇于推出"310"贷款模式,实现了极速在线申请和放贷,背后的关键在于数据算法和技术驱动。银行通过将数据视为生产资料,利用实时图像计算引擎还原用户信用和经营状况,以实现全程自动化、无须人工干预的快速审核和放款。这种新模式打破了传统风控思路,依赖数据和技术提升了对欺诈和套现的实时监测能力,并构建了完备的技术体系来进行风险识别、决策和分析。智能风控技术体系如下:在风险管理方面,利用了图像神经网络、机器学习以及图像特征识别等先进技术,成功实现了风险识别的100%准确率。通过实时图像计算算法,能够精准识别出行为和团队风险。在风险决策方面,综合运用数据计算、人工智能算法和专家经验规则,对信贷申请进行准入判定,对买卖家进行处罚,并提前预警可能形成的团伙或聚集性风险。对于难以确定风险的案例,采用贷后人工分析方法,利用知识图谱进一步积累专家经验规则,形成完善的风险管理闭环。这种综合运用先进技术和专业经验的方法,为金融生态提供了全方位的风险识别、决策和分析支持。

最后,数字金融平台通过降低成本、解决信息不对称和风险识别难的问题,使得小微企业、个体工商户和消费者等长尾客户得以获得信贷支持。网商银行将服务小微企业比作一架"直升机",强调的是超低空飞行的理念,即贴地服务,以此实现快速覆盖和更灵活地服务更多个体商户。这种错位竞争和差异化定位赋予了数字金融平台独特的市场空间,使其能够满足长尾客户的需求,服务范围得到显著扩展。

网商银行以轻量化为选择,从成立之初便摒弃传统网点模式,在技术上实现了"变轻",经历了从上网、上云到上链的技术演进。即使在2019年"双11"期间,贷款总额仍达3000亿元,服务商家超过300万家,网商银行的团队仅有20人。其依托不断更新的各种场景数据,构建了一个日益壮大的生态圈,并具备了获取和判别真实数据的能力。

商户交易真实性的判断采用各类模型对授信过程中的关键指标进行分析。利用机器学习算法排除虚假交易,根据真实经营情况评估授信额度。大数据的多维、实时、动态累积成为可靠的信息基础,支撑着大数据风控模型的建立,为形成差异化的授信和定价策略提供支持,从而实现了数字化小微信贷的自动化审批流程。

网商银行数字小微信贷的风控基础建立在对海量信息的处理和应用能力上。在用户授权的前提下,利用大量非传统风控数据,包括经营类数据(如淘宝、天猫、速卖通、B2B等交易和店铺数据)、金融类数据(如转账、支付、保险、理财、借贷等数据),以及外部数据(如农村场景下县域、土地和农作物生产相关数据,物流场景下的驾驶、位置等数据)。

在成立后 6 年的发展历程中,网商银行运用了云计算、卫星遥感和物联网等先进技术,成功让超过 2000 万涉农用户受益于无接触贷款服务。这一举措有效地解决了农村信贷的"最后一公里"问题,有力地缩小了城乡金融发展的差距。网商银行同时与 850 多个县域政府展开深度合作,进一步提升了小微贷款在县域和农村地区的普及和可获得性。这种面向农村和县域的金融服务模式,有助于推动乡村经济发展,促进金融资源在城乡间更加均衡地流动。

网商银行专注于服务"小微更微"商户,涵盖了电商卖家(如淘宝、天猫等阿里巴巴集团平台上的 B 端商户)和线下码商(如夫妻店、早餐铺等未被传统金融服务覆盖的小微生活场景)。该银行凭借在解决小微企业贷款难题方面的杰出贡献,荣获世界银行集团与 G20 旗下的"全球中小企业论坛"共同颁发的年度"全球中小微企业银行奖"。此奖项堪称普惠金融领域的最高荣誉之一。

网商银行一直与金融同行和各地政府合作,共享数据、算法、交易流程等资源,构建了一个整合客户群体、渠道、资金和风险控制等多方面要素的金融聚合平台。未来,我国银行业普遍认为"打造中国式开放银行"将成为核心战略,这一模式代表了创新的商业理念和商业模式。同时,中国网商银行在开放银行模式上的实践,有望为全球开放银行的发展提供新的经验和思路。

## (二)新平台,综合金融服务小微企业

小微企业长期面临融资难、融资贵、融资慢等难题,是国家和地方

金融机构所面临的重要挑战。为解决这一问题,《关于加强金融服务民营企业的若干意见》提出了优化金融机构与民营企业信息对接机制,实现资金供需双方在线上高效对接,以减少企业办理融资所需的烦琐步骤。这一政策措施意在促进金融服务更好地满足市场需求,积极开发符合个性化、差异化、定制化要求的金融产品,改善小微企业的金融服务环境。

在政策的引导下,各地市着手建设综合金融服务平台,旨在深入推进金融"放管服"改革,改善小微、民营企业和"三农"等群体的融资条件,使其能更便捷地获取资金支持,同时降低企业的融资成本,通过多渠道满足不同企业融资需求,为小微企业解决融资难题,促进其可持续发展。

各地市在构建综合金融服务平台时探索了3种主要模式:政府独立建设和运营、政府与地方银行合作建设及运营,以及由第三方公司建设并商业化运营。这些不同模式在政府运营负担、合作方式和盈利方面有着各自的特点。第一种模式需要政府单独承担日常运营工作,配置专门团队;第二种模式中,平台归政府所有,地方银行协助运营,政府提供资源支持;而第三种模式则侧重商业化运营,但可能导致平台过度关注盈利,偏离提供深化普惠金融服务的初衷。不同模式各有利弊和挑战,需要综合考虑并选择最适合的运营模式。

潍坊市对于解决小微企业融资难问题给予了高度重视,学习借鉴了苏州等地成功的建设经验,采用了由政府主导、地方银行负责建设的模式。潍坊银行在此基础上,结合其数字化银行建设的成果,与战略合作伙伴合作,主动承担了建设"综合金融服务平台"的任务。

潍坊市是全国重要的农产品生产区,六大主导产业覆盖了粮食、蔬菜、畜禽、花卉、苗木、瓜果等领域,尤其在设施蔬菜方面地位显著,在北方地区扮演着重要的供应和集散角色。作为"菜篮子"产品的主要供应基地,潍坊市的综合金融服务平台将直接服务小微企业,满足农户、商户、物流从业者等个体经营者对小微金融服务的广泛需求。

### (三)新样板,科技赋能金融服务"三农"

银行在全面复工复产后,通过承担社会责任、合作创新、调整策略、合理让利,提高了小微企业贷款获得性、降低综合融资成本,与小微企业共同发展,为乡村振兴和实体经济发展作出了重要贡献。然而,农业领域面临着自然灾害、价格波动、规模化和标准化程度低以及经营风险高等问题,这严重限制了金融信贷对农业领域的支持,特别是涉农的小微企业。

涉农小微企业面临诸多问题,包括难以识别和定价风险、综合融资成本居高不下、财务数据不规范、信息化基础设施薄弱等,导致传统的涉农小微信贷主要依托线下金融。近年来,银行为缓解小微企业融资难、融资贵问题,积极开展金融模式创新和产品试点,探索提升金融服务质量的有效途径。

建立小微企业线上服务管理中心、推进涉农网商快贷业务,不仅是解决小微企业融资难的新范例,也是针对涉农小微信贷问题的重要举措,适应数字金融快速发展的需要。这一举措对银行提升线上金融服务水平、发挥政策性金融作用至关重要。

在数智科技和数据智能的支持下,小微信贷线上中心采用"110"模式,实现当天在线授信申请、当天审批完成、无人工干预。这种利用金融科技和大数据的方式不仅削减了服务成本,还提升了服务准确性,解决了金融领域的瓶颈,满足了国家的精准需求。同时,整合大数据、供应链和区块链技术为银行业务注入了新活力,探索了小微信贷的新模式,为未来银行业务改革提供了重要方向。

小微线上中心的设计理念是"普惠、高效、安全",以保本微利为原则,通过线上业务创新为全国的小微企业提供低成本的融资支持,发挥国家金融机构在逆周期调节方面的作用,有效解决小微企业融资难、融资贵、融资慢的困境。这个中心以"互联网+"理念和用户需求为导向,致力于打造金融科技创新和现代科技体系融合发展的典范。

银行通过与互联网生态圈的深度融合,运用先进的金融科技,构建了涉农金融服务生态圈和供应链联盟。通过线上化的业务推动,解决了小微企业融资难、融资贵、融资慢等问题,并提高了客户在线办理业务的便捷性。利用大数据和人工智能进行自动化授信评估,同时应用区块链技术实现信用穿透和风险管理,从而实现了对涉农小微信贷的高效支持和风险控制。

格莱珉银行因早期在小微信贷领域的实践荣获诺贝尔奖。全国政协委员肖钢在全国两会接受采访时指出,我国互联网银行运用科技手段为小微企业和个体商户提供服务,通过线上触达、大数据风控和人工智能,实现了规模化、低成本、高效率的服务,开创了中国独特的创新模式。

# 第三节　生态环境绿色化

经济发展和环境保护之间存在相互依存的关系,就如同《哈姆雷特》中的"To be or not to be"一样。它们并非对立,而是统一的,旨在满足人们对美好生活的需求。经济发展和环境保护并非相互排斥,而是可以相互促进和转化的。

## 一、和谐发展的绿色低碳之路

在40多年的改革开放中,中国的环保行业经历了从一开始服从于经济发展到如今融入经济发展。这个演变过程中,环保逐渐在经济中发挥更大作用,并在"两山理论"的引导下,推动经济向绿色转型并促进地方经济实现高质量发展。这个行业的发展大致经历了三个关键阶段。

### (一)回溯,观念萌发起步探索

在改革开放初期,环境保护在经济发展的压力下被边缘化。然而,到了1992年和之后的"高速增长期",经济发展带来的环境问题逐渐显现。2006年,华北地区最大淡水湖泊白洋淀出现大规模死鱼事件;2008年,云南的阳宗海湖水被致癌物质砷污染,造成水质急剧下降,威胁到沿湖居民的饮水安全。

自然灾害事件的发生唤醒了政府和社会对生态问题的重视,推动了生态补偿和利益协调机制的探讨。2006 年建立五个区域督查中心，并在 2008 年设立华北督查中心，这一系列行动最终实现了全国范围内环境督查的全覆盖，标志着对环境保护更加全面的管理和监管。

环境保护刻不容缓，国家级规划中提出了"信息强环保"的战略，山东省、福建省、深圳市等地区开始了"数字环保"的探索实践。通过物联网、互联网和移动通信技术，着重在生态环境质量监测、污染源在线监控、环境影响评价、废弃物管理和环境应急管理等领域展开系统建设，并推动了环保电子政务综合平台的发展。

### （二）发展，专项攻坚综合改革

2012 年后，中国经济增速放缓，与此同时，环境问题也迅速恶化。2013 年，全国不同地区相继出现了长时间、大范围、高浓度的重污染天气，导致呼吸系统疾病激增，引发了广泛的社会舆论关注。

2013 年，中国 74 个城市空气质量超标天数比例高达 68.4%，其中重度和严重污染天数达 30.2%，约 6 亿人口受到影响。此种情况引发了广泛社会讨论，媒体更将其与国外环境事件相比较，使"雾霾"问题深入人心。

环保部门颁布的应急措施和一系列行动计划，包括《大气污染防治行动计划》《水污染防治行动计划》《土壤污染防治行动计划》等，有效推进了环境保护工作。这些政策措施解决了一些引起公众高度关注的生态环境问题，使得生态保护的局势逐渐稳定并呈现向好的发展态势。

在生态环境保护进程中,各种基础设施和信息化系统项目相继启动:建立了生态环境专网和云平台,实现了对水质、空气质量的自动监测采集;先后发射了环境一号卫星等,有效促进了大范围环境数据采集和污染事件的迅速跟踪预警;同时,在大部分地区完成了智慧环保1.0的"感知+信息系统"建设。

在江苏、浙江、福建等发达地区,先行采用云计算、大数据和区块链技术,搭建了智慧环保2.0框架,旨在强化污染治理的预防性、及时性和精准性,以实现对污染问题的精准、科学、合法治理。

### (三)展望,减污降碳协同治理

"十四五"时期是我国迈入全面建设社会主义现代化国家、向第二个百年奋斗目标迈进的阶段。尽管人民对优美生态环境的需求日益增长,然而,当前全国生态环境质量改善仍与建设美丽中国的期望存在较大差距。

中国生态文明建设正处于"三期叠加"的关键时刻,需要应对多重挑战,包括应对压力、满足人民对良好生态环境的需求,以及解决突出的生态问题。在"十四五"时期,需要持续努力,继续攻坚,以推动生态建设更好地发展。

我国提出了碳达峰和碳中和目标,这对绿水青山建设和高质量发展至关重要。与西方发达国家不同,中国仍是一个发展中国家,人口众多且制造业发达,因此很难预测二氧化碳排放的顶峰期。这一挑战需要制定符合国情的应对策略和长期规划。

实现"双碳"目标需要供给侧结构性改革,尤其面临高排放、高耗能项目带来的挑战。此举不仅要靠技术创新,还需要跨行业协同治理,成为中国未来生态环境保护的重要使命。生态环境信息化将迈向更深的"融合创新",势将建成智慧环保3.0,以全方位、全要素、全协同的方式管理生态环境。

第一,全方位包括两个层次:环境监测和业务服务的发展需全方位考虑。无人机、卫星遥感等监测设备的广泛应用,涉及大气、水等全球性环境问题的全球服务,成为未来发展的关键方向。同时,构建天、空、地一体化的监测体系,并建立跨地域、跨层级的服务体系,为全球和国内环境问题提供更广泛的监测和解决方案。

第二,全要素概念将生态环境要素从单一的概念扩展为包括各种因素。这意味着大气、水、土壤、生态等多种要素在数据和业务融合方面构成了一个综合的生态环境体系。这种综合性的理念有助于更全面、更系统地管理和监测生态环境。

第三,全协同也包括两个层次:一方面是要求各环境管理部门在行业内部实现环评、监测、监管、督察、监察、执法、应急等多个方面的全面协同;另一方面是促进各环境管理部门与其他相关部门如工信部、公安部、自然资源部等进行横向合作,跨领域互动,实现业务协同和资源共享。

未来,生态环境保护工作将利用智能监测技术、高效问题查找方法、精准责任追踪机制和便捷的服务手段,全面支持生态环境改善和美丽中国建设的目标,以提升生态环境保护治理效果和效率。

## 二、绿色环保的价值提升

生态环境数字化在近年来发展过程中,借助云计算、大数据、AI、区块链等技术,通过智能化提升监测感知频度和精度,并采用数智化方法构建新的举措,例如"智能化生态中台"。这些举措支持数据和业务从传统的单部门、单要素、局部地域的污染防治,向全要素、立体式、精细化、跨部门的协同治理转变,为全面建设美丽中国作出贡献。

### (一)智能化监测分析,提升监管效能

我国近年来加大了对生态环境保护的监管力度,形成了更为健全和有力的监管机制。然而,随着"双碳"目标的到来,各行业转型升级要求加大,生态环境管理的责任更加重要。尽管某些地区已建立了全面感知的监测网络,但环保监管仍然需要专业性和高效性,因为监测设备只是数据采集的起点,而真正需要的数据分析和问题发现仍然主要依赖传统的人工模式。

例如,传统的企业排污监管模式依赖线下手段获取完整信息,导致污染问题发现困难且取证速度慢。在当今物联网设备广泛应用的情况下,如何有效利用海量监测数据发现问题成为生态环境保护监管效能的挑战。

结合 AI 技术和摄像头的视频分析能力,能够实现对关键监测点位的自动监管,例如工地遮盖、渣土车问题等,通过智能算法实现全天候的问题识别和监测。

现代监管技术在环境保护领域得到广泛应用,例如针对尾气超标车辆,通过实时监测和预警系统,使环保与交警部门实现数据共享和智能监管。同时,基于卫星遥感技术和自主卫星数据处理,构建了生态环境的卫星遥感分析应用,为更大范围的环境监管提供了高效、准确的遥感数据分析服务。

国家生态保护红线监管平台利用遥感和 AI 技术实现了小时级的自动监测,取代了以往的人工判读,能快速发现破坏红线行为。AI 助手帮助研究人员迅速评估生态系统状况,第一时间发现红线内的干扰活动,并记录相关信息,对于红线保护具有重要意义,使生态环境部门拥有了更有效的监管手段。

### (二)行业中台,"全协同"生态的基础支撑

早期生态环境信息系统建设主要支持专项治理,导致系统缺乏整体规划,各系统间存在规范和技术差异,造成数据隔离和冲突。面对新的减污降碳治理要求,更需深化数据与业务整合共享,消除系统间壁垒,促进数据共享,以支持更快的应用开发。

简单的数据汇总可能导致系统性能下降,造成"数据大"而非"大数据",阻碍了有效监管。信息共享不畅或不完整会导致监管所需的关键信息缺失,无法进行有效监管。若仅用总体系统替代分散系统,可能产生难以维护的复杂系统,效果不如之前的整合系统。

通过清洗、去噪、建模处理大气、水、土壤、固废等不同部门及来源的数据,形成专题库,构建环保数据中台。该中台作为底层基础设施,

支持各业务应用的数据需求,通过数据资源目录和共享交换体系统一提供规整的数据资源,解决"信息孤岛"和碎片化数据问题。

1. 数据融合将创造新应用场景

(1)污染企业画像,精准定责。整合视频监控、企业用电和在线监测等三个网络的数据,汇聚了固定污染源的相关数据,经过清洗和标签建立企业画像。借助模型算法结合企业生产与排放等信息,实现了实时监测和自动预警,为企业提供了柔性提醒服务,展现了数据整合对业务创新的积极影响。

(2)企业环保码,便捷服务。通过企业统一社会信用代码和排污许可证,构建企业环境信息电子账户,塑造"环保码",为企业建立全面的环保健康档案。以前,了解企业的环保情况需要查阅烦琐的文件资料,耗时且效率低下。通过扫描企业的二维码,公众能够快速获取企业的环境信息,鼓励企业遵守法规、融入绿色供应链,以及利用信息化管理降低环境风险。二维码还为公众提供投诉渠道,鼓励大众参与环境监管,使生态环境治理更加高效。

2. 建立行业中心平台的好处

(1)决策更便捷。通过整合各业务部门和板块的数据,建立指标体系以全面呈现生态环境情况,帮助分析区域污染来源和特征,为指挥调度和策略制定提供数据支持。数据中台的建设让一张图成为战略决策的重要工具。

(2)执法更高效。利用丰富的基础数据,执法效率得到明显提升,例如,充分利用污染源档案,将企业信息核查的工作时间缩短至30分钟左右。

（3）定责更精准。水质在线监测技术能够区分不同地点的水源水质,包括支流、排污口和饮用水源地等,从而增强了对水质情况的监测,提升了精确追踪和识别水质问题的能力。

## 三、实践案例:环保中台,数据和业务融合带来的创新

S省生态环境厅在早期已经建立了大量业务系统,覆盖了各种监测网络和关键业务系统,但随着生态环境问题愈发突出,发现现有信息化基础难以满足新的监管需求。这意味着在加强对生态环境的关注之余,需要对信息系统进行进一步升级,以满足新时代协同监管的要求。

这些系统普遍存在数据不清晰、监管效率低下和应急响应不足等问题。环境基础数据不完善,多套污染源底数使监管困难。人工监管模式下,难以有效发现排污问题和追踪污染源。在处理突发事件中,资源协调和决策评估缺乏科学依据,应对措施可能不够及时和全面。

S省生态环境厅决定进行数字化转型,以数据治理、系统融合为核心。他们采用双中台架构设计,旨在打造数字底座,实现业务数据和数据业务的互通,为提供高效、智能的数据服务和业务服务奠定基础,成为数字化转型的重要支柱。

### （一）打造两个中台,构建新一代生态环境信息化体系

基于应用服务总线,构建了业务中台和数据中台,以提升大数据基础平台支撑能力。这项举措旨在打造灵活、可扩展的IT资源架构,融

合多种应用支撑服务能力,提供统一的信息化业务和数据服务能力,为提供标准化信息服务奠定了坚实基础。

### (二)业务系统架构"微服务"化,建立弹性底座

通过将业务应用拆分成多个独立的"微服务"组件,实现了降低新业务支撑工作量和成本的目标。这种做法促进了系统间数据的共享和交换,并快速响应各个部门对系统数据和应用的需求,为业务发展提供了更高的灵活性和效率。

借助"微服务"总线技术模式,实现了生态环境信息系统的整合共享,构建了智能化综合管理的新格局。通过整合现有应用,加强业务互用和数据共享,减少了业务人员填报工作量,全面提升了业务处理的效率和整体运营水平。

利用生态环境业务组件的组合和流程再造,以业务解决方案的形式快速响应新兴生态环境管理业务信息化需求。这种方式大幅缩短了生态环境信息化业务应用的开发周期,极大地满足了各级生态环境部门对业务管理和应用的需求。

### (三)数据共享,业务协同,支撑业务智能化综合管理

通过建立数据治理体系,利用数据中台打通数据治理环节,整合系统数据,消除"信息孤岛",并利用物联网和大数据技术建设各专题,将业务数据与 GIS 相结合,提供强大的数据整合和可视化功能,为业务提供了清晰的工作方向和支持。

数据专题不仅整合了各级系统数据,还跨部门整合了其他省厅局和中央部委的数据,提升了业务协同处理能力。特别是在污染源监管方面建立了"一企一档"管理系统,全面管理污染源生命周期,为环保精准执法提供了支持,同时也为产业合理布局提供了可靠的数据支持。

通过数据中台和业务中台,对多个信息化平台进行全面更新,包括对污染企业用电量监管、固定污染源视频监控、污染源在线监测等的改进。这次更新加强了报警功能,针对异常情况如颜色异常和超标排放,进一步提升了污染源智能监管的完善程度。

# 第四节　能源制造低碳化

2020年,我国在联合国大会上提出了"碳中和"和"碳达峰"的重要目标,承诺到2030年前实现二氧化碳排放的峰值并力争到2060年前实现碳中和。这些目标意味着我国需要通过能源技术和减排技术创新、产业结构和制度创新,从而推动能源制造业迈向以低能耗、低污染、低排放为基础的"低碳模式"。

## 一、"双碳"战略引发的第三次能源体系变革

### (一)"双碳",一场广泛而深刻的经济社会系统性变革

全球已有127个国家承诺实现"碳中和",其中包括5个全球主要煤电生产国。在此背景下,"碳达峰"意味着在2030年前使二氧化

碳排放总量达到峰值且不再增长,而"碳中和"则指通过植树造林、节能减排等方式抵消产生的二氧化碳或温室气体排放,以实现相对"零排放"。

根据联合国政府间气候变化专门委员会(Intergovernmental Panel on Climate Change,IPCC)的研究,全球需将温度控制在 1.5℃ 以内,才能避免气候变化带来的严重后果,目前温度已上升了 1℃。我国要实现"碳中和",必须在推进工业化和城镇化的同时,创新低碳技术,解决资金问题。相较于西方国家,我国承诺的"碳达峰"到"碳中和"的时间较短,这意味着实现"双碳"目标的任务紧迫,压力较大。

"双碳"目标包含"碳达峰"和"碳中和",对中国的经济发展和全球环境承诺至关重要,在"十四五"规划中被明确为重要战略目标。从中央到地方各级政府、从政策到投资规划和企业布局,"双碳"目标正在引发各个领域的变革。

## (二)国家能源战略和"双碳"目标推动行业"数字化转型"

我国在"碳中和"行动蓝图中要调整产业结构和能源结构,强调绿色和可持续能源发展。这要求从能源供给侧进行技术变革,合理限制化石能源使用,推动清洁能源如风能和光伏能源占比增长,实现多种能源协调发展。这一转变对能源结构和体制提出了全新的挑战和影响。

实现"碳中和"不仅仅涉及技术和能源结构变化,也牵扯到电价因高成本带来的影响。人们是否能接受高电价成为一个需要深入讨论的问题。这使得"碳中和"成为一个综合性的经济与社会平衡发展问题。

由 2021 年"中国碳达峰碳中和成果发布暨研讨会"上提出的方案可见,我国在能源结构转型方面的目标包括:清洁能源替代和电能使用,推动能源生产和使用的清洁化,以及实现能源和经济社会发展与碳排放的分离。预计到 2060 年,"碳中和"状态下,太阳能和风能将成为主导,煤炭能源有望完全退出我国的能源结构。

### (三)能源行业产业链延伸,碳权交易倒逼行业减排

2021 年 7 月,全国碳排放权交易市场正式运行,作为我国的核心政策工具之一,旨在控制温室气体排放、实现"碳达峰"和"碳中和"目标。该市场覆盖了 2162 家发电行业的主要排放单位,并通过市场机制倒逼企业进行技术升级,首次将温室气体控排责任下放到企业层面。这一举措代表了中国政府在碳排放管理方面的积极行动。

尽管中国全国碳排放权交易市场最初仅涵盖发电行业,但这些企业的年均二氧化碳排放量庞大,预计将超过 45 亿吨。这使得中国碳市场在启动之初就成为全球覆盖排放量最庞大的碳市场之一。随着未来市场范围逐步扩大,将会涵盖更多行业,如石化、建材等,中国的碳市场将持续发展,最终成为全球最大的碳交易市场。

"双碳"目标的达成不仅依赖碳市场,还需要其他机制的支持。在国际碳金融体系中,中国庞大的碳排放资源为人民币国际化提供了新的契机。

随着低碳经济的兴起,碳资产作为大宗商品交易的核心,对国际货币市场的影响日益凸显,对于一国货币的地位和价值产生深远影响。

"双碳"战略推动着碳交易市场中能源行业的转型,从传统的垂直结构转变为交叉网状结构。这一变革不仅延伸了传统能源与新能源在产业链中的地位,也涵盖了从新能源设备生产到新能源汽车制造等多方面的发展。

"双碳"战略对各行业的影响因行业特性不同而呈现出差异性,驱使这些涉及的行业在碳排放和治理上采取不同的应对策略。在当前短期内,各行业都在围绕"碳中和"政策重点采取相应行动,如电力行业推动可再生能源、制造业智能化升级、汽车行业优化新能源汽车设计,促进整个能源行业迈向第三次能源体系的重大转型。

## 二、数字减碳、绿色创新,能源数字化转型新举措

在 2021 年的阿里云峰会上,阿里云智能总裁张建锋发布了"零碳云"计划,旨在通过数字技术创新和产业发展模式的改革,推动自身节能减排,支持绿色技术创新,并提出了 4 个方面的措施:绿色计算、数字技术助力产业减排、服务政府减排政策以及倡导绿色低碳生活方式。

云计算是一种绿色技术,提高了社会资源利用率,比企业自建机房更有效率,还能更好地利用清洁能源。阿里云将借助数据智能和机器学习优势,为行业提供减碳解决方案,同时协助政府进行全域环保与碳排放管理。

### (一)云计算数据中心,绿色节能的基础设施底座

我国数据中心的用电量约占全社会用电量的 2%,且其用电量正

迅速增长。为实现"碳达峰""碳中和"目标,必须深入研究数据中心建设模式、技术、标准以及可再生能源的利用,以发掘更多节能减排的潜力,同时平衡发展和节能之间的关系。

2021年,国家多个相关部门联合发布了《全国一体化大数据中心协同创新体系算力枢纽实施方案》,其中突出了绿色集约的基本原则。该方案旨在推动数据中心的可持续发展,加速研发和应用节能低碳技术,以提高能源利用效率,减少数据中心的能源消耗。

阿里云在绿色计算方面进行了多方面探索和实践,特别关注数据中心的节能减排和清洁能源电力交易。经历了租用、代建、自控建设等发展阶段后,阿里云自2018年起全面自建数据中心,并以高效率、低PUE(电能使用效率)为目标。目前已建立五大超级数据中心,具体分布在河北张北、内蒙古乌兰察布、广东河源、江苏南通和浙江杭州。

阿里云近年来积极投入填补需求侧响应,支持新能源消纳并促进清洁能源市场化交易。2018年12月至2021年5月,阿里云的五大超级数据中心累计使用了6.38亿千瓦时的清洁能源,减少碳排放量达51万吨,相当于每年减少10万辆汽车尾气排放量。这些数据中心都拥有各自的特色和亮点。

在"第十六届中国IDC产业年度大典"上,阿里云推出了磐久Immersion DC1000,这款新产品是业界首个单相浸没液冷解决方案。它将先进的绿色液冷技术与高性能计算平台结合,提供高效的散热能力,整体能耗下降了34.6%,为低碳绿色数据中心的构建和发展贡献了力量。

阿里云的液冷解决方案有以下特点:①基于单相浸没液冷技术的数据中心具有低成本、易于在线维护和工程化等特点。其最重要的特征是实现高能效和高可靠性,整体可靠性等级接近 T4 标准(相当于国家 A 级)。②超融合。磐久液冷 Immersion DC1000 系列与传统数据中心的散热产品有所不同,其独特之处在于将基础设施的散热能力与服务器、网络设备高效地整合,并以整体交付的方式呈现。这种融合为数据中心的运行提供了更为高效和便利的方式,与传统散热产品有明显区别。③这款新型液冷 AI 一体机拥有惊人的算力和互联网络带宽能力。其超强算力可达 40P Flops,同时提供机柜间高达 25.6T 的 AI 互联网络带宽能力。此外,这款一体机还具备 3.4P 的超大存储能力,为处理大规模数据提供了强大支持。④高效散热、灵活部署,支撑未来 3 次技术迭代,可减少基础设施重复投资。⑤可全球部署,轻松实现 PUE1.09。

### (二)整县光伏,清洁能源解决方案

2021 年 6 月,国家能源局综合司发布了《关于报送整县(市、区)屋顶分布式光伏开发试点方案的通知》,正式开启了新一轮光伏支持政策的试点。各省积极响应并提交了相应的试点方案,特别是一些经济发达省份提交的试点县(市、区)数量较多,平均每省约 20 个。这预示着光伏行业发展的思路和布局正在经历重大变革,意味着更广泛和深入的光伏发展将在整个行业中展开。

整县开发模式的推广在光伏领域带来了革命性的影响,极大地增

加了新增光伏发电的规模。以往，诸如地方政府、国企、学校、医院等拥有的屋顶资源虽然质量不俗，但由于分布式光伏开发利润有限，难以大规模开发利用。然而，随着整县推进方案的出台，这一难题有望得到有效解决。而且，若整体运营表现良好，这种模式甚至可能成为优质资产的来源。

整县屋顶分布式光伏一站式解决方案包含事前规划、事中建设、事后运维和增值服务。这种解决方案涵盖光伏建设的全过程，包括现场勘查、建设方案、硬件软件系统、物联网采集、施工服务、统一运维云、绿电交易服务等，同时提供增值服务如新能源认证、碳交易、绿色金融服务、节能服务，并配备区县碳监管分析平台，帮助政府了解碳排放情况和预测达峰时间。

"双碳"目标是指 2030 年实现"碳达峰"，2060 年实现"碳中和"，需要建立区域政府体系化的"双碳"能力。在这一长期规划中，整县光伏只是能源结构调整下的一个具体行动点。阿里云也构建了全面的政企"双碳"服务能力以支持这一目标：在碳减排过程中，政府可提升碳服务能力，通过全面的碳排放分析和达峰推演解决碳分析决策问题。同时，为解决企业面临的技术、资金和服务不足的压力，可以建立政企互动的服务平台，吸引社会资本介入，提供能源管理、节能减排、绿色金融等服务，帮助企业在降低碳排放的同时降低成本、提高效率，推动可持续发展的产业能力。这样的双向支持体系有望在碳减排和可持续发展方面实现政企合作共赢。

### （三）数字孪生工厂，智能制造的新产线

汽车工业因其复杂的制造工艺和严格的管理而备受称赞。数字孪生工厂将现实工厂的设备和生产动作以 3D 形态模拟到虚拟空间中，为管理者提供了实时的生产现场监管，使管理和生产安排变得更加简单、直观。这种技术融合了数字孪生载体平台、三维仿真技术、数据采集和处理技术等多种技术，为工业管理带来了全新的视角和效率。

数据采集和处理对数字孪生工厂至关重要。在虚拟的三维空间中，如果缺乏工厂生产数据的接入，模型只是一个空壳。只有当工厂各类管理数据、物联网传感器数据以及视频数据等被充分采集并整合到虚拟世界中，模型才能真正反映和模拟出工厂的真实运行状态。这样的完整数据注入为数字孪生工厂赋予了真实性和有效性，支持管理者作出更精准的决策和优化工厂运作。

在某新能源工厂项目中，阿里云与机械工业第九设计研究院合作研发了高效的数据采集与监控平台。该平台应对工厂五大车间数百万个设备点位，最高数据采集频次达 200 毫秒/次的挑战。在智能制造浪潮中，数字孪生技术已成为不可或缺的新势力，而对于数据采集平台，系统处理能力的强大至关重要。阿里云的模拟测试显示，即便有 60 万设备点位接入，CPU 的开销占比还不到 30%，展示了其在高频大规模设备数据处理方面的卓越性能。

### 三、工业大脑,节能减排的智能助手

尽管制造企业并非天然需要像互联网企业那样依赖庞大的云端算力和存储,但数字技术的应用在企业的生产与管理中起到了关键的推动作用。通过数字技术的应用,工业大脑将人工智能与大数据技术融合到传统的生产线中,利用数据算法模型指导生产流程,从而重塑工业流程,实现成本降低、效率提升和节能减排等多重目标。这种"数智化转型"不仅提高了制造业的生产效率,也为企业实现节能减排带来了实际效益。

工业大脑的工作过程可概括为从数据到知识再回归到数据的闭环循环。它将生产中产生的海量数据与专家经验相结合,利用云计算能力对数据进行建模从而转化为知识,然后利用这些知识解决问题或预防问题的发生。这种经验知识数字化后,可以规模化地复制和应用。工业大脑的构建需要云计算、大数据、机器智能和专家经验这4个关键要素的完整拼图。

攀西地区是我国钒钛磁铁矿资源最丰富的地区,拥有全国54%的钒储量和高达91%的钛储量。这两种金属不仅在磁铁矿中重要,也是生产某些高端特种钢所必需的合金原料。攀钢集团是中国最大的钢铁联合企业,而旗下的攀钢西昌钢钒则是该集团信息化建设的先驱,致力于引领行业数字化发展。

钢铁产业属于工业门类中复杂度极高的行业之一,其产业链涵盖了从铁矿石采集到烧结、炼焦、高炉炼铁、转炉炼钢、连铸等重要工序,

以及后续的加工(热轧、冷轧)和配送等环节。

传统行业如钢铁冶炼之所以与新兴领域如互联网、大数据相关,是因为其复杂的工序流程在很大程度上依赖人工经验和专注度。因此,对数智化技术的需求日益增长,通过大数据和人工智能来解决生产线上的瓶颈环节,替代传统的人力工作。大数据和 AI 的运用使生产线运转更快、材料添加更准确,从而提高了产品质量。

### (一)AI 炼钢,降低原料消耗

钢铁生产中有句经典谚语:"炼钢就是炼渣。"这句话阐述了钢铁生产中关于钢的制作过程。钢由铁加工而成,与铁的主要区别在于成分不同。炼钢过程通过冶炼,降低铁中的碳含量,去除有害杂质,并根据钢的性能要求添加合适的合金元素,以提升钢的性能。

在转炉炼钢环节,技术工人根据经验公式,在铁水中实时添加一定量的废钢、合金等原料,以确保最终产品的化学成分达到规定标准。

在钢铁生产中,炼渣环节对于确保钢铁生产的高质量、高产量、低消耗至关重要。这一环节需要操作者具备丰富的经验和高度的专注度,因为一旦出现错误,将直接影响产品质量,需要额外投入时间和成本进行纠正。不过,IT 工程师认为,如果拥有充足且高质量的数据以及可靠的反馈机制,就能够利用大数据自动计算添加配料量,从而取代部分人工操作。

在钢铁生产中,钢铁料消耗占炼钢厂成本的 70% 以上,因此降低钢铁料消耗将直接导致原料投入减少,降低成本和能源消耗。在脱硫过程中,产生的脱硫渣中含有大量的铁,通常称为"扒渣带铁"。这会导致大量金属料的损耗。按传统工艺测算,在每个炉次中,脱硫渣平均产量约为 5 吨,其中 40% 至 55% 为铁的损失,每炉至少损耗 2 吨铁料。

工业大脑采用历史数据和实时数据构建了脱硫预测模型。该模型考虑了脱硫剂加入量、喷吹速率等 10 多个关键参数,通过数字化模拟全过程,可以预测脱硫后的硫含量,并进一步通过参数优化模型,验证了不同参数组合的合理性和有效性。

利用机器学习技术,结合资深专家在工业控制方面的经验,识别了脱硫过程中的关键因素。这些因素包括钝化镁和钝化石灰的加入量、配比、平均流量、喷吹时长等。通过参数优化模型找出了这些参数之间的最优关系,并将其应用于仿真模型进行反复验证和优化,最终确定了在满足脱硫效果的前提下,最小脱硫剂加入量的最佳组合。

利用工业大脑找到的优化"配方",成功将脱硫剂的使用量减少了10%。根据估算,这一改进可以每吨钢料减少 0.8—1 千克的消耗。

阿里云工业大脑在攀钢西昌钢钒转炉的应用中,对炼钢过程中的复吹和造渣环节进行了优化,减少了吹损和溅射,因此显著降低了钢铁料的消耗。这一改进每年可节省炼钢成本约 1700 万元。

## (二)智慧表检,挑战世界难题

表检是对轧制后的钢板进行表面检测,以确保符合客户的标准。传统方法中,质检人员通过观察钢板表面进行人工判定。由于表检环节难以完全量化,且客户质量要求不同,因此在全球范围内,用机器完全替代人工进行表检仍是一个挑战。

在钢卷表面检测环节,传统模式下,质检人员需要在极短时间内识别数十至上百个缺陷,并在 30 秒的扫描时间内对表面质量进行评定,包括表面等级、分选度、主要缺陷以及是否合格。

质检人员需要持续关注计算机屏幕上不断运动的钢板流水线,手动输入缺陷信息。这种工作方式对视力和身体造成负担,而个人经验差异也可能导致质量判定不一致,增加了质量管理的成本。

智慧表检是数字化质检标准,利用机器学习建立检查缺陷库,将生产流程中的表面数据与模型数据进行比对,自动生成检测报告。自动生成的报告与人工判断的匹配度达到了 92% 以上,极大减轻了质检人员的负担。

### (三)提升良品率,助力企业盈利

工业大脑广泛应用于多个领域,其中天合光能作为光伏产业的代表,通过技术突破提高电池片生产的 A 品率,认识到这一关键因素与企业盈利密切相关,致力于降低成本并提高效率。这突显了工业大脑在提升生产效率和降低成本方面的潜力,对新兴产业的发展具有积极作用。

天合光能在电池片生产中引入阿里云工业大脑,利用其技术优势和 AI 算法对大量生产参数进行深度学习分析。通过准确识别出影响电池片质量的关键参数,并构建模型实时监控生产变量,公司有效提升了生产线的智能化水平,优化了生产工艺,实现了更高质量和效率的生产。

在仅 5 个月的时间里,该项目就达成了企业预期目标,4 条试点生产线的电池片生产 A 品率提升了 7%,创造了超过 2000 万元的营收增值,直接为企业带来了显著的经济收益,证明了技术应用对企业生产和效益的积极作用。

### (四)管控垃圾焚烧,降低碳排放

在城市中,垃圾处理是一项重要难题。传统的垃圾填埋可能带来土地占用和地下水污染问题。因此,"焚烧发电"作为一种处理方式备受认可。然而,由于生活垃圾种类多样、热值不同,导致焚烧炉操作参数波动,需要大量人工操作来确保燃烧过程的稳定性。

工业大脑 AI 计算平台应用于垃圾焚烧发电,通过优化垃圾处理流程、整合数据环节、建立数据链接服务和标签体系,实现了垃圾焚烧、烟气处理和污水污泥处理的自动化控制。这一技术帮助固废企业实现智能管控,提升作业能力,从而提升国内固废处理水平。

阿里云利用 AI 算法在西南某大型垃圾焚烧发电机组上,帮助客户提升固废垃圾焚烧效率,提高了发电量和蒸汽量的稳定性,并使碳排放降低了约 48%。

工业大脑通过一键替代观察、记录数据和使用计算器等工作,减少了人员工作量。利用大数据代替人工经验,实现了快速、精确的最优解计算,稳定了产品质量,减少了浪费并降低了成本。

阿里云工业大脑已经在全国近 30 个城市的 100 座垃圾焚烧炉上

安装,通过其应用,烟气排放量显著减少,环保指标和发电效率更加稳定。此举每年额外产生了 3 亿度的绿色电力,为推动绿色能源进入更多家庭作出了贡献。

# 第五节　交通出行便利化

交通作为社会发展的基础,随着时代和科技的进步,经历了从马车到汽车、火车、飞机等交通工具的不断创新与演进。现代消费需求和城市化进程的发展推动了智慧交通产业,呈现出多样化的发展需求,从智能交通、新能源到无人驾驶等,都围绕着便捷性和可持续性展开。

## 一、智慧交通建设发展过程与层次——从全要素到全流程再到一体化

城市的发展与交通基础设施有着紧密联系。除了满足人们日常生活的出行需求外,随着城市不断扩张,交通系统的建设必须更加注重通勤需求,提供更便捷、舒适和准时的交通服务。交通建设的完善与发展对于国家经济的持续发展具有重要意义。

《交通强国建设纲要》规划了 2035 年基本建成交通强国的目标,具体包括基本形成现代化综合交通体系,提升人民满意度,增强支撑国家现代化建设能力,构建发达的快速网、干线网和基础交通网络,并促进城乡区域交通协调发展。

"全国 123 出行交通圈"和"全球 123 快货物流圈"是《交通强国建

设纲要》的目标之一,旨在实现出行便捷和货物快捷送达。规划目标是都市区 1 小时通勤、城市群 2 小时通达、全国主要城市 3 小时覆盖,以及国内 1 天送达、周边国家 2 天送达、全球主要城市 3 天送达,旅客联程运输方便,货物多式联运高效经济。《交通强国建设纲要》规划了智能、安全、环保和共享等多方面的交通发展目标。计划包括缓解城市交通拥堵,完善无障碍出行服务,推动交通科技创新和人才队伍建设,实现交通治理现代化,同时提升国际竞争力和影响力。这些目标旨在促进交通系统的全面发展,提高效率和安全性,以满足人们的出行需求并推动国家交通事业的进步。

一方面,交通是连接市场、促进区域一体化和提高人民生活质量的关键,我国已建设了庞大的交通基础设施。然而,在安全性和运输成本等方面与欧美仍有距离。到 2035 年,实现交通强国的目标需要解决安全、时效和便捷性等诸多问题,确保人和货物能够安全、准时地到达目的地。另一方面,交通基础设施的网联化对智能汽车发展至关重要。采用车路云技术和车路协同通信,提供高精度的感知与通信,实现全局智能。这推动了交通、汽车、通信和新能源等多个产业的融合发展,并成为国家重要战略的一部分。

交通问题可归结为人、车、路三者协同问题,解决方式有 3 种:抑制出行需求、增加道路数量和提升交通系统效率。其中,抑制出行需求需承担高行政成本和社会成本,增加道路数量受空间和财力限制且建设周期长,而提升交通系统效率则成为各国的首选方式,投入成本低、见效速度快、社会影响小。

未来交通发展需要在基础设施、治理、服务和产业方面实现升级，推动交通产业的数字化、智慧化发展。我国智慧交通体系发展历程虽起步较晚，但经历了 4 个阶段的发展（见表 2-3）。

表 2-3　我国智慧交通体系的发展历程

| 智能交通建设期<br>（20 世纪 90 年代<br>中期—2007 年） | 智慧交通概念提出<br>（2008 年—2011 年） | 智慧交通建设期<br>（2012 年—现在） | 智慧交通发展期<br>（2019—现在） |
|---|---|---|---|
| 从 20 世纪 90 年代中期开始，我国积极开展了智能交通系统的研究工作，涵盖了发展战略、体系框架和标准体系的研究，并重点关注了智能交通的关键技术攻关和试点示范 | 2008 年年底，中国首次提出智慧城市概念，此概念引起广泛关注。其中，智慧交通作为智慧城市的重要组成部分，也引发了社会各界的深入研究 | 2012 年中国设立智慧城市创建工作领导小组，为智慧交通发展铺平了道路。2017 年交通运输部颁布《智慧交通让出行更便捷行动方案（2017—2020）》，标志着我国智慧交通进入全面建设新阶段 | 自 2019 年起，《交通强国建设纲要》《数字交通发展规划纲要》《数字交通"十四五"发展规划》等一系列数字交通、智慧交通政策陆续发布，标志着整合改革建设模式的新阶段开始 |

传统的智慧交通建设着重于监控和远程控制交通设施，比如收费系统、信号灯控制等。然而，《交通强国建设纲要》和《数字交通发展规划纲要》等政策的发布标志着数字交通、智慧交通进入新阶段。智慧交通不再局限于管理和运营，而是透过数字化手段为传统基础设施与新功能赋予更多能力和效率。

数字化交通是传统交通的延伸，利用大数据、云计算、人工智能等技术，连接出行需求并实现以人为本的低碳交通。其核心在于提高交通供给与需求的匹配效率，确保人和货物高效、安全地到达目的地。智慧交通系统以实现交通基础设施的智能化为目标，可以分为以下三个层次。

### （一）基础设施数智化

我国正处在数字化和智能化的时代,这使得传统的交通基础设施在形态、建设方式和特征上发生了重大改变。传统设施难以满足计算、分析的需求,也不足以适应数字化和智能化发展的要求。这种变化意味着交通基础设施需要更加智能化、灵活化地适应未来发展。

基础设施数智化是利用多种技术手段对交通基础设施进行数字化还原,包括静态结构、交通信息、设施资产等多方面信息,旨在为基础设施的建设、管理、养护提供精准的数据支持。这项工作通过高精度地图、人工智能等技术,致力于提供空间数据和设施信息的精细化,以支持空间计算分析。

交通基础设施数智化的意义体现在多个方面:它为基础设施建设养护提供了精准的数据支持,为交通治理提供了可计算的数据基础,同时为智能载具发展和交通出行提供了数字化的环境和更优的服务。这种智能化转型使得交通领域的各个方面都能得到更客观、更精细、更可靠的数据支持。

### （二）交通治理智慧化

2023 年《中国主要城市建成环境密度报告》显示,2022 年我国城市化率达 65.22%,城市化进程逐渐成熟。城市形态和功能分区的发展是城市化的主要表现,城市形态正在从单一中心向多中心、从工业城市向多功能综合型城市、从单一城市向专业化互补的多级城市群转变。

这种转变改变了地域观念、城市居民间的关系,对城市交通出行的需求和分布特征产生影响。

随着城市土地拓展和规模增大,城市交通问题不断增多。早晚高峰交通拥堵情况严重,城市规模扩张引发了巨大的交通需求增长,城市建设的纵深发展增加了交通安全隐患。因此,解决城市交通的顺畅、安全和绿色发展问题愈发紧迫且具有挑战性。

在城市大脑兴起前,交通治理主要依赖"处罚""限行"策略,包括警力巡逻和电子监控,同时实施车牌、尾号限行等措施。这种方式只是针对具体问题采取的片面手段,并未取得显著成效。人们逐渐认识到,通过综合优化资源、提升交通运作效率和质量,才是解决交通难题的关键。

阿里云利用大数据、云计算和人工智能技术打造了人性化的交通治理操作系统。通过整合各类与出行相关的数据,实时分析不同时间、环境和出行方式的需求与供给,发现交通规律并制定全局最优策略。通过大规模实时仿真,实现对交通资源的精准优化。这个交通操作系统在实现交通治理目标上提供了全新的解决方案。

### (三)出行服务一体化

中国的"互联网+"交通已将旅客服务端全面线上化,使得预订、查询和购票等出行服务更加便捷。然而,现有分类系统的建设导致各种运输方式间信息割裂,用户需要自行协调多种方式的行程,给出行带来了一定的不便。

存在于不同运输系统间的数据隔阂导致用户出行需自行整合多种服务,带来不便。建立统一的交通服务平台可以整合运力数据,推动信息、支付、运力的统一管理,让各互联网应用能够访问,促进服务模式创新与商业运作。这种一体化不是某个单位的整合,而是基于数据共享开放,通过增值服务来优化基础运力资源,推动更有效的交通服务商业运作。

整合公共交通、出租车、自行车、网约车、停车场、车站、机场等多部门信息,利用移动互联网技术,建立统一公众出行服务平台,以满足城市内外出行需求为核心。提供包括规划、查询、移动应用、信息服务和低碳出行激励等在内的综合服务,同时支持政府管理者通过数据分析优化交通规划,提升公共交通服务水平。

低碳出行服务平台旨在最小化用户的出行准备、等待、响应和换乘时间,提供便捷高效的出行体验。

1. 持续激励公众低碳出行

通过建立个人碳账号和奖励碳积分,促使公共交通出行者采取更环保的出行方式。这一系统探索碳积分标准和运营模式,并与相关部门和碳交易所合作认证碳积分。对于不同用户,提供灵活的投放功能,例如,在业务入口推广绿色出行理念,鼓励用户采取环保的出行方式。

2. 整合客运交通运力资源

通过整合客运交通和旅游资源,为出行者提供更丰富的信息服务。这涵盖了景区停车场信息和预约出行服务,旨在为用户提供更全面、便捷的出行体验。

3.提供出行一体化信息服务

与交通运输管理部门共享数据,确立了一套统一的出行服务数据标准体系,以在重要的公交站台和交通枢纽发布一体化出行服务信息。

4.提供水上低碳运输环境

采用航道治理、水网交通态势感知、岸电采取等多种措施,提供水上运输船舶的交通信息服务,旨在改善水域交通拥堵,打造更环保的水上低碳运输环境。

5.建设交通碳积分管理平台

借助对出行需求和碳积分的精确分析,对城市交通出行服务进行优化,同时着手研发创新的交通服务产品。

## 二、城市智慧交通建设的新模式、新手段

随着无人驾驶和新能源汽车的快速发展,智慧交通基础设施在路网等方面的建设也在加速。这促使智慧交通建设步入新的阶段,需要采用新的模式和手段来应对这一发展。

第一,智慧交通的建设要求建立全市交通数字底座,包括统一规划的交通计算平台和大数据平台。这些将成为城市现有交通运行和未来交通规划发展的基础,旨在构建安全、可靠、高效、可扩展的城市交通数字基础设施,以支持未来各种应用的扩展和发展。

第二,智慧交通建设要求建立城市交通的全息感知能力,以路口为基本单元,建立高精度地图和多元数据融合,实现全面数字化基础设施,以全量认知和数字孪生应用推进城市交通领域的智能化和精细化

发展。

第三,智慧交通的发展需要深化数据采集和共享,利用大数据驱动的管理和服务优化,借助人工智能辅助的交通疏导和信号控制系统,以精准、实时的管控手段,创造安全、畅通、有序的城市交通环境。

第四,智慧交通建设需要实现城市综合交通协同规划能力,以统一数据底座为基础,构建一体化交通云控平台,涵盖全场景监测预警、多模式协同指挥调度、综合交通融合分析、智慧停车和出行服务,以解决城市交通难题。

第五,智慧交通建设旨在通过整合阿里巴巴生态体系内的互联网数据和能力,打造一体化的绿色出行服务平台。通过综合城市交通方式和相关数据,实现"门到门"的公众出行服务,倡导绿色低碳出行理念,提升城市形象和交通治理能力,使出行更简便、更环保。

智慧交通体系整合多部门信息,以数据驱动和人工智能为基础,利用云计算技术构建城市智能交通系统。通过全闭环流程,即"感知—研判—指挥—处置",实现智能道路交通管理,提高交通服务承载力、运行效率,改善城市运行环境,并促进城市交通管理服务的智能化水平提升。

## 三、实践案例

### (一)基于城市大脑的智慧交通建设

郑州市作为国家重要的交通枢纽,着眼于发展目标的实现,将城市的交通作为其中重要的一环。面对日益增长的交通需求和不断变化的问题,郑州致力于有效整合全域交通数据,在城市大脑建设的框架下,进行数字化转型以建立可持续优化的交通治理体系。

在郑州城市大脑的整体规划下,交通板块由市交警支队牵头推进。城市大脑框架定义了城市智慧交通专项治理应用,包括警情勤务指挥平台、人工智能信号优化与组织优化平台、重点车管理平台、电动助力车综合管理平台等四大业务应用。

在郑州城市大脑的支持下,借助统一的计算、数据和物联网平台等技术支持,整合了郑州市全域交通数据,并充分运用云计算、大数据和人工智能等前沿技术,通过数据驱动的方式重新塑造了交通管理模式。这一创新的治理方法为城市交通治理树立了一个成功的典范,展现了数据在城市管理中的重要作用。

亮点1:交通全域融合

在郑州城市大脑的统筹规划下,智慧交通建设涵盖了多个部门及互联网交通出行数据的融合,共包括交通基础设施、交通违法、车辆出行轨迹、停车、公交、地铁等2695个字段的数据,累计数据量达到264.56亿条,这一数字化转型为城市交通管理提供了支持,可为路网规划、道路基础设施建设和交通出行服务改善等提供数据支撑,为城市交通治理的全生命周期带来新可能性。

亮点2:以数据驱动外场设备设施建设升级

通过海量在线交通数据,智慧交通系统实时评价城区的道路基础交通设施。这一评估涵盖了将基础交通数据整合至管理范畴,利用实时交通设备数据对外场基础设施进行分布、运行质量和数据应用范围的评估分析。此举旨在指导外场基础设施的建设和升级,从而更加有针对性地投入资源。

利用城市大脑数据中台,将郑州的城市路网和交通设施数字化,为每个车道和设施分配唯一数字编码。整合外场感知设备和高德地图数据,实现对不同路口交通流量的统计和分析,从而准确评估路口的重要性。这一技术手段使城市交通治理更加精准有效,为交通规划和管理提供了可靠的数据支持。

依托精准的交通大数据,以细致分析和预测为基础,郑州市对城区道路交通进行优化,旨在提升道路交通和运输管理水平,实现更科学、精准的指导与决策。这一举措为道路交通组织方式带来重要突破,有助于更高效地管理城市交通流量和优化交通网络。

亮点3:城市道路管控的数智化转型

郑州城市大脑·交通以云边融合数据为基础,助推了交通管理业务的数字化进程。利用阿里云强大的计算能力,不仅升级了传统设备,使其具备了主动检测交通事件的能力,还实现了城市大脑与智能设备之间的紧密联动,促成各系统的智能化整合。这一举措为交通管理注入了新动力,推动了智慧交通领域的发展。

(1)外场传统设备的升级。郑州城市大脑建设的统一视觉计算平台在交警领域展现了强大的实时计算能力,能识别多种交通事件及潜在风险,为警务指挥中心提供了自动发现、上报警情的重要支持。这项技术革新大幅减轻了一线民警的工作压力,提升了警情处置效率,通过移动警务终端实时推送警情数据,使得指挥中心能全程实时监督,为城市交通管理和治安维护注入了新的智能化力量。

(2)智能化二次集成。郑州智能交通系统的发展虽取得一定成效,但存在着以往系统集成控制缺乏智能化的问题。特别是在承办大型活动方面,如2019年全国少数民族运动会,即投入了大量人力资源。未来郑州作为中部城市的重要枢纽,需要将集成控制转向智能化集成控制,以更高效、更智能的方式应对未来保障工作的挑战。

郑州城市大脑的建设在大型活动交通保障方面发挥了重要作用,借助其算力和数字化交通系统,实现了对交通影响的仿真预测与恢复方案的制订。通过对车道级别的量化分析,有效展示了大型活动对交通的影响,并提供了恢复方案。此举不仅提高了保障任务的工作效率,还展现了智能化集成在安保工作中的重要价值。

(3)日常交通信号优化工作。通过智慧交通系统在郑州市城区示范应用道路和区域的不断升级优化,结合互联网数据和现有交通数据进行综合治理,以优化道路资源的利用。该举措致力于提高主干道通行速度并优化道路利用率,在保持其他条件不变的前提下,预计在高峰时段提速5%,而在其他时间段提速5%至10%。

(4)数据驱动实现交通服务模式的改变。传统交通服务模式受到信息不对称的限制,导致公众获取交通信息的方式简单且局限。然而,城市大脑·交通的运用为这一现状带来了改变。通过提供更加准确的交通信息,该系统有望降低市民的出行成本,为公众和政府部门提供更高效、更细致的交通服务,更好地满足市民的出行需求,进而提升城市的交通管理水平。

亮点 4:建立国内首个创新性的电动自行车慢行交通分析平台

《绿色出行行动计划》鼓励建设城市慢行交通体系,强调人性化、舒适的道路空间和交通设计。城市纷纷致力于此,但电动自行车管理一直是难题。在这种情况下,郑州城市大脑率先整合了电动自行车数据,将其纳入全域交通治理,为慢行交通的发展提供了前所未有的实践探索。

郑州市的电动自行车管理系统拥有庞大的数据基础,所有电动自行车都搭载了 NB-IoT 的数据采集装置。利用这些全量轨迹数据,系统对 313 万辆电动自行车的行驶情况进行了数字化分析,包括驾驶习惯和运行规律。通过整合道路结构和交通控制系统,系统建立了电动自行车的多维度数据关联,形成了全面的交通要素档案,为交通管理提供了综合展示、关联分析和预警提示的功能。

通过对郑州市系统数据的深入分析,揭示了一些以前未被关注的非机动车交通堵点。特别是在正弘城周边的支路,整合非机动车和机动车轨迹数据后,发现了一些交通秩序不佳或组织不合理的地点。这些发现促使相关部门开始对这些地点采取治理措施,以改善交通状况。

亮点 5:建立全市统一的超融合重点车辆监管平台

郑州城市大脑在全域交通治理方面率先通过重点车管理整合多部门数据和业务,共同应对交通问题。监管平台整合了交警、城管、交通运输、文旅等部门的数据,构建了全市重点车辆的综合信息画像系统。这套系统不仅实现了风险和违法预警,还促成了多部门联合监管机制,有效实现了对重点车辆的实时监测和联合治理。

该系统能识别风险或告警,并将其根据业务类型分发至相应责任单位的业务系统,实现了不同业务处置的闭环流转。经过各单位的处理后,反馈的处理结果有效地完成了整个业务处理的循环。

该系统提供在线车辆展示功能,能清晰展示重点车辆的分布和聚集情况。用户可以获取在线车辆的基本信息和违法历史数据,并查询车辆的历史轨迹,这有助于验证异常事件并提供执法处置所需的证据。

该平台已实现对郑州市的 17835 辆重点车辆进行实时监管,并涵盖了多种车辆类型。自 2020 年 9 月开始运行以来,系统已积累了庞大的数据,成功识别了近 20 万条报警信息,为城市交通管理提供了重要的监测和预警功能。

亮点6:人机结合,持续运营的交通"评、诊、治"优化分析形成常态

郑州城市大脑的交通治理结合了人工智能和专业团队的经验。相较于过去仅依赖系统建设的模式,这种运营理念更注重数据、算法和工具的支持。通过社会化服务,交警支队利用人工智能算法提出优化建议,从而更有效地评估、诊断和解决城市不断变化的交通问题,实现了更高效的治理方式,减少了人力投入。城市大脑建设中,针对陇海快速路晚高峰的出行规律,着重进行了"评、诊、治"分析。在此过程中,发现了两条替代路径,并通过诱导屏向公众展示这些出行替代路径。

### (二)成宜高速:国内首条车路协同的智慧高速

2020 年 12 月 31 日,成宜高速的正式通车标志着四川省交通基础

设施的进一步完善,为成都和宜宾等地市州政府所在地之间架起了便捷快速的联系桥梁。全长157千米的高速公路,不仅填补了地区交通网络的空白,而且作为成都放射线高速之一,扮演着连接四川省内各地的重要角色。其设计标准之高,凸显了在提升交通运输效率、促进地区经济发展方面的重要意义。

成宜高速项目不仅是交通运输部"交通强国"建设试点工程,也承担着车路协同自动驾驶示范工程、四川省数字新基建示范工程和科技厅重点研发项目的职责。其建设目标明确,不仅要提升高速公路的信息化、智慧化水平,更要实现高速发展的转型,从传统信息化高速迈向智慧高速的阶段。这意味着实现实时监测预警、业务协同共享、精准化决策支持和精细化服务管理,为高速公路运营管理注入了更为智能、高效的理念和技术手段。

成宜高速作为国内首个实现全线覆盖车路协同的高速公路,着重构建了移动终端、智能路网、云控平台和数字孪生四大平台,形成了面向车路协同的"数字高速"。这一创新举措不仅为高速公路管理者提供了更高效的管理手段,同时也为出行者带来了更安全、便捷的出行体验。成宜高速的建成使得管理者可以实现全路段资产设备的数字化管理,从而大幅度提升了资产价值和维护效率。

1. 移动终端平台

成宜高速在车路协同方面取得了令人瞩目的成就,实现了四大类车路协同场景,涵盖了运输安全、通行效率、行业监管和出行服务。借助阿里云的高精时空定位和地图能力,该项目为数以万计的设备和车

辆提供了车道级别的厘米级定位和毫秒级的响应服务,初步实现了
"网联车和人工驾驶车辆"的车路协同。这项技术的应用意味着全天
候的精准感知,使得发生在前方的交通事故等状况能在毫秒内传递到
后方车辆,从而保障了全天候的通行安全。

2. 智能路网平台

成宜高速不仅在视频感知方面取得了重要进展,覆盖了雷达传感
器与天气传感器,以弥补视频感知在恶劣天气和夜晚的技术局限,更通
过阿里云雷视融合技术和边缘计算一体机的应用,实现了全线全要素、
全天候的感知能力。这项技术整合不仅解决了传统监控设备系统之间
数据隔离不统一的问题,还为高速公路的安全性和管理效率带来了显
著提升。同时,在路侧信息发布方面,统一规划 LED 情报板、路侧广播
系统和车路协同 RSU,建立了信息通知和语音播报的自动联动闭环,使
得信息传递更加及时高效。

3. 交通云控平台

成宜高速利用阿里云智慧交通云控平台,实现了出行服务、运营管
理和决策的全面智能化与数字化。这一平台统一管理计算、存储和网
络资源,满足智慧高速大数据处理需求,其多层服务构建包括运营、基
础设施、数据处理、中间件和安全服务。通过这些层次的建设,成宜高
速能够自主维护和管理控制运营工作,降低运维成本,提供高性能、高
效便捷的 IT 基础资源服务。同时,该平台提供各种数据存储、交换和
大数据计算服务,以及安全防护设计,保障信息系统的安全等级,为智
慧高速的可持续发展奠定数字基础。

4.数字孪生体系

成宜高速利用阿里云数字孪生技术,将道路、车辆、交通设施、设备、地貌和气象要素进行数字化还原,并实时投射到三维数字世界中,展现全时空、高精度、高保真、实时还原的平行世界。这种技术使管理者能够通过三维实景融合技术在数字孪生世界中直观地了解路网状况,实现全方位、多角度的观察和分析。

# 第三章　数字社会治理的逻辑起点

随着数字技术的推动,数字社会引发了人们对社会关系认知、方式和方法的根本性变革。这种变化不仅影响了人们的日常生产生活方式,也重塑了人际关系、社会互动,乃至改变了社会的结构与形态。在数字化、网络化、智能化技术的演进下,数字社会呈现出六大趋势,包括社会存在数字化、社会连接畅通化、智能计算泛在化、组织结构扁平化、权力机制重构化和数字风险复杂化。这些趋势对治理内容提出了新的挑战,数字社会治理必须迎接这一变革,并从根本上调整以适应新的治理需求。图 3-1 所示的数字社会治理流程清晰地指出了数字社会治理所需的逻辑框架和流程。

## 第一节　社会存在数字化

数字社会的发展导致了社会结构的根本变革,其中最显著的表现

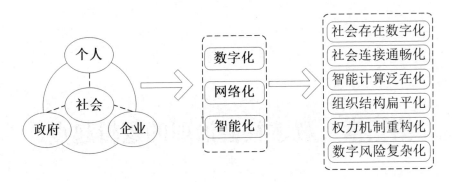

图 3-1　数字社会治理的流程

是对社会存在的生命体和物质体的数字化转变。生命体代表了社会的生物存在,而物质体则代表了社会的物质存在。数字化的趋势正在使得这两者不断地进行数字化转换和更新。这一变革不仅仅改变了信息的表达方式,更涉及社会结构、文化传承、经济发展等多个方面,对人们的生活和社会交往方式产生了深远影响。数字化对社会存在的改变,也在不断推动着社会治理、文化发展、科技创新等各个领域的进步与发展。

在数字社会中,物质世界正迅速实现数字化,从智能手机等个人设备到城市发展中的数字化基础设施,数字化变革已经深刻地渗透到人们日常生活和城市发展的方方面面。随着数字技术与产业以及城市发展的深度融合,"数字孪生"概念和技术因此而兴起。这种概念实质上是指数字技术对实际物理世界的真实映射,是一种将现实物理世界以数字形式"复制"的虚拟数字镜像。通过数字技术,能够对物理世界进行全景式、全生命周期的模拟、监测和预警。这种技术手段基于历史数据和实时城市运行数据,能够更好地理解和管理物理世界,为实现物理世界的优化发展提供了重要的工具和途径。

在数字化浪潮的推动下,生命存在的概念迈向了崭新的领域。数字技术的不断进步与革新使得人类与设备之间的联系愈发紧密,塑造出一种独特的"数字存在"。这种存在方式不仅仅是对传统生命的延伸,更是数字科技与人类交织的产物,为人们的生活和体验注入了新的维度和可能性。

数字化时代,人们的生活和行为被记录和塑造成了数字化的表征。从个人健康数据到在社交媒体上的互动,以及在网络上的搜索、浏览、分享等活动,都在留下"数字足迹"。这些数据记录了个人的行为习惯、兴趣爱好,以及社会观念,不仅有助于用户更好地了解自己,也为他人提供了认识的途径。此外,数字技术还为人们提供了全新的表达方式,许多人选择在网络上分享文字、照片、视频来展示自己的生活、观点和情感,这些表达不仅是对自我的展示,也为人们交流分享提供了新的平台。这些数字足迹和表达方式不仅记录了生命片段,更是数字化时代社会行为的重要组成部分。

然而,数字技术的迅猛发展带来了隐私保护方面的新挑战。个人信息的广泛采集和利用使隐私安全问题变得尤为突出。为了保护个人隐私和数据安全,需要更加谨慎地选择和使用智能设备和互联网服务。学会运用数字技术工具和方法来加强隐私保护,是应对这一挑战的重要方式。因此,适当的隐私保护意识和技能培养变得尤为重要,以确保在数字化时代个人信息的安全和保密性。

# 第二节  社会连接畅通化

数字社会并非独有产物,其核心在于共同的编码体系使得各种元素能够连接起来。互联网作为连接器,改变了独立存在的数字空间,让人与人、人与机器等能在一个共同的空间实现全面的连接与互通。这种连接和互通导致社会资源与社会关系被整合到特定空间中,形成了数字社会的特定形态。数字社会的形成不仅是技术上的联结,更是社会、资源、关系在数字空间中相互交织与整合的结果。

数字社会以数据的流通和共享为优势,将数据视为信息的重要载体。在这个特定的空间里,数据不断产生、储存、传输和分享。物质和生命的数字化使得几乎所有人类活动及相关场景都能转化成数据形式,并且其量级呈现出巨大增长。网络的时空压缩使得数据作为信息的传递工具大幅提升了整个社会的运行效率。通过各种终端和无处不在的网络,数据能够快速传播到社会的各个角落,促进了信息的即时传递和社会运作的高效性。

数字空间以数据为基础,加速了资源的整合和利用,克服了现实地域的限制,提高了资源整合的效率和时效性。同时,数字技术改变了人们的交流方式,通过数字通信技术,人们之间的联系变得更加紧密和频繁。不论身在何处,只要有网络覆盖,人们就可以使用手机、电脑等设备进行实时交流,这种便捷的联系方式促进了人际关系的密切化,有利于建立信任和友谊。数字化所带来的便捷连接性,深刻地改变了人们之间的互动方式,加强了社会联系与互信,为社会关系的建立和维系提供了新的平台和方式。

网络为人们提供了一个根据兴趣爱好结交志同道合者的平台。在这里,人们可以参与不同的社交群体,与分享共同兴趣的人交流、学习和互动。这种以共同兴趣为纽带的社交群体能够消除地域限制,让人们无论身在何处都能感受到来自其他人的温暖和支持。这种社交关系不仅有助于获取更多信息和知识,还有利于扩展社交圈子、加强人际交往,同时也加深了个体对社会的归属感。

数字通信技术架起了线上和线下社交关系之间的桥梁。通过网络建立的社交联系可以延伸至现实生活,线上的交流结合线下的实体活动促进了更亲密的社会关系。这种线上线下相辅相成的关系发展模式不仅丰富了人们的生活体验,也让社交更便利、更丰富。这一整合模式拓展了社交网络的维度,让人们的社会交往更加立体和多元。

数字通信技术的不断发展深刻地改变了人们的生活方式和社交模式。在当今新的时代背景下,人们之间的联系更紧密,交流更频繁,人际关系也更加多元化和跨越国界。这种变革不仅推动着人类社会的不断进步和发展,也赋予了人们更丰富、更美好的生活体验。

## 第三节 智能计算泛在化

数字社会中,人工智能与各领域紧密相连的核心在于计算。随着人工智能技术的不断赋能,数字计算的复杂性快速攀升,过去十年的计算复杂度每年以约 10 倍的速度增长,驱动着人工智能技术进入新的发展阶段,对各个领域的生产、生活和传统社会关系产生着深远影响。数字计算通过算法推荐、分析、决策等形式广泛渗透到人们的日常生活和各行各业,参与资源配置的同时也改变着传统的社会关系。智能计算泛在化主要体现在以下 3 个方面。[①]

## 一、"算法推荐"成为社会信息传播新范式

在互联网信息传播中,"算法"扮演着关键角色,以用户喜好为中心,利用数据和算法动态构建个性化适配,改变了信息分发的方式。这种机制不仅能更精准地满足用户需求,提升用户体验,还能激发用户的主动性并提升信息流动效率。然而,也需要警惕算法推荐的过度化可能导致"信息茧房"问题,使信息变得单一和失真,影响信息的多元性和真实性。

## 二、"算法分析"改变民众认知与生活逻辑

数字社会中,人们产生着大量数据,同时受到算法分析的影响,这直接或间接地影响着他们的认知方式和行为方式。算法分析广泛应用于各个行业、领域,当合理使用时,能够使人们的生活和工作变得更为便捷和高效。

例如,数字平台提供了庞大的数据分析能力,使得用户通过服务软

---

① 冀翠萍:《规制数字社会运行的"算法"权力》,《学习时报》2021 年 7 月 16 日。

件即时获取信息并预测未来成为日常。这改变了人们的认知方式,让他们相信未来是可预见可预测的,并开始依赖算法分析带来的现代生活便利。

### 三、"算法决策"支撑政府社会治理的向度

数字技术尤其是大数据和人工智能等技术的进步,赋予算法改善资源配置、改革生产方式等任务。其中,提升社会治理效能成为其重要使命之一。政府借助智能算法优化决策,改善行政管理和社会治理,以提高治理的精准度和效率。举例而言,政府利用跨部门数据整合应用进行精准扶贫,通过算法模型精准识别贫困用户,从而显著提升扶贫效率。

## 第四节　组织结构扁平化

数字技术的进步使得信息的获取、记录和传递更为即时和自动化,不受内容和空间的限制,消除了信息传递和沟通的障碍,推动了以往等级化的信息传递结构向更扁平化的方向发展。这种变化对经济组织和政府治理产生了深刻的影响。

一方面,全球经济组织结构正经历着从中心化制造到本地化生产销售的变革,同时,平台经济作为新型组织方式崛起。平台作为基础设施,能够高效连接和处理各方数据,促进数字信息在群体间流动,提高供需对接的效率,从而带来多方面的经济效益。

另一方面,传统治理方式的科层结构在信息传递上存在问题,效率低且易失真。数字社会的扁平化特征要求政府放弃传统的"金字塔"模式,转向适应扁平化的新治理方式。技术的进步让数据能够跨层级流动,改变了信息传递方式,也降低了组织结构的层级,提升了治理效率。

随着数字技术的飞速发展,社会信息传播的速度与广度前所未有地发展和加快,这对政府提出了更高要求。传统的层级式管理架构在面对这种急速变化时显得局限,而采用扁平化的组织结构则更能适应这种挑战。数据的自由流动和共享为政府提供了更全面的社会洞察力,使其能够更加精准地洞察社会需求和问题,进而制定更具科学性和合理性的政策与应对措施。因此,政府在数字社会中的作用不仅是快速响应,更应是运用数据与信息智慧的治理,以更好地满足社会的多样化需求和迅速变化的挑战。

数字社会催生了对政府治理模式的全新要求,需要政府构建更为开放、透明、互动的治理方式。这种变革要求政府将更多关注点置于与公众的有效沟通和互动上,积极倾听社会诉求和需求。通过数据的流动和共享,政府能更全面地理解民意,迅速作出回应,满足社会需求。同时,这种治理模式也需要政府更加注重与各类组织和社会力量的协作,以共同促进社会的发展与进步。因此,政府在数字化时代不仅要关注治理效率,更需要注重民意、合作与共赢,以构建更具包容性和响应性的治理框架,更好地服务社会与公众。

# 第五节　权力机制重构化

数字文明的兴起彻底改变了人们获取信息和掌握社会资源的方式,对社会的权力结构和现代权力机制带来了深刻影响。信息传播的方式转变以及数据资源的演变将推动社会组织结构进行调整,随着超越地理界限的数字空间网络连接不断增强,新的认同感与联系将孕育出全新的权力结构。数字社会的权力重构不仅呈现为数字化权力的崛起,同时也引发了主体力量的转变。这意味着,随着数字化的持续推进,权力的本质和结构将面临重大的再定义与重塑,这必将对社会和人们的互动、组织方式和价值观念产生深远的影响。

## 一、数字权力的形成

数字时代的兴起催生了数据作为新型生产要素,这不仅对生产关系产生了深远影响,同时也在社会权力关系和权力形态上造成显著变化,导致了以数字优势为核心的"数字权力"的出现。数字权力的演变反映了对网络和数据等关键资源的控制能力的变化。数据作为最核心的资源要素,在生产、分配和价值利用方面逐渐塑造了全新的权力机制,相关利益者凭借其掌握的数据资源和技术优势,在数字权力体系中获得一定的话语权和相应的数据利益。因此,数字社会中权力的演变不仅仅是信息的掌握,更涉及对数据这一重要资源的运用和控制,进而决定着在数字时代谁拥有话语权和影响力。

在数字权力体系中,利益相关者借助规则体系的构建巩固自身地位,以谋取更多的经济利益。特别是在平台经济迅速发展的背景下,各国互联网巨头通过建立技术规则、交易规则和惩戒规则,创设一种相对自治的权力实体和程序机制,如滴滴的滴米规则、淘宝的规则众议院和大众评审团等。[①] 这种数字规则不仅巩固了自身权力体系,也构筑了一种"权力篱笆",限制了竞争者的发展。数字化规则的制定不仅对数字时代的商业竞争产生深远影响,更塑造着数字社会中的权力结构与运行方式,进而影响着数字时代的经济生态和社会秩序。

## 二、数字权力主体力量的变化

数字社会赋予了每个社会成员数据权利,将每个人都视为数字权力的塑造者和贡献者。在这个新的权力体系中,个人拥有一定的话语权,使得权力的来源从狭义的"国家力量"拓展至更广泛的社会范围。尽管政府和平台企业作为大数据的主要掌控者在权力结构中占据重要位置,但相对传统社会,政府的权力可能有所减弱,而平台企业在提供公共或准公共产品和服务方面,其权力有所增强。普通民众通过数字技术实现数字权力的自我生成,并将其影响力应用于数字社会的发展、政府机构和平台企业等其他权力主体的决策行为中,从而成为数字社会治理中不可或缺的重要参与者。这种权力结构的演变不仅改变了权力的源头,更赋予了个体更多的参与和影响机会,为数字社会的发展和

---

① 周尚君:《数字社会对权力机制的重新构造》,《华东政法大学学报》2021 年第24 期。

治理带来了新的可能性。

# 第六节　数字风险复杂化

数字化的优势显而易见,其带来的创新、高效性、便捷性和发展前景不容忽视。然而,伴随着这些好处,数字化也引发了一系列广泛、复杂、巨大、深远、长期的风险和挑战。与传统风险相比,数字风险的特点显现出更多层面的复杂性、持续性和范围性。

## 一、数字风险的形态复杂

RSA 在其 2020 年的《数字风险报告》中指出,企业可能面临着多方面的数字化风险,包括网络攻击、员工动态、云转换、数据隐私、流程自动化、合规和业务等八大类风险。城市在数字化转型过程中也可能面临"数字偏差""数字悬殊""数字幻象""数字沙丘"等风险。而整个社会也有可能陷入"数字隔阂""数字黑洞""数字贫困"等数字风险之中。[①]这些风险不仅对企业、城市乃至整个社会的数字化发展带来挑战,同时也需要相关方面积极应对,以最大限度地降低潜在的风险和威胁。

## 二、数字风险的危害复杂

数字风险的威胁不仅可能在极短时间内对个人、地区甚至国家造

---

① 丁强、王华华:《特大城市数字化治理的风险类型及其防控策略分析》,《上海行政学院学报》2021 年第 22 期。

成严重影响,而且对个人和国家都存在巨大的潜在风险。随着数字技术的不断发展,个人隐私信息被暴露,对个人隐私、生活轨迹和情感偏好的控制可能导致个人风险。而国家面临的数字风险涉及国家安全、政治稳定、市场公平等方面,还可能引发伦理和道德问题。例如,2021年美国成品油管道公司遭受网络攻击,导致管道关闭,引发了一系列连锁反应,包括能源市场动荡和美国政府宣布进入紧急状态等,这一事件明确展示了数字风险对国家和全球的负面影响。面对这些风险,个人和国家需采取有效措施,从技术、政策和安全等多个层面积极防范和应对,以最大程度地减少潜在的损害和风险。

## 三、数字风险的治理复杂

数字风险的复杂性增加了应对风险的难度,需要从经济、社会、文化等多个领域来应对,并涉及法律、规范和伦理等方面的知识和技能。在风险治理中,存在许多边界问题和两难选择,比如确定数字社会生活的界限、如何平衡数字发展和不良后果之间的关系、法律如何界定数字权力和责任分配等问题。这些问题需要深入思考和公正地进行价值判断。在数字化时代,需要更深层次地思考和解决这些复杂的挑战,以确保数字化的发展不仅带来好处,还能减少潜在的风险和负面影响,促进社会的持续发展和进步。

# 第四章　数字社会治理的新挑战

## 第一节　数据隐私与安全

随着数据在互联网传播环境中的运动和演变,数据隐私保护成为一个极具挑战性的问题。个人数据信息日益融入社会生产和生活的方方面面,成为社会交往不可或缺的基础和形式。然而,这些数据不仅需要个人保护其隐私,也具有向外传播的趋势。个人数据信息的运动表现出自动生成、长期存储和难以消除的特征。这意味着数据隐私将长期面临一个"私有却无法隐藏"的挑战,如何在信息传播中平衡个人隐私保护和社会互联的需求将是未来亟须解决的问题。

### 一、数据信息隐私所处的环境特点

个人数据信息在互联网环境中扮演着识别和参与社会交往的重要角色。然而,随着新数据信息的产生,旧的数据并未被删除,导致个人数据信息在互联网上不断累积并长期存在。

### （一）全息时代的信息收集呈现常态化

"全息"一词源自物理学,指一种技术能够重现物体发射的衍射光,使得从不同角度观察该物体时显示的像会发生变化。在信息传播领域,将"全息"引申为全面收集信息则非常贴切。这个概念暗示了现今正处于一个信息全面收集、多维度观察的时代,类似全息影像技术可以全面收集物体光线的特性一样,从不同维度和角度收集和处理着大量的信息。

1. 传感器让信息收集变得无处不在

传感器技术的发展为全息时代的到来提供了技术支撑。"从 2005 年起,美国国务院就开始颁发带有射频识别(RFID)标识的护照,以打击假护照,方便出入境管理。如果仅仅从数据量上来看,通过传感器自动采集的数据,已经取代了人工收集的业务数据,成为其最大的数据来源。"[1]在《个人信息保卫战》中,作者罗伯特·瓦摩西(Robert Vamosi)将传感器收集到的个人生活习惯描述为"电子面包屑"[2]。这些信息记录装置遍布生活的方方面面,例如汽车内的驾驶记录仪、数码设备、复印机乃至高速公路上的 ETC 设备等,都悄然记录着人们日常生活中微小的细节。这些"电子面包屑"散落在各个角落的存储器中,勾勒出人

---

① 涂子沛:《大数据》,广西师范大学出版社 2013 年版,第 53 页。

② [美]瓦摩西:《个人信息保卫战:高科技时代的隐私担忧与防护策略》,姚军等译,机械工业出版社 2012 年版,第 75—76 页。

们生活的方方面面,窥见个体行为习惯和活动路径。

2015 年微软公司发布了全息眼镜(HoloLens),这款设备能够让用户同时看到真实世界和叠加虚拟信息。这种信息传递过程背后也意味着信息的收集。与此同时,智能可穿戴设备在不同领域的应用日益普及,据《2014 智能可穿戴市场白皮书》显示,大约有 54.6% 的网民了解智能可穿戴设备,他们对于这些设备在医疗健康和安全定位等方面的期待也在增加。这些设备如同设计精巧的传感器一样,自动收集着使用者的个体特征和行为习惯。这些数据收集行为显示,当今社会正逐渐步入一个全面收集信息的时代。

2. 物联网扩展了信息收集和传送的范围

物联网作为全息时代的重要支柱技术,指的是将物品与互联网相连接,通过信息传感设备实现信息交换和通信的网络概念。① 其核心在于能够从物体上收集信息并使之进入网络传播,进一步扩大了广义网络中记录和传送的个人信息的数量。物联网技术的发展使得通过物体收集信息成为可能,并与互联网相连,这将对信息收集和个人隐私带来全新的挑战与影响。

2017 年被视为物联网产业迈向"产业化"阶段的重要年份,标志着物联网在全球范围内成为发展的焦点领域。在这一年,华为、中国电信以及中国移动等企业取得了重大突破,分别发布了全球首个 NB-IoT 智慧水务项目和首个 NB-IoT 智慧水表项目。这些举措显示出物联网

① 李光斗:《拆墙:全网革命》,电子工业出版社 2014 年版,第 178 页。

在智慧水务领域的广阔应用前景和发展潜力,为物联网"产业化"开启了崭新的征程。

基于 NB-IoT 的工业能源物联网应用和无人驾驶技术快速兴起,涵盖智慧水务、智能抄表和智能开关等领域。多家汽车厂商(如奔驰、宝马)、芯片厂商(如英特尔、高通)以及互联网公司(如谷歌、百度)纷纷进入车联网市场布局。据预测,到 2025 年,全球无人驾驶汽车市场规模将达到 420 亿美元;到 2030 年,预计将有 1.2 亿辆无人驾驶汽车上路;而到 2035 年,预计无人驾驶汽车将占据全球汽车销量的四分之一。

智慧城市的发展依赖智能化技术在多个领域的广泛应用,其中包括智慧水务和无人驾驶汽车等。这些技术发展的基础在于物联网,而物联网的顺利运作需要数据分析、数据流通以及人工智能的支持。中国工程院院士邬贺铨先生指出:"物联网是将具有感知、监控能力的各类采集或控制传感或者控制器以及泛在技术,如移动通信、智能分析等技术不断融入工业生产过程各个环节,从而大幅提高制造效率,改善产品质量,降低产品成本和资源消耗,最终实现将传统工业提升到智能化的新阶段。"[1]

尽管物联网应用在智慧水务、无人驾驶汽车和智能家电等领域带来便利,但其安全性和隐私问题同样凸显。例如,智慧水务和无人驾驶汽车可能收集到个人习惯和谈话内容等敏感信息,智能家电则可能记录个人行为习惯等数据。这些便捷服务背后所收集的个人信息,不仅

---

[1]　邬勇志:《物联网万千垂直应用落地在即,万亿市场蓄势待发》,2017 年 11 月 21 日,https://www.sohu.com/a/205661828_123496。

涉及地址、电话等常规信息,还包括使用习惯和行为痕迹等隐私信息,引发了隐私保护等问题,成为发展过程中的重要挑战。

3. 技术正在改变人们的隐私观念

传感器和物联网技术的兴起使得个人信息收集变得常态化。在这个信息社会中,重点不在于完全拒绝信息收集,而在于避免信息被滥用。[①] 技术便利正在改变隐私观念,人们的工作和生活已经深度融入互联网环境。在这个环境下,人际交往不再受地域、行业或社会阶层的限制,合作效率也因此得到了提高。

当今社会,个人信息泄露在带来便利的同时,也引发了隐私风险。人们通过社交媒体分享情感、在电子商务平台上购物、参与网络舆论监督以及享受智能家居带来的便捷,尽管存在信息泄露风险,但大多数人更愿意接受这些便利,持续参与社交网络、电子商务,并支持舆论监督和智能家居的发展。这表明社会对于个人信息收集逐渐抱持宽容态度,因此,制度也应重视个人信息社会性所带来的积极价值。

## (二)定制经济要求对个人信息进行广泛处理

"定制经济"的兴起代表着个性化生产和服务的迅速发展。它强调将生产过程从供给转向需求,即根据用户的实际需求定制产品和服务,实现供需双方的精准匹配,节约成本。然而,这种个性化和精准对接建立在对个人信息的广泛收集和深入挖掘之上,需要在保护隐私和

---

① 郭明龙:《论个人信息之商品化》,《法学论坛》2012 年第 6 期。

实现个性化需求之间寻求平衡。

### 1. 定制经济的由来及表现

定制经济概念源于伦敦的萨维尔街,从传统的个别定制服务逐渐演化为如今更为广泛的定制概念。不仅涉及服装、礼品等领域,还扩展到了更具个性化的范畴,如个人肤色、蔬菜等。这种个性化定制服务满足了现代消费者对品质和独特性的追求,被认为是真正代表个性化消费的典范。在"改变未来的十大技术"中,"个性定制"被视为最具前景的技术之一,显示出其在市场中占据着重要的地位。

德国以"工业4.0"概念成为新一轮定制经济的开拓者。该概念是德国高科技战略的核心部分,首次亮相于2013年汉诺威工业博览会。强调了以信息物理系统(CPS)为基础的第四次工业革命,将生产推向高度数字化、网络化和机器自组织的阶段。西门子作为德国代表性的工业企业,积极推动并实践了"工业4.0"概念。这体现了德国在引领和塑造未来制造业发展方向方面的领先地位。

美国辛辛那提大学教授李杰(Jay Lee)指出,"工业4.0与前三次工业革命最大的区别就在于:不再以制造端的生产力需求为起点,而是将用户端的价值需求作为整个产业链的出发点;改变以往的工业价值链从生产端向消费端、从上游向下游推动的模式,而是从用户端的价值需求出发提供定制化的产品和服务,并以此作为整个产业链的共同目标,使整个产业链的各个环节实现协同优化。"①

---

① 李杰:《工业大数据:工业4.0时代的工业转型与价值创造》,邱伯华等译,机械工业出版社2015年版,"前言"第4页。

社会化媒体分析在汽车制造业中扮演着重要角色。通过对话题的追踪,制造商能够把握人们讨论的范围,涵盖从汽车部件到款式、品牌和用户群。这种分析有助于把握舆论动向,识别新兴话题和落伍话题,同时建立话题之间的联系。这些分析不仅帮助厂商更深入了解市场状况,也为更快速、更优质的决策提供了基础。[①] 数据分析方法不仅在汽车制造阶段帮助制造商作出更佳决策,在汽车售后服务方面同样发挥重要作用。通过汽车与售后系统的连接,制造商能提前了解汽车磨损状况并向车主发送个性化的维护信息,有助于保护车辆,并加强车主与制造商之间的联系。[②] 此外,定制经济的影响不仅限于汽车行业,还延伸至旅游、餐饮以及内容分发等多个领域。这种个性化服务与信息交流的模式正逐渐成为各个领域发展的重要趋势。

## 2. 定制经济对数据信息的影响

定制经济的本质在于满足个性化的供需需求。然而,这种个性化的供需匹配至少在两个环节可能对数据信息造成影响。第一个环节是产品的设计和制作阶段。工业 4.0 的核心理念是以用户需求为起点,但这意味着需要大量收集用户数据。个性化定制在数据收集与隐私保护之间的平衡挑战,尤其需要考虑用户对隐私的敏感程度。如果把买鞋垫的场景换成买衣服,人们的三围数据则更加具有私密性。第二个环节是营销阶段,需要向特定用户推送商业信息,这牵涉到使用个人信

---

① 森德勒:《工业 4.0:即将来袭的第四次工业革命》,邓敏、李现民译,机械工业出版社 2015 年版,第 66 页。

② 森德勒:《工业 4.0:即将来袭的第四次工业革命》,邓敏、李现民译,机械工业出版社 2015 年版,第 183 页。

息如地址、电话和邮箱等。商家根据行为数据分析确定目标客户,并利用个人信息精准推销商品。随着个人信息的丰富,推送信息的准确度也相应提高。定制经济本身便涉及对个人信息的广泛处理,因而在保护隐私与提供个性化服务之间需要找到平衡点。

### (三)信息流动正在形成普遍加速之势

美国、德国等国家先后提出了"再工业化"和"工业 4.0"计划,我国也在《中国制造 2025》中提出了实施制造强国战略。互联网已不仅深入生活,更渗透到生产领域,这使得个人信息的流通范围进一步扩大,同时也突显了个人信息的社会价值。这种现象反映了在新兴的生产模式下,个人信息流动的重要性。因此,必须在信息共享和隐私保护之间寻找到平衡点。

1. 互联网正在成为社会运行的基础环境

2015 年,李克强同志首次将互联网视为战略性新兴产业,并提出了"互联网+"行动计划,这意味着互联网将成为国家战略,带来全新的发展机遇。百度百科解释"互联网+"为充分利用互联网在生产资源配置中的优势和整合作用,将其创新成果深度融入各经济社会领域,提升实体经济的创新和生产力。这标志着互联网将成为社会生产和生活的核心环境,引领着广泛参与和创新的新时代。

2. 信息流动的常态化要求制度上的转变

信息不断流动使人们对隐私保护的期待发生了变化。同时,隐私评判本身因受个体主观观念影响而显得相对主观。正如媒介理论家麦克卢汉所说的那样:"因为媒介作为我们身体和神经系统的延伸,构成了一个生物化学性的、相互作用的世界;因为新的延伸在不断发生,这个世界必然要永不停息地谋求新的平衡。在美国,人们能容忍自己在镜子或照片中的形象,可是他们听见自己录下的声音却会感到很不自在。"①这种差异性挑战了传统制度概念。

人们普遍担心在未经告知的情况下个人信息被收集,这成为用户在使用互联网时最大的顾虑。可是普适计算之父马克·韦泽却说:"最高深的技术是那些令人无法察觉的技术,这些技术不停地把它们自己编织进日常生活,直到你无从发现为止。"②这表示技术发展规律和信息流动常态化暗示。

信息的常态流动凸显了制度资源的缺乏,信息利用活动增多,但制度建设却遇到了许多困难。在这样复杂多变的社会环境中,制度的视角需要从仅关注个人信息保护转向同时重视信息流动的价值。制度构建方式也应摆脱依赖设立概念的模式,而是更注重制定行为标准以确立边界,这标志着从"管理"向"治理"的转变。这种转变是互联网对传统制度模式产生的影响之一。

## 二、互联网个人信息运动的特点

在互联网环境中,保护数据信息需要深入分析信息,尤其是个人信

① 麦克卢汉:《理解媒介:论人的延伸》,何道宽译,译林出版社 2011 年版,第273 页。

② 阿里研究院:《"互联网+"研究报告》,2015 年 3 月 12 日,http://www.aliresearch.com/。

息的流动特征。隐私保护问题本身源自信息流动过程,在人们探索保护隐私方法时所表现出的不确定感和焦虑,在一定程度上源于对互联网个人信息流动特性尚未完全认知。这突显了对信息流动的深入了解对于有效隐私保护的重要性。

## (一)个人信息自动生成

个人信息作为新事物,在某些机构迅速聚集并被利用,引起了社会高度关注。尽管信息隐私保护文件将个人信息生成视为"收集",实际上"收集"和"生成"有着不同的含义。前者涵盖有目的地获取他人信息并加以整合,而后者指个人信息的自动产生,通常不具有明确目的性。这种区分在信息保护和隐私法规方面有重要意义。

1. 个人信息的提交具有主动性

互联网服务通常需要用户进行注册,用户在获取服务前须提供个人信息以建立专属账户。在注册过程中,用户自愿提交个人信息,这是申请服务的自愿行为。这个过程是获取服务的基础性条件,涉及用户个人信息的主动共享。

现代社会中,注册行为不仅存在于互联网中,也在线下经常发生。无论是申请银行账户、学生学籍还是航空公司会员卡等,都需要提供个人信息来建立专有账户,以作为获取服务的基本前提。这种信息提交行为表现出明显的主动性和自愿性,一旦提交,个人信息即被生成并关联于相应服务账户。

2. 个人信息的生成具有实时性

在互联网中,用户的每一次线上行为都成为个人信息的一部分,不仅包含直接识别信息,还包括大量的行为痕迹。这些痕迹可以通过综合分析识别特定个人,而且随着线上行为的进行,这些信息几乎是实时产生的,无法限制其数量,意味着个人信息生成已变成高度自动化的过程,难以通过规则或技术完全阻止。

## （二）个人信息永久存储

在互联网中,信息的生成和存储是持续进行的过程。用户一旦打开电脑或手机的信息终端,所有的线上行为都可能被自动记录并形成行为痕迹,这些信息长期存留在网络中,成为获取个人信息的来源,潜在地构成隐私泄露的风险。信息的持久存储成为隐私安全的潜在漏洞。

### 1. 信息滞留成为常态

信息的自动存储使个人信息长期滞留,构成数字环境下的"完善记忆"。舍恩伯格教授将此环境类比为"数字圆形监狱",认为它可随时监视个人。这些存储系统记录了用户在网络上的所有行为,包括主动提交的和不知不觉中被记录的各种细节,对用户的隐私构成持续威胁。信息长期滞留在互联网上,常态化地威胁着用户的数据信息安全。

### 2. 信息集中存储成为隐患

互联网上信息集中存储和长期滞留为数据加工提供便利,同时也存在着隐私泄露的风险。在线下,隐私交流通常在密室且无痕迹,但网络上的行为痕迹被自动记录且难以消除,一旦曝光,个人隐私就像打开"潘多拉盒子"一样,无法再次隐秘。防止个人信息泄露的关键在于采用分散化存储方式,瓦解信息的集中存放。

### 3.搜索引擎与删除责任

在信息自动存储和长期滞留的背景下,搜索引擎成为关键角色。互联网上海量信息使得通过搜索引擎轻松获取他人详细档案成为可能。欧洲法院的"谷歌案"判决中首次提出"被遗忘权",这意味着用户可以要求搜索引擎公司删除其个人数据,为个人信息保护立下了重要的法律基准。

尽管"被遗忘权"提供了对搜索引擎删除个人信息的途径,但在实际实行过程中面临诸多挑战。成本巨大是企业面临的首要问题,处理海量删除申请需要大量资源,可能超出其负担能力。此外,行使此权利需符合严格条件,只有数据符合特定标准才能被删除,这限制了该权利的有效行使,导致部分申请被驳回。这些问题在类似案例中引发了广泛讨论,突显了该权利在实践中所面临的困难和限制。

当人们希望删除个人信息时,将希望寄托于搜索引擎,但欧洲法院将搜索引擎公司定性为"信息控制者",这一判决在信息滞留成为常态的环境中引发了风波。在自动存储为主的信息环境中,依靠人工删除信息的成本巨大,而"被遗忘权"也面临困境。因此,主张使用"假名化"处理,将集中式存储变为分散式存储可能更适应互联网传播环境的特性和信息运动的规律。

### （三）个人信息滥用的影响难以消除

#### 1. 已公开的信息难以控制

互联网信息传播的速度快且易于复制，一旦个人信息进入信息流，就难以停止并控制。美国多数司法管辖区确立了"自担风险"原则，明确规定个人若自愿分享个人信息或将其置于商业信息流中，则放弃了对这些信息的隐私权。[①] 这一原则意味着，如果个人信息一旦进入公共信息流，个人权利主张就会变得困难，因而可能无法提供真正的救济。

2014 年我国颁布的《最高人民法院关于审理利用信息网络侵害人身权益民事纠纷案件适用法律若干问题的规定》针对"人肉搜索"现象，强调了个人信息保护的重要性。规定中的"已公开原则"指出，一旦个人信息合法进入公共信息流，就难以再予以保护。这一原则意味着信息一旦进入公共领域，便如同水流进入河道，难以收回。这表明了信息公开后的难以控制和保护，强调了在信息传播中应当慎重对待个人隐私信息，以免造成不可逆转的影响。

欧盟《一般数据保护条例》（General Data Protection Regulation，GD-PR）提出了"被遗忘权"，使个人信息保护的范围扩展至信息公开后。该规定要求数据控制者在一定条件下删除个人信息，但其同时考虑了技术和成本等因素，并设立了言论自由、公共利益和统计目的等例外情

---

① 彭伯:《大众传媒法》，张金玺、赵刚译，中国人民大学出版社 2005 年版，第 252 页。

况。这些条件和例外使得实际的信息保护措施变得更加复杂。尽管GDPR试图解决信息保护的问题,但规定的多样性和限制条件也使得在信息公开后保护个人隐私变得更加困难。

2.已产生的影响难以消除

隐私侵犯造成的后果不仅包括财产损失,更重要的是精神性的伤害。个人隐私的泄露会直接影响到个人的精神状态,在公开个人信息的情况下,会在公众中形成对受害人的印象和评判,进而对受害人造成直接的心理创伤。过去"人肉搜索"现象的流行部分归因于这种直接打击个人隐私、公开个人信息的方式。这种情况表明隐私侵犯首先伤害的是个人的精神层面,其带来的影响在意识层面上体现得尤为明显。

近年来,多次出现因多种原因而遭到"人肉搜索"的苦主。这些事件深刻地揭示了互联网时代信息泄露所引发的严重后果。受害者在网络舆论和周围人的指责、排斥下,承受了巨大的压力,即使肇事者被依法惩处,受害者的生命却无法挽回。一旦信息在网络上发布,即使删除,也难以消除对公众的影响。要想澄清事实、恢复名誉,需要投入大量的人力和时间,而且成功的澄清往往取决于当事人的条件和能力。这些事件表明,在互联网时代,保护个人数据信息面临着更为严峻的挑战。

## 三、机制性困境:有"私"无"隐"

在互联网环境中,数据信息保护面临的困境在于"有'私'无'隐'",即缺乏能有效隐藏个人隐私的机制。

## （一）物理屏障的弱化

在互联网时代，人们对于"透明人"的感慨和"隐私已死"的担忧，反映了隐私保护变得愈发困难。这不仅因法律制度的滞后，更主要的是隐私保护原本的物理屏障已经明显减弱。

传统的私密空间保护依赖于物理屏障，如在隐私谈话中选择隐蔽房间并关闭门窗，以隔绝外界的影响。但在互联网时代，信息传递不再是声波和光线，而是通过互联网节点传播的电子符号，没有了传统的物理隔绝方式。在这张网上，信息传播顺畅，没有了传统的物理屏障，导致隐私保护变得更加困难。传统的隔离方式无法适用于信息在互联网上的流通和传播，进而加大了隐私保护的难度。

人们意识到在互联网中需要像修建"墙"和设置"门"一样来控制有害信息的传播，比如采用防火墙、保护盾等方式。然而，这些方式仅在比喻意义上有效，无法彻底阻止有害信息的传播。相比线下世界中破坏墙壁和门户的高成本与风险，线上攻击行为更为隐蔽，更难被发现，追究责任也更为困难。这使得线上的破坏行为具有更强的隐蔽性，削弱了防护效果，使得防范和应对有害信息传播变得更为困难。

## （二）信息的获取与移动得到强化

在互联网环境中，由于物理屏障的削弱，防守层面存在的不足开始暴露。此外，随着信息获取和移动的便捷性增强，信息的内在传播性和动态性愈发显著，这给信息的"隐藏"带来了新的挑战。

　　第一,数智化时代的到来让信息获取更加容易。传感技术的发展使得信息自动获取成为可能,将人与人、物与物、人与物之间的联系变得更加普遍且便捷。这种自动获取信息的方式减少了对其他条件的依赖,例如智能家电能够自动监控环境并实现远程控制,但同时也产生了大量的个人信息,如到家时间、温度偏好等。这种信息自动化获取的过程看似打破了时空的局限,但带来了隐私保护上的新挑战,使得个人信息更易于被收集和利用。

　　第二,数智化时代的信息存储能力大幅增强,长期滞留的个人信息成为隐私泄露的潜在风险。这种强大的存储能力意味着数据被长时间保留,形成了信息探索者的无穷资源库。即使出现安全漏洞,也可能导致大量信息批量泄露。个人信息在搜索引擎中的不当使用成为一些民事案例的争议点,以个人姓名为关键词搜索可能获取到最新和多年前的信息。这引发了对于"被遗忘权"的讨论,即对于个人过去信息的删除或隐藏。信息存储能力的强化使得隐私保护面临新的挑战,需要更全面的法律和政策来平衡信息利用与个人隐私的保护。

　　第三,信息作为一种无形的符号,其与有形财产的不同之处在于易复制性。信息转移仅需少量物质载体,使得信息泄露和盗取更为隐秘。相比于失去有形财产,信息丢失或泄露不易被察觉,管理上也存在极大的差异。汽车丢失时,失主或管理者很快就能发现空车库,而个人数据泄露则可能直到收到银行提醒或推销电话增多等情况出现时,人们才察觉到个人数据可能已经泄露了。信息自身的可复制性增加了信息泄露的迷惑性和隐蔽性,使得隐私保护和监管更具挑战性。

### （三）各种界限的模糊化

互联网的重要特点之一是界限的模糊化。在线下生活中，各种指示牌会明确告知人们哪些区域需要特殊对待，如草坪上爱护生命的标识、餐馆中非请勿入的门帘等。然而，互联网世界里的界限不如线下那般明确。网上的界限常常模糊不清，不同平台、网站之间的规则和限制各不相同，使得个人行为的范围和可接受性难以准确把握。

在互联网环境下，传统的界限标识方法遭遇了挑战，这主要体现在界限变得难以辨识。例如，一个微信群最初是由医生和少数患者建立的，之后成员逐渐增多，然而，部分成员并未意识到这一变化，使得原本的私密空间逐渐转变成公共空间。这引发了关于微信群的性质、信息公开传播的认知，以及已讨论内容的公开性等问题，导致界限难以明确界定。因此，传统以指示牌来标识界限的方式无法适应这种新型互联网环境下的空间变化，使得界定私人空间和公共空间变得更加困难。

对于"个人信息"的定义存在模糊性，目前通用的概念将其定义为"可直接或间接识别到具体个人的信息"。按照此定义，几乎所有信息都可能成为个人信息，因为即使看似与个人识别无关的信息，一旦聚集起来且数量足够，也可能最终指向特定个人。这使得确定何为"个人信息"取决于所需的数据量及识别时间。然而，"个人信息"的确切界限和"无法再复原"的标准仍然存在较大争议，需要更清晰的法规或定义来明确界定个人信息的范围。

互联网空间中各种界限模糊化，反映了去物理化的趋势。缺乏有形物体作为各个领域清晰的界限标志,使得人们在保护数据信息方面失去了重要工具。这种失去了物理界限标识的现象不仅削弱了隐私保护的屏障,也使界限模糊化,对互联网信息传播中的伦理问题带来挑战。

## 第二节　数字社会不平等

在探讨数字技术使用多样性时,人们通常使用"数字鸿沟"一词。然而,一些研究人员批评这种说法过于简单化,忽略了社会和技术之间的相互影响和动态性。哈尔福德和萨维奇提出了"数字社会不平等"(digitalsocial inequality)的概念,强调社会弱势群体与数字技术获取之间的相互作用,并主张从社会结构因素和数字技术使用相互构建的角度来理解这种关系,而不仅仅将获取和使用数字技术视为单向过程。

仅靠"数字鸿沟"一词难以全面描述人们获取和使用数字技术的复杂情况。除了数字设备费用和互联网可用性外,个人的特定互联网使用习惯也对其数字技术使用产生影响。数字技术访问障碍被分为4个方面:缺乏数字经验、缺乏技术设备、缺乏数字技能以及缺乏重要的使用机会。

尽管数字技术的访问权限和兴趣相似,但人们的技能和使用实践存在显著差异。低收入、低教育水平者与高收入、高教育水平者在数字技术使用上有明显不同。前者常用数字技术进行娱乐,而后者则利用其增进文化和经济资本,提升社会地位,保持优势。研究指出,低教育水平者在闲暇时上网时间较多,但更偏向社交媒体和网络游戏,而不是利用数字技术进行学习、信息搜索或与工作相关的提升活动。

数字技术并非中立客体,它们背后承载着与性别、社会阶层、种族/民族和年龄相关的意义。即使人们有公开的政治意图,也难以抵销或消除这些意义。这一点在邓巴—赫斯特对费城媒体活动家的研究中得以验证。媒体活动家试图扩大通信技术和技术使用技能的获取途径,却发现社会身份可能改变,但在与技术相遇时,仍然受到技术认知、话语和物质维度的影响,尤其是对不符合传统社会身份标准的群体。

根据牛津互联网研究所的报告,有一部分人特别是缺乏技术使用兴趣的老年人群体,可能对数字技术与自己的生活存在的相关性毫无意识。

芬兰的一项对 60 岁以上老年人书面陈述的研究发现,他们拒绝使用互联网的原因主要在于将计算机视为复杂且无用的工具,相较于传统的手、笔或大脑,认为其功能不足。他们对互联网作为进入虚拟世界的通道持有消极看法,担忧其可能导致上瘾、剥夺其他生活体验,甚至对传统生活方式和面对面交往构成威胁。

不同社交平台的可用性和用户群体对数字技术的使用方式产生影响。随着老年人在 Facebook 等社交媒体的增加,年轻群体逐渐减少参与。年轻人开始转向使用 WhatsApp、Pinger、微信等移动应用,这些应用提供更好的隐私保护,允许用户在私密论坛中与特定朋友分享图片和信息,而且这些信息不会被永久保存。

数字社会的不平等并未充分考虑数字技术设计中的物质性特征,

尤其是在残疾人群体中的影响。研究显示,残疾人的数字技术使用率较低,然而对于这种差异究竟是由残疾本身造成,还是由于可能存在的经济不利因素所致,目前尚无确切结论。

残疾人群体积极地利用数字技术,因为他们发现它为他们提供了沟通、表达自我和扩展社交圈的便利途径。一项合作研究中的受访者表示,在线交流让他们感到舒适、安全、放松,因为无法展现症状,允许自由交流而不受束缚。对于行动不便的受访者来说,网络对话成为其摆脱社交压力、避免社会孤立的逃避方式。

金斯伯格提供了一个案例,一位自闭症患者利用 YouTube 展示自己对世界的看法和个人经历,尽管无法口头表达。她还观察到,残疾人群体倾向于通过参与虚拟世界"第二人生"来缓解社会孤立,并评论了在线服务、活动家网络、与残疾相关的博客以及致力于为残疾人群体建立的社交媒体团体的迅速增长。

埃利斯和戈金指出视障群体青睐推特是因为语音合成技术能使推文转为语音信息,为视力和行动受损者提供便利。他们强调,支持小组(如 Facebook)、虚拟世界"第二人生"、YouTube 和个人博客等平台为残障群体提供了自我表达机会,以对抗主流文化中的污名化和歧视。

然而,数字技术的设计可能加剧残疾人群体的社交排斥,因为许多社交媒体平台的无障碍性设计不足。这种现象进一步构建了残疾群体。例如,针对精神障碍者和身体残障者的研究表明,精神障碍者难以进行实时在线交流,而身体残障者在使用电脑键盘时可能面临困难和痛苦。

# 第三节 数字时代下我国融合发展面临的时代挑战

当前,尽管我国发展取得了长足进步,但仍面临着发展不平衡、不充分的挑战。随着技术和社会的进步,融合发展已成为当前时代的重要议题。然而,观念误区、历史阶段限制以及新技术的影响使得我国在融合发展上面临多层次、多领域的挑战。因此,应当从宏观到微观层面不断扩大视野,以迎接融合发展带来的新时代任务。

## 一、宏观层面:政府、经济与社会融合需要更充分

我国的发展和治理环境由政府、经济和社会构成,然而在各个领域中,这三者之间仍存在着进一步融合的空间。目前,政府、经济和社会之间的融合程度主要表现为表面和浅层次的结合,而缺乏深度的结构化融合,这造成了各领域供需的不完善匹配。要推动协同治理和融合发展,政府、经济和社会的要素需要更紧密地联系在一起,资源流动也需要更自由,以实现各个领域内部和跨领域之间供需的精准匹配。

### (一)纵通横达,政府内部需要更协同

在数智化时代,政府被赋予了更多期待和使命。相较于传统时代的政府,数字时代的社会信息和社会资源实现数字化,信息技术和创新

需求不谋而合地推动数字信息革命。社会出现新的治理需求,个人和组织形成了新的生产方式和生活方式,公共服务的提供愈发多样化和个性化。在新时代浪潮的席卷之下,政府需要面向新的治理环境和治理场景作出调适,以打造新型政府。

数据时代的到来推动着政府朝着服务型方向转变,放弃传统的管理模式,以人民为中心,以服务为宗旨,通过更新理念和文化,致力于实现社会公共利益的最大化,打造一个以人民为中心的服务型政府。

当代政府在社会治理和公共服务中面临挑战,需要在快速变化的环境中灵活应对。特别是网络舆情的出现和快速扩散,对政府的响应速度和处理能力提出了更高的标准。政府需借助技术手段和敏锐的洞察力,建立更迅速的反应机制,以更好地满足公众需求,维护社会稳定。

国家倡导理念协同和制度协同,为各级政府和部门提供共同的生态环境。这意味着在共同的基础上建立平台系统和采用数字技术,促进政府内部的协同发展。面对治理需要的快速、精细化,政府必须采取更智能、高效的方法和手段。通过整合业务内容、重构机构职能、优化业务流程,打造一体化的政府公务平台,以实现高效治理和建设。

数字时代给政府带来了多重挑战和期望。为了实现服务型、敏捷型和高效型政府的升级,必须深入推进理念协同、制度协同和平台协同。这意味着促进政府要素融合、资源共享,精准匹配治理需求和供给,培育出全面发展的政府生态系统。

## （二）"虚实"结合，经济发展需要更加深入

实体经济一直是我国经济发展的支柱，各行各业都依赖于其稳健增长。随着互联网技术的革新以及新一代数字信息技术的广泛应用，经济发展正从传统的原子加工转向数字信息加工处理，形成了蓬勃发展的数字经济。根据中国信息通信研究院发布的《中国数字经济发展白皮书（2021）》，2020年我国数字经济规模达39.2万亿元，占GDP的38.6%，居世界第二，数字经济已成为GDP增长的新引擎。

随着数据成为新的关键生产要素，数字经济作为重要的经济形态正式确立。数字经济通过信息技术在生产和生活各方面的广泛应用，与实体经济共同构成国家发展的基础。两者的交融融合成为经济发展的关键课题和目标要求，彰显着数字化与实体经济的紧密互动在经济发展中的重要性。

我国数字经济与实体经济目前的融合主要在内部建设信息技术部门和产业与信息技术企业合作方面，但局限于技术和特定领域。尚未充分将数字经济和技术贯穿到各实体经济领域。在技术融合、企业跨界合作以及共建共享平台等方面，数字经济和实体经济的融合仍有发展空间，需要在更广泛的层面实现深度结合。

数字技术对数字经济发展至关重要，而实体经济中的工业技术是经济发展的核心支柱。然而，在现实产业发展中，两种经济形态的技术尚未有效地融合和变革。许多实体经济中的制造企业依然偏向传统劳动力和资本，一定程度上存在硬件优先、规模取胜、重工业轻服务等观

念,未能充分融入数字技术的特点和优势。

### (三)和谐共生,社会融合需要更协调

在数字空间不断拓展的背景下,社会实体在数智化技术的影响下呈现出新的活动方式和场景。在线化的社会实体形成了网络空间的共同体,构建了新型网络治理空间,并推动了社会实体权利和义务的扩展。但由于个体差异和社会发展等方面的影响,地区、社会实体和社区之间存在差距,使得社会融合程度尚属于较表面层次,因此需要更多协调努力来促进社会的进一步融合。

数字时代带来了前所未有的技术体验和应用,数智化技术使得社会实体和公共服务的普及成为可能。数字技术的连接和应用,克服了传统障碍,有助于促进社会的包容性。然而,数智化技术在实际应用中,由于不同社会实体对信息网络技术的掌握、运用和创新能力的差异,导致了信息落差,形成了数字的不平等。

随着时代的发展,新型基础设施建设已成为应对新需求的当务之急。新基建以创新理念为基础,通过技术创新和信息网络构建基础设施体系,旨在满足高质量发展的需求。关键在于提供数字化转型、智能升级以及融合创新等服务,并需要不同产业的合作融合。要充分发挥其价值,必须打破数据壁垒,促进公共服务领域数据有序开放,并协同推进基础设施建设,以应对新时代的挑战。

数字化时代的社会融合需要各方主体和不同领域间的和谐共处。这意味着要普及共享数据资源、平衡数字能力,以缓解数字鸿沟和不平

等；连接社会公共服务领域，推进有序开放数据，共同构建新型基础设施，以建立全面、全领域的治理云服务体系，赋能社会治理资源，保障个人和组织的权利；通过数字化治理和实现人民权利来加深社会融合，促进社会和谐发展。这些举措将有助于数字空间下社会各界的和谐共生和全面发展。

## 二、中观层面：城乡、区域和产业融合发展需要更均衡

城乡、区域和产业在我国的发展进程中扮演着关键角色，生动地展示了融合发展的具体实践。它们的进步已经取得显著成果，特别是信息时代的来临使融合发展迈出了更快的步伐。然而，在这一进程中，国家层面仍需改进和提升——需要由浅层、不平衡的融合状态向更深度的融合迈进，促进城乡、区域和产业之间信息和资源的更充分流通。这一转变将为我国的综合发展注入新的活力。

### （一）城乡整体性统筹发展

长期以来，城乡二元结构制度在城市和农村间构筑了人为的分隔，导致了城乡二元经济和社会结构的形成，给国家的经济和社会发展带来了一定的障碍。尽管国家的经济政策和社会措施发挥了一定作用，但城乡二元局面仍然存在，城乡发展依旧存在着显著的差距和不协调，城乡一体化的进程仍需要进一步加强推进。

户籍制度作为城乡分割的核心机制，不仅在地理空间上造成了隔离，更在身份认定上划分了个人权利和福利的边界。城市居民和农村

居民享有不同的权利和福利政策,这使得农村居民在城市地区未能完全获得同等权益。虽然个人可以跨越地域限制,但在政策制度上却难以突破障碍。户籍制度的改革或许能为实现人们在城乡间更平等的权利和机会提供新的契机。

改革开放以来,户籍制度的放松推动了城乡人口流动,然而农村居民融入城市的过程并不迅速。生活习惯和体验的差异导致农村居民在城市生活中难以获得同等体验。在大多数城市,他们未能享有与城市居民同等的权利,这造成了较低的城市认同感和归属感,人口融合难以实现物质满足和社区认同。这需要更多努力来消除城乡居民之间的差距,实现更为均衡和包容的城乡融合。

在信息时代的背景下,城乡二元结构体制依旧是影响城乡发展的关键因素。由于以户籍制度为主的体制,城乡间的发展权利和合法性受到限制,导致城乡之间公共服务提供和经济要素流动存在障碍。然而,在数智化时代,广泛普及和公平对待是重要趋势。因此,城乡需要更加统筹发展,创造整体性的发展格局,以适应并满足时代发展的要求。

## (二)区域高质量跨越式发展

我国区域经济发展呈现出多样性,各区域如长三角、珠三角等以其独特优势推动了国家整体经济和社会进步。然而,尽管各区域在利用自身优势实现发展方面取得了成就,但区域间合作仍未达到理想状态。我国区域经济正处于快速发展阶段,跨区域高质量发展需要更多协同合作和深化交流,以促进各区域间协调发展,推动经济向高质量发展阶段跨越。

不同区域间存在天然资源禀赋差异,导致一些地区依赖自然资源,而另一些地区依托交通、人口和技术资源实现发展。各区域资源优势不同,独立发展难以充分利用资源。要实现区域的高质量发展,需充分认识本区域特点,找准发展需求,并与其他区域展开高效合作,以达成更大的社会价值和经济利益。只有在合作中,不同区域的优势才能得到最大化利用,实现共同发展与繁荣。

行政区划不同影响了各区域的政府机制和利益分配,造成不同区域间利益诉求差异大、考核机制不一,导致多方利益博弈,难以形成统一发展格局。然而,在信息时代,快速的数据流动与区域利益分歧产生矛盾。为了促进区域融合发展,需要通过国土空间规划、政府机制变革,完善利益补偿与分享机制,并建立经济辐射扩散机制,实现更广泛区域的联动发展,由点到线再到面,逐步形成区域整体发展的格局。

在追求整合和系统化的信息时代,区域发展面临着资源分配不均、市场机制和利益分歧的问题,这直接影响了市场要素流动和资源配置。实现区域发展从高速度向高质量的转变,需要建立更多协同机制,以促进不同区域间更紧密的合作和资源的有效配置,从而推动区域发展走向更高质量和更可持续的方向。

## (三)产业业态智慧融合发展

我国国民经济由农业、工业和服务业三大产业构成,这些行业在经济中各有重要作用:农业是基础支撑,工业是核心推动力,服务业则对农业和工业起到带动作用。尽管三大产业发展势头良好,但它们之间缺乏常态化的合作与融合,导致产业发展还未形成体系化的格局。

我国产业融合发展需要经历技术、产品和业务等多个层面的渐进过程。然而,目前产业融合仍处于起步阶段,合作尚未实现最大化的经济价值,这导致了与迅速发展的信息时代的脱节。产业初期融合使得相关机构和企业间的合作和交流受到阻碍。缺乏合作和利益分享,影响了企业间的合作与交流,合作范围狭窄、利益诉求不高、企业边界清晰。尤其是在互联网和工业企业之间,合作机制不完善,妨碍了技术和业务的融合,导致企业独立运作难以适应新时代的发展需求,无法保障企业的长期发展。

当前,产业渗透、交叉和融合并不理想,技术分隔带来产品单一化,合作需求不高,业务领域分隔,产业间融合水平低。然而,新时代的发展趋势下,产业间合作与交流势在必行。在数字时代的技术优势和发展环境下,应充分利用这些优势,以智慧发展的方式推动产业融合,进而促进更广泛范围内的产业协同发展,实现更高水平的产业整合与创新。

## 三、微观层面:数据、技术与业务融合需要更深入

数据、技术与业务是国家发展与治理的基础,对微观、中观和宏观层面的融合发展产生直接影响。尽管在微观层面取得了显著进步,但

进入数智化时代后,庞大且复杂的数据量导致技术应用与业务完成之间出现脱节。因此,国家需要从顶层设计出发,并通过具体实践来推动数据、技术与业务之间的更深层次融合,以应对数据复杂性带来的挑战,实现更高效的发展与治理。

## (一)对标标准化建设

顶层设计是指导事物发展方向的要求,数据、技术与业务的标准化建设是促进融合发展的顶层设计。这三者常出现"几张皮"现象,因存在多套话语体系,所以无法有效对话,标准化建设旨在破除这一状况,实现数据、技术与业务间的有效交流。

首先,在进行标准化建设时,应以服务应用为原则,专注于最终结果和应用,明确不同领域的共同目标,并基于这些共同目标来扩展各自的标准化体系。其次,需要从整体出发,着眼于解决基础性和框架性问题,建立标准并明确其作用及各标准之间的关系。此外,应以业务为支撑,确保监理验收、评估方法和运行保障标准,将标准建立在基础设施和信息安全之上,以此推动标准化建设对各领域的有效规范和提升。

## (二)精准应用,寻求一致性导向

实现数据、技术与业务的深度融合不仅需要考虑彼此之间的互补,更需要强调一致性导向。尽管这三者在实际应用中往往存在各自不同的目标和利益诉求,但是这种区隔会削弱它们的优势互补效应,降低最终的应用效果。因此,要实现深度融合,必须强调共同的目标和发展方向,以促进这三个领域之间更紧密的协同和互动。

标准的建设和制定必须与国家和国际标准相契合,实现与整体发展背景的统一和协调。在标准化建设中,紧密结合数字和网络政策,考虑国际和国家数字标准的现状及发展趋势,是确保标准与时俱进、顺应时代发展需要的重要举措。数据、技术与业务的发展并不同步,尤其在技术迅速发展的今天。虽然数据和技术方面已实现了数字化和连接,但业务转型成本高昂、组织惯性等因素导致数据和技术难以精准应用于业务。为了解决这种不一致性,需要逐步提升业务发展水平,保持这三者发展的协调一致性。数据来源、技术创新和业务目标之间存在偏差,需要寻求更高层次的统一目标,将数据、技术与业务整合,朝着统一的综合目标前进。

### (三)环境变化需要适应性转变

在变幻莫测的当下,事物的持续变化已成为常态。技术、社会和政策的迅速演进预示着时代的动态特性。为了应对这种环境的变迁,各个领域都需要积极主动地转变观念,提前预测和适应变化趋势,以便及时调整和应对挑战。

面对环境变化,各领域都需要迅速作出反应。技术敏锐感知变化,有时领导社会发展,有时跟随社会变革。数据能够反映环境特征,通过获取和利用数据技术,可以直接对环境变化作出响应。业务成果直接与环境互动,不论企业还是政府组织,都与环境相互影响。这些元素共同构成了对环境变迁的敏感应对和相互作用的复杂网络。在应对多变的环境中,数据、技术与业务需要迅速响应变化,同时各领域间需要保持动态平衡。灵活、多样的转变方式是适应不断变化的环境的必要条件。数据、技术与业务既是独立个体又是整体,需要灵活应对个体发展和整体环境变化。

# 第五章 数字社会治理的新基石与"软规则"——数字信用

## 第一节 数字信用的基础论述

### 一、信任是维系人类文明社会的基础

#### (一)信任理论——数字信用的理论基础

信任作为文化和法律的要素,在人际和社会互动中起到关键作用,有助于维持良好的人际关系,是社会稳定与和谐发展的重要支撑。现代信用体系研究的起点和理论基础是信任理论,该理论在各学科中得到广泛应用,但在不同学科中存在显著差异。从经济学角度看,信任是商业交易的基础,信用是信任关系的基础。从社会学角度看,根据人类社会发展的不同阶段,人们的交往方式和信用的作用有所不同。例如,农业社会依赖于熟人关系的人际信任,工业社会的信任则建立在法律

契约的基础上,而数字社会的信任则构建在对"机器"(如数据、平台、系统等)的数字信任关系上。尽管不同学科和研究视角存在差异,但经过长期研究与发展,信任理论形成了一些基本共识。

第一,信任是多元主体之间相互交互形成的关系,而不是单方面的行为结果。信任的形成基于多个主体之间的交往与互动,构建了一种双向关系,这些主体包括自然人、企业、政府部门等法人和非法人组织。

第二,信任的建立是一个长期的、持续正向反馈的动态过程。在不同社会形态下,各种主体之间的信任关系构建是一个动态的行为过程,需要经历"行为预期—符合预期—正向反馈—信任形成"等循环往复,逐渐形成的社会结果。

第三,信任关系的存在受社会依存关系和风险的约束。人类社会普遍存在着相互依存的关系,使得每个社会主体都无法独立存在,必须与其他主体保持联系和分工。同时,风险的存在使得这种依存关系面临各种复杂和不确定的挑战,而信任的价值和意义正是为了在这样的情境中控制和承担风险。

第四,信任关系的建立与维护需要投入必要的成本和机制保障。无论是农业社会的人际信任还是工业时代的制度信任,任何一种信任关系的形成都需要人力、物力等成本的投入。同时,为确保信任关系的稳定和有效性,需要逐渐建立相应的社会机制作为基本保障。这里的社会机制包括社会性权威(法律、契约)、道德规范以及心理情感等多种类型。

第五,信任关系带来的效益与价值呈现出边际递增的特性。作为一种生产关系和社会关系,信任决定了其具有重要的社会性价值。这种社会性价值体现在经济活动中商业交易成本的降低,同时也表现为政府治理中政策执行力的提升。①

## (二)人类文明形态发展下的信任关系演变

### 1. 人类社会的信任关系谱系

人类社会主要经历了 4 种形态的信任关系,包括原始社会的血缘信任、农业社会的人际信任、工业社会的制度信任和数字社会的数字信任。这 4 种信任关系之间相互作用,共同构成了人类社会信用关系的谱系(见图 5-1)。

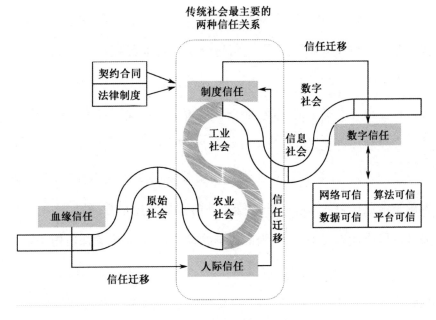

图 5-1　人类社会信用关系谱系

① 欧阳日辉:《数字经济时代新型信任体系的构建》,《人民论坛》2021 年第 19 期。

（1）原始社会的血缘信任

原始社会的血缘信任建立在以部落为核心的血亲关系上。在这个时期，人们以氏族部落的方式居住，并以血缘关系为依托，形成了以血亲家族为核心的宗族管理模式。这种宗族管理模式在部落内部促成了完全的信任，但也导致了部落间的敌视与恐惧。部落内部的分工明确使得整个部落能够生存和延续。然而，在部落之间，由于资源和土地的有限性，有时会为了争夺这些有限资源而相互殴斗，甚至演变成大规模的战争。

（2）农业社会的人际信任

农业社会中，人际关系构建与发展是社会关系的基石。由于受到生产力和生产工具等因素的限制，社会人群的流动性较低，人际交往半径相对固定，社会关系较为简单。在这个背景下，基于血缘和地缘关系的熟人交往成为主要的社会交往形式。信任在这种情境中依赖于熟人交往的形成，并逐渐固化，信任范围有限。

这种基于人际关系的信任机制在实际运行中主要受到 3 个方面的约束，即伦理关系、道德尊严和公序良俗。在人际信任中，伦理关系、公序良俗起到关键作用，而信任的建立和维持涉及个人的道德和名誉。总体而言，"人际信任实质上是一种在私人生活中产生且作用于私人生活的信任类型，主要依赖的是伦理关系、公序良俗，诉诸的是个人道德与名誉。"[1]

---

[1]　张清、郭胜男:《人际信任、法律信任与数字信任:社会信任的谱系及其演进》，《哈尔滨工业大学学报》2021 年第 6 期。

（3）工业社会的制度信任

生产工具和生产力的进步引发了生产关系的变革。农业社会过渡到工业社会后，交通工具的快速发展使得人际交往的半径扩大，陌生人之间的交往增多。信息不对称使了解陌生人的道德和名誉变得困难。原有的信任模式难以满足社会发展的需求，伦理关系、公序良俗、道德尊严对陌生人社会的约束力减弱。在陌生人社会中，基于法律制度的新型契约信用关系随之产生。这种制度信任的对象是社会角色，社会信任依赖于制度的存在和运作。工业社会初期，制度信任与人际信任相互补充。然而，随着制度信任机制的完善，工业社会的信任体系逐渐以制度信任为主、人际信任为辅。

（4）数字社会的数字信任

数字信任是随着人类社会从工业社会向数字社会转变而出现的一种新型信任模式。信任关系的基本构成和关键约束条件包括行为主体、信息沟通机制、社会依存关系以及社会主要风险。随着社会形态的变化，这些条件也发生了相应变化。进入数智社会后，以数据为核心的生产要素、以数字技术为关键的生产工具的变革导致了行为主体、信息沟通机制、社会依存关系和社会主要风险的颠覆性改变。在数智社会中，虚拟网络空间与实体物理空间、人文社会空间相互交融发展，导致虚拟网络空间下的隔空交往加剧了信任危机。

与传统的人际信任和制度信任相比，数字信任表现出可积累、高技术、低成本、强关联和综合性等特征。一方面，数字信任是数字社会基于网络可信、数据可信、算法可信和平台可信形成的一种具有较强技术特征的独特信任模式。数字信任需要面向机器或技术构建人与机器、技术之间的信任关系,因此可以被视为一种"技术信任";另一方面,数字信任是以数字技术为中介的综合信任形式,是人际信任、系统信任、技术信任在通道内和通道间进行"信任转移"的结果,实质上是人际信任、系统信任和技术信任的综合体。[①]

2. 数字信任的演进过程

通过分析人类社会信用谱系演进,深入理解社会信任与社会信用的关系。数字信任关系的形成与发展大致经历了三个阶段(见图5-2)。从图5-2可见,数字信任是随着数字社会的兴起而出现的一种新型信任关系。它填补了人际信任、制度信任等传统信任关系的不足,并解决了相应问题。值得注意的是,数字信任与传统信任并非二选一的关系,数

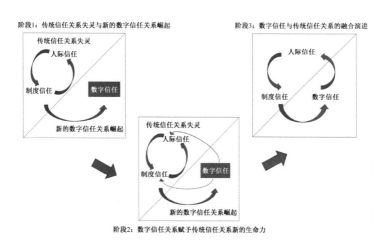

**图5-2　数字信任关系的形成与发展的3个阶段**

---

① 吴新慧:《数字信任与数字社会信任重构》,《学习与实践》2020年第10期。

字信任的技术优势能够为传统信任关系注入新的活力。展望未来社会，数字信任将深度融合于人际信任，并成为构建数字信用体系的重要基石。

(1)传统信任关系失灵和新的数字信任关系崛起

数字社会的兴起对传统社会的人际信任关系造成冲击，网络的虚拟性以及法律制度的不完善使得基于法律制度的信任关系变得更加脆弱。这两者的失效与数字技术的迅猛发展推动了以数字信任为核心的新信任关系逐渐形成。数字社会与传统社会最显著的区别在于新增的虚拟网络空间，从"二维"空间到"三维"空间，社会信任关系的形态和约束条件发生了根本性变化。

在行为主体类型上，人类网络实体包括政府、企业、其他组织和公民个体，与机器网络实体，如智能终端/设备、算法程序和数据，共同在广泛的数字空间中以数字代理的方式建立实时动态的数字交互关系。在信息沟通机制上，基于互联网和移动终端的大规模数据传输成为主要的信息传输和识别方式。在社会依存关系方面，虚拟网络空间与实体物理空间深度融合，政府、企业和各类组织在数字代理的支持下展开活动，形成了高度相关的大规模社会化的协作和分工关系。然而，数字社会也面临着一系列风险。数据泄露和滥用问题频繁发生且日益严重，高度复杂的网络攻击成为数字空间的常态，网络安全和数据安全的问题升级到国家安全的层面。

(2)数字信任关系赋予传统信任关系新的生命力

在5G、大数据、人工智能、云计算等数字技术的推动下，人类社会经历了生产要素和生产关系的颠覆性变革，步入了数字化驱动的时代，即数字社会。在这个新的社会形态中,数字技术开始渗透并改变传统的人际信任和制度信任。随着信任主体、信任功能和信用行为等方面的变化,数字信任作为一种新的信任关系崭露头角,与传统的人际信任、制度信任相互作用、相互影响,共同影响着人际交往。

从数字信任的本质来看,它是在数字技术(如算法、系统等)的驱动下,基于人们对这些技术的信任而形成的一种信任关系。在数字信任关系初期,人们普遍认为相较于传统的人际信任和制度信任,数字技术推动下的数字信任更具科学性、客观性、绝对性。人们希望数字信任能够摆脱身份限制,形成一种真正不依赖身份角色的绝对信任。这种绝对信任被认为有望弥补传统信任关系中由主观因素引起的弊端和负面影响,为传统信任关系注入新活力。①

(3)数字信任与传统信任关系的融合演进

从信用关系演进的视角来看,数字信任是人类社会发展到数字社会形态下的必然产物,是信任关系的高级形态。以数字信任为载体,可以将人际信任、制度信任与技术信任融合为一体。在数字社会中,数字信任不仅是社会稳定运行的秩序基础,也是社会"共建、共治和共享"的基础设施。它代表了政府、个人、企业和机器对于数据、个人隐私保护以及网络安全水平的信心,支撑了数字经济社会活动的基本要求。值得注意的是,数字信任体系的构建并非对传统人际信任、制度信任的完全摒弃或绝对割裂。相反,它旨在利用数字技术对传统信任关系进

---

① 张清、郭胜男:《人际信任、法律信任与数字信任:社会信任的谱系及其演进》,《哈尔滨工业大学学报》2021 年第 6 期。

行融合和优化,通过数字技术增强传统信任,通过制度信任补充数字信任。这种包容互动的方式,使得数字社会能够构建一个适用于其发展的良好信任生态。

总的来说,人类社会信任关系的演进与社会形态的变化密切相关。在不同的社会形态下,信用关系谱系及各类信用关系的作用地位、关系特征都存在明显差异。随着社会关系的复杂化,不同形态的信任关系往往呈现出多种形态的叠加。在进入数字社会的过程中,社会信任体系逐渐演变为人际信任、制度信任与数字信任交织的三元体系。通过这三种信任关系的协同共建和融合演进,数字社会将建立一个更加合理、更加完整的信任体系。

### (三)数字信任关系的形成

数字信任体系的构建在技术和社会属性方面都具有深刻的现实意义,对夯实数字社会发展、构建良性数字经济生态以及提升政府数字治理效能等方面产生重要影响。数字信任体系是一个庞大而复杂的系统,涵盖了隐私、安全、身份、透明、数据完整性、治理和合规等多个相关领域和内容。数字信任体系的构建以数字身份为基础,包括以可信规则和可信制度为主的"软信任"体系,以及以可信技术为主的"硬信任"体系。这两大体系通过相互协调和共同作用,有效解决了数字社会发展中的信任问题。具体而言,软信任体系主要包括机器共识、市场共识和治理共识这三大共识机制,用以阐述数字的"软"信任。而硬信任体系则从网络可信、数据可信、算法可信和平台可信四个方面来阐述数字的"硬"信任。

## 1. 数字信任形成的共识机制

共识机制是信任关系形成的内在逻辑,任何信任关系的构建都依赖于成员公认的共识机制。人际信任关系、组织信任关系,都需要建立在成员对价值理念、规则公约等方面的共同认可上,尤其是对信任关系约束条件的认可。不同信任关系对应的共识机制有所差异。

机器共识是建立在算法、系统等数字技术基础上的信任共识。算法规则的作用在于确保机器共识的可行性、稳定性、安全性和不可抵赖性。治理共识是指群体性社会网络形成一致决策的社会性共识,其体现在不同利益群体在一定的议事规则下对主观价值判断存在冲突的个体进行协调,并达成有效约束的规则过程。市场共识则表现为交易双方通过市场自愿交易形成的均衡价格,是基于个体对价值的判断进行资源置换和价值交易的通识性共识。治理共识和市场共识属于"人的共识",受到社会个体主观影响。而机器共识作为技术共识,形成的信用合作关系更加客观和理性。①

机器共识作为数字信任的基础,依赖于人们对数据和系统的有效性和可信性的认可。数字社会是由具有数字身份的无数数字公民构成的,当他们对数字社会的运行规则达成认同时,便会自愿遵循并接受这些规则的约束和治理。这些规则是确保群体性社会有序运行的治理规则。数字社会形态下,数字信任规则将成为约束社会个体的重要治理

---

① 章建赛:《基于区块链技术的信用治理研究》,北京邮电大学 2015 年博士学位论文。

规则之一。数据要素在流通中实现其价值,这离不开市场共识机制的建立。只有交易双方建立信任关系,对数据要素的价值达成共同认可,并在此基础上形成合理价格,数据才能顺利流通。共识机制有助于社会群体建立更加稳定高效的信用合作关系。机器、治理和市场三大共识相互影响、相互作用,共同支撑数字信任机制的形成和发挥作用。

2. 数字信任形成的 4 个方面

技术可信是数字信任与其他信任关系的主要差异。通过技术可信,可以在维护数据所有权和隐私的前提下,实现多方、异构数据的充分共享与高效计算,相关计算结果可为各行业提供关键参考信息。技术可信主要包括网络可信、数据可信、算法可信和平台可信这 4 个方面,同时也是构建数字信任关系的 4 个基本内容和要素(见图 5-3)。

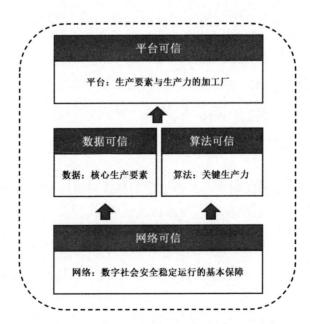

图 5-3　数字信任关系的 4 个基本内容与要素

数字信任关系的构建不仅涉及技术可信,如数据和网络,还牵涉到制度可信,包括规则和决策等。在以万物互联为特征的数字社会中,需要提升技术可信以形成机器共识,提升制度可信以形成治理共识和市场共识。只有当技术可信与制度可信同时具备,机器共识与治理共识、市场共识能够相互作用并同频共振时,数字信任关系才能真正建立,并在保障数字社会的安全稳定运行中发挥支撑和保障的作用。

### (四)从数字信任到数字信用

1. 数字信用是数字时代数字信任关系的社会化、制度化体现

数字社会作为一个由数字技术全方位赋能的技术社会系统,同时具有技术属性和社会属性。在某种程度上,技术属性的特征更为明显,形成了一个"无处不在的泛在网络社会"[1]。这一特性决定了数字信用的构建与发展需要技术与社会两大维度共同作用和综合推动。数字信用的技术要素包括信用大数据和复杂数学算法,其运行依赖于技术系统构架的支撑[2],而网络可信、数据可信、算法可信和平台可信则是数字信用构建和发挥作用的基本要素和内在要求。技术要素是数字信用与传统信用的主要区别之一。数字信用的社会属性主要表现在其形成基础的社会性和应用价值的社会性。这既包括人与人之间的信任关系,也包括人与物(如网络、数据等)之间的信任关系。

---

[1] 吴新慧:《数字信任与数字社会信任重构》,《学习与实践》2020 年第 10 期。

[2] 张毅:《基于区块链技术的新型社会信用体系》,《人民论坛·学术前沿》2020 年第 5 期。

2. 从数字信任到数字信用,实现了信任由社会关系向生产关系的转变

信用是人类大规模群体协作的内在逻辑,是对信任复杂性的简化,也是社会化分工的产物。① 信任是在人与人、人与环境的交互过程中建立的一种社会关系,虽然有助于增强社会关系网,但并不一定能创造经济价值。而信用是基于不同社会形态下的信任关系形成的一种生产关系,其运行和应用能够创造财富并带来显著的经济价值。信用构成了当前数字环境的基本组成要素。数字信任关系是在"人—人"、"人—机"与"机—机"多重数字交互关系叠加条件下出现的一种新型信任关系。它与人际信任、制度信任等传统信任关系共同构成数字社会形态下的信任谱系,为数字信用的形成奠定了必要基础。

3. 从数字信任到数字信用,实现了由自发性信任关系向强制性信用制度建设的转变

信任在很大程度上是由社会个体自发形成的,而信用机制的形成及应用背后则有一套相对完善和健全的制度。从数字信任到数字信用的转变实现了信任从自发的社会关系向强制性的治理工具和制度体系建设的演变。在当前现实情况中,数字信用已经成为当今我国社会信用体系建设的基本组成部分,涉及信用数据的归集、信用评级、信用监督以及失信惩戒等多个方面。加速构建数字信用体系不仅是构建诚信社会和社会信用体系的必然需求,也是网络空间信任体系建设的内在

_____

① 章建赛:《基于区块链技术的信用治理研究》,北京邮电大学 2015 年博士学位论文。

要求,更是数字经济高质量发展的重要支撑。未来,随着数字信用体系的不断完善,其将在道德规范、推动经济发展、加速社会数字化转型等方面发挥更为广泛和深层次的应用。

4. 平台经济视角下的数字信任与数字信用转化

透过近年来我国平台经济的发展,能够更加清晰地看到数字信任关系向数字信用制度演化的路径。如"大数据杀熟"等问题,导致人们对以数字信任关系为基础的数字平台和平台经济产生了极大的怀疑,人们对各大平台的数字信任开始瓦解。在某种程度上,人们对于数字信任这种新型信任关系经历了早期的绝对信任、发展过程中的相对信任,再到现在的绝对怀疑。当自发的数字信任关系不再可信时,就需要行政、法律等外部力量通过强制性手段监督平台方"被动式"提升数字信任关系的可信度,数字信用制度应运而生。从这个角度而言,数字信用制度建设是重新确立数字信任关系的过程,是为了建立数字社会中"可信"数字信任关系而采取的制度化措施,其目的在于提升数字信任关系的可信度。

## 二、数字信用的形成动因

数字信用是数字社会中基于数字信任关系的新型信用机制,其信用功能、信用关系、作用机制等与传统信用存在显著差异。在分析数字信用产生的原因时,除了了解其直接诱因外,还需要深入探讨数字信用形成的根本动因。通过分析数字信用形成的直接诱因与根本动因,可以更有针对性地解决当前我国数字经济高质量发展及数字治理能力提升所面临的信用短板与瓶颈。数字社会形态下,传统信任关系的失灵与新信任关系的缺位叠加是推动数字信用体系构建的根本动因。同时,数字生产关系在经济社会发展中持续增加的影响作用导致新信任机制构建的现实需求越来越迫切,这是数字信用体系构建加速的直接动因。

## (一)根本动因:数字社会形态下传统信任关系失灵与新信任关系缺位叠加

### 1.传统信任关系失灵

进入数智社会后,以人际信任和制度信任为基础的传统信任关系已无法正常运作,而基于传统信任关系建立的信用机制也发挥有限的作用。传统熟人社会的信任主要依靠血缘、亲缘、地缘等关系产生,但随着现代社会的发展,人际交往的范围逐渐扩大,陌生人之间的交互成为社会交往的主要模式,这使得传统信任关系的催生因素逐渐减弱。[1]工业社会中以契约和法律为代表的制度信任是陌生人信任关系的集中体现。在数字社会下,以网络为媒介的"不见面"交往彻底打破了时空限制,使陌生人交往成为人际社会交往的常态。基于网络、数据、平台等技术要素的数字信任开始出现萌芽,并逐渐在经济发展、社会治理等方面发挥重要作用。然而,数字信任作为一种新的信任关系,从萌芽到成熟需要经历较长的周期。因此,在传统信任关系失灵和新信任关系尚未完善的阶段,必然会出现一些社会治理的困境和问题。

---

[1]　王延川:《区块链:铺就数字社会的信任基石》,《光明日报》2019 年 11 月 17 日。

## 2. 现代社会信用工具功能属性趋于多元化

信用是一种基于人类信任关系的社会制度,其变化与信任关系的演变息息相关。例如,在市场经济的背景下,信用制度建立在契约原则的基础上,这与原始农业社会以地缘亲属关系为基础的信用制度有所不同。在现代经济社会中,信用的属性和功能已经发生了很大的变化,不再仅仅是一种金融借贷工具。它在社会治理、公共服务、行政监管等多个领域扮演着更重要的角色,并承担着更多元的工具属性。这些日益丰富的属性和功能使信用在社会经济发展中的重要性日益凸显,这也是传统信任关系失灵与新信任关系缺位叠加背景下社会治理困境加剧的主要原因之一。作为人类社会发展更高级的社会形态,数字社会与其相适应的信用制度体系建设无论在其内涵还是形态上都将更加复杂和多元。

## 3. 信任失灵与缺位加剧社会治理困境

信用作为道德伦理、公序良俗等柔性治理手段与法律制度等刚性规制手段之间的社会治理工具,近年来在我国社会信用体系加速建设的背景下,其作用不再局限于商业领域,而是在社会、政务、司法等领域都有着更广泛的应用。社会信用体系制度化建设日趋完善,并朝着法治化的方向转变。目前,全国范围内已有十余个省市制定出台了社会信用条例,不断夯实社会信用体系建设的法治基础、完善制度保障。

然而,随着数字社会的快速发展,信任关系和信用制度也发生了显著变化。传统的信任关系失灵,而新的信任关系尚未完全建立并充分发挥作用,原本在社会治理中发挥作用的"信用"机制变相失灵。同时,由于适用于数字社会的新型数字信任关系尚未真正建立,以信任关系为基础的信用制度从形成到制度化需要较长时间。受观念认知、技术手段和制度措施等因素的影响制约,以技术可信(包括网络可信、数据可信、算法可信和平台可信)为基础的数字信任关系很难实现全面可信。为推动数字经济健康发展,国家开始强化平台治理与监管,但与之相关的法律制度从筹备到出台实施需要较长周期。在此过程中,部分行业主管部门开始尝试基于信用制度对数字经济发展中涌现出的一些新问题、新模式进行创新监管。

### (二)直接动因:数字社会形态下新信任机制构建需求迫切

#### 1.新技术加速新信任关系与机制的构建

进入数智文明时代,信用制度也向数字化方向发展。传统信用关系与信用制度在数字化潮流下发生巨变。借助于互联网,人们可以进行跨时空不见面交互,传统的面对面交流机制、信任机制的优势渐渐消失,虚拟化导致的信息不对称会产生身份伪造等问题,人际交往过程中面临的逆向选择与道德风险有所增加。同时,虚拟网络世界中人与人的交往不仅受"人"的因素影响,还会受到"数字化"因素的影响,算法、数据、系统平台等都会对人与人、人与社会的交往产生显著影响。人们在融入数智化时代时,会对网络设施安全性、数字技术发展可能带来的隐私问题和智能技术带来的伦理问题等产生担忧,这些问题会影响人们对于数字化的信任程度。在此背景下,构建适应时代发展需要的新型数字信任体系有着深刻的现实意义,对于推动我国新型智慧城市建设、赋能数字经济及实现数字强国战略有着重要战略意义。

2. 数字社会加速新型契约关系形成

在数字社会的浪潮下,交易行为、交易内容以及交易模式等都发生了翻天覆地的变化。首先,交易行为不再受到时空的限制,使得交易对象的范围得到了前所未有的延伸。同时,交易形态由实体转变为线上,交易的载体也由传统的柜台转移到网络平台。这些变化使得交易行为展现出了数字化、平台化、智能化以及整合化的新特点。

除此之外,数字社会下的交易行为与过程展现出了明显的"去中介化"和"去中心化"特征。由于这种变化,长期存在的某些中介服务行业可能会被取代或消失,它们所承载的职能和服务也会被逐渐整合到各类综合服务平台中。数据表明,信用交易在现代经济体系中的占比不断攀升,无论是在个人金融领域还是在对外经贸领域都存在这一趋势。同时,线上交易也呈现出向信用交易转移的趋势。

3. 数字社会下信用价值与失信成本"飙升"

数字社会在数字技术的助力下,能够以更直观的方式评估"无形"的信用价值,可量化的信用价值使得信用价值得到更全面的释放。网络时代的高速信息传递和广泛的信息分发渠道使得失信成本显著增加。不断丰富的信用手段和日益完善的信用监管制度使"守信者处处受益、失信者寸步难行"成为一种社会共识和时代价值观。特别是随着信用信息共享的提升以及信用联合奖惩机制的实施,越来越多的人意识到失信的成本。

在司法领域,为了督促失信被执行人履行法院判决,2018—2019

年相继颁布了多个政策文件,如《最高人民法院关于公布失信被执行人名单信息的若干规定》《关于对失信被执行人实施联合惩戒的合作备忘录》等。这些政策将信用作为推动执法的重要工具和手段,对失信被执行人实施信用惩戒措施,通过多部门的协同联动,限制失信被执行人在金融、消费、出行、社会福利等多个领域的行为。

## 三、数字信用的本质内涵

### (一)数字信用的界定

数字信用是随着信用环境、信用关系、信用功能等的变化而出现的一种新型信用形态。随着社会进入数字化时代,传统的信用关系、信用功能、信用主体、信用环境、信用载体等都发生了巨大变革。在数字社会中,信用关系不再仅限于传统的信任关系和信任契约,而是在此基础上形成了新的数字信任关系,这需要相应的数字信用制度来匹配;信用环境从过去的单一物理世界向虚拟世界和物理世界的虚实融合转变;信用功能在原有的人际交往媒介和商品交易媒介工具属性基础上增加了治理属性,且治理功能呈现多元态势,对社会治理、政府治理和行业监管等方面起到日益重要的作用;信用主体从传统信任体系中的"人"逐渐演变为更为复杂的主体类型和结构,包括了人、机等多元化的形式;信用载体在人、契约等传统载体基础上,新增了数据系统等新的载体形态。

数字信用制度是数字社会下信任关系的制度化、社会化表现,是信用制度发展到数字社会高级阶段的新形态。数字信用有狭义与广义之分。从经济学视角,数字信用被理解为信用制度形式在现代数字经济发展中的高级形式,以数据为基础,利用数字工具搭建数字化场景,作用于数字经济要素的数字化经济关系。① 另一种观点将数字信用体系限定于虚拟网络世界信用体系的构建,以可信数据为核心开发数据要素,依托大量数字化场景推动可信数据自由流通而形成的适用于虚拟世界的信用体系。在生产关系视角下,可以将数字信用界定为人类迈入数字社会后,以数字技术为驱动,以数字信任关系为基础,以信用数据为生产要素,以算法模型为生产力,以信用承诺、信用评价、信用核查、信用监管等为工具手段的一种新型生产关系。

## (二)数字信用的主要特性

### 1. 数字信用的"可积累性"

数字信用的可积累性主要表现在两个方面:一是信用数据的可积累性,二是信用维度的可增加性。随着数字化终端的普及和数字化应用场景的拓展,信用主体日常行为数据将持续增长并不断丰富,这些数据能够帮助信用主体积累更多的"信用度"。例如,传统模型下金融机构评价某个消费者的个人信用主要依赖信用卡等金融数据。然而,随着人们数字行为轨迹的增加、政府数字化治理能力的增强、线上公共服务水平的提升等,金融机构可以通过与相关平台、政府部门等的合作,基于消费者线上浏览、线上消费支付等行为数据,结合政府部门公共信

---

① 马艳、刘泽黎、王琳:《数字技术、数字信用制度及其共生性研究》,《当代经济研究》2020 年第 9 期。

用数据等的分析,更全面地了解消费者的信用状况。

2. 数字信用的"低成本性"

数字信用的低成本性主要表现在数字信用的去中介化和风险防控的精准化方面。一方面,借助数据技术,原本高成本的信任关系可能会转变为低成本的信任关系,从依赖中介的间接信任转变为不依赖中介的直接信任,降低了人际交往和商贸往来的中间成本;另一方面,基于数字信用的风险预警和防范能力显著提升,数字信用的推动业务成本大幅降低。数字信用所依赖的数据是实时动态的多维数据,基于这些数据,信用可以准确定位信用风险的防范薄弱环节,从而提高信用风险防控的效率并减少由信用风险带来的损失。例如,如果某人产生违约等失信行为,将自动触发信用预警模型中的预警机制,同时失信行为会被纳入信用主体的信用档案。通过这种自动触发机制,提升了信用风险预警的能力和效率。相较于传统信用,数字信用制度通过数字化转化信用行为、智能处理信用数据,显著增强了信用活动的匹配性,同时降低了验证信用行为真实有效性的成本。

3. 数字信用的"高虚拟性"

数字信用是信用行为在数字技术背景下演变的产物,是信用关系对互联网技术的灵活调整。与传统信用制度不同,数字信用制度不仅使信用活动的场所和交易载体向虚拟化发展,同时信用关系本身也在数字化的过程中得到增强。[1] 传统信用活动通常依赖于货币、商品等

---

① 马艳、刘泽黎、王琳:《数字技术、数字信用制度及其共生性研究》,《当代经济研究》2020 年第 9 期。

实物信用载体,并在实际存在的信用场所进行。然而,进入数字时代,信用行为、信用载体以及信用关系都表现出明显的虚拟性。信用数字化是信用虚拟化的前提,通过数字化的信用行为,信用活动和信用关系得以虚拟化。在数字信用体系中,契约关系将转化为可在一定范围内自由流动的数字资产,并被重新打包成新的信用产品投放市场。

4. 数字信用的"可计算性"

信用一直以来都存在于人们的生活中,有时以有形的契约文书形式存在,有时以无形的公约良俗形态存在,并在潜移默化中对人类生产生活产生影响。由于信用形态的多样化,信用的测度和量化存在相当大的难度,但在数字社会中,利用技术手段可以使信用变得更加直观、可信,能够通过多维度的数字显示好坏高低。数字信用的可计算性主要表现在数字信用的可量化以及算法规则对信任的替代性。与以人际关系为基础的信用和以契约为基础的信用相比,数字信用的一个主要特征在于它是基于算法、系统等技术工具建立起来的一种信任体系,某种程度上算法可以在一定范围代替信任。相较于传统信用的"抽象"性,数字信用更容易进行量化操作。人工智能技术的快速发展使信用量化分析迈入一个全新的阶段,相关机构利用人工智能技术对海量信用数据进行分析,并提炼出更加智能有效的信用评价算法模型、信用风险预警模型等,以此精准刻画用户信用图像并进行信用风险防范。

5. 数字信用的"去中心化"

数字信用的去中心化特征体现在信用结构、信用理念和信用关系上。在信用结构上,数字技术推动信用结构从传统的中心化形式向更去中心化的矩阵结构演变,未来的信用将基于区块链数据,由每个消费者在区块链上产生。在信用理念与功能方面,数字信用的去中心化结构使其具有更强的普惠性,互联网技术解决了信息不对称问题。在信用关系方面,数字技术推动信用从间接的、基于熟人的信用向共享式、智能化的信用演变,数字信用能够打破时空和信息等限制,使每个人都能拥有"全球信用"。

6.数字信用的"多场景性"

数字信用在数字社会有更丰富多元的应用场景,适用范围更广。金融是传统信用应用的"第一场景",社会信用体系建设推动信用在城市治理、公共服务等社会领域中的应用探索。数字信用未来将向社会、商务、政务和司法等领域渗透。我国多地探索"信用+"应用场景,开展信用奖惩、信用画像、信用评价等服务,探索将数字信用嵌入城市治理、行业监管等应用场景。例如,威海市推动信用信息在行业监管中的规范化使用,要求全市相关部门在行政管理事项中查询使用信用记录,涉及 45 个部门 263 个行政管理事项。

## 四、数字信用的构建逻辑(以数建信、以数增信、以数治信)

### (一)数字信用演进过程

数字信用是数字技术和社会信任体系完善下出现的治理范式。数字信用发展分为三个阶段:金融领域信用数字化(萌芽)、特定领域信用数字化(探索)、信用体系全面数字化(发展)。

**1. 萌芽阶段**

信用在金融领域的应用具有悠久历史,信贷功能的普及性和认知度都较高,但也暴露出信用风险问题。随着信息技术的发展,专业机构开始利用技术手段对历史信贷数据进行深入分析,旨在评估信用主体的信用状况,并采取更精准有效的风控措施。这一阶段可视为数字信用的初始萌芽阶段。

**2. 探索阶段**

我国社会信用体系建设加速,信用数字化应用拓展至个人消费、城市治理、重点领域行业监管。互联网平台企业利用海量动态行为数据评价个体综合信用,为精准营销、创新商业模式等提供支撑。政府部门利用公共信用数据对信用主体开展公共信用评价,提升政府监管效能、城市治理效能。较有代表性的有芝麻信用、白条信用等企业公共信用综合评价,以及钱江分(杭州)、海河分(天津)、茉莉分(苏州)等城市信用评价。

**3. 发展阶段**

信用体系全面数字化是数字社会下信用体系转型变革和现代信用体系顺应社会发展的必然选择。主要体现在信用基础的数据化、信用流程的数字化和信用应用服务的智能化等方面。

## (二)数字信用构建"三部曲"

数字社会下,现代社会信用体系向数字化要素驱动转变,增加了技术属性。构建数字信用体系涉及建信、增信和治信三个方面,形成完整的信用闭环。以数建信增强信用数据归集能力、加快信用平台建设（见图5-4）。以数增信通过数字技术重塑信用关系、补齐信用短板和增强信任机制。以数治信利用数字技术手段有效应对社会信用体系建设中面临的信用信息不称、信用碎片化、信用监管割裂、信用治理手段有限等问题。

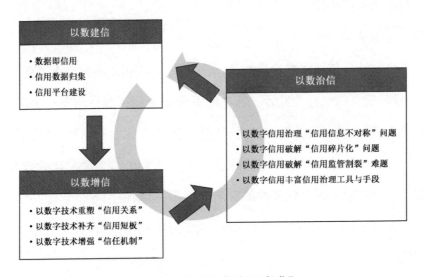

**图5-4 数字信用构建"三部曲"**

### 1. 以数建信

以数建信是数字社会信用体系的内在要求和必然趋势，包括两个层面：一是利用数据驱动现代信用体系建设，重塑传统信用体系流程；二是利用数字技术手段加强信用数据归集能力，推动各类信用平台建设，夯实社会信用体系建设的底层技术支撑。

（1）"数据即信用"

在数字化时代，"数据即信用，信用即数据"成为主要信用原则。

网络化、数字化和智能化技术的快速发展使得数字化成为推动现代社会生产、生活和治理方式转变的关键动力,全球社会正全面进入数字化时代。在这个时代,每个个体在实体物理空间和虚拟网络空间中都同时开展行为活动,导致每个个体都拥有两种身份,即"社会人"和"数字人",两者相互映射、相互交融并产生影响(见图5-5)。从信用的角度来看,社会人主要体现传统信用,而数字人更多地表现为数字信用。

在数字社会中,数字成为最基础的信用元素。个体在虚拟网络空间中的行为留下数字化的痕迹,这些数据通过一系列记录表现出来,包括日常生活行为数据、购物消费数据、工作业务数据等。这些数据的积累和持续更新迭代,为每个人赋予了全新的"数字身份",成为个体在数字社会中进行各种行为活动的基础。基于数字身份的数字人在虚拟网络空间中与他人互动时同样会建立信任关系,这种数字信任关系是数字信用的具体表现。

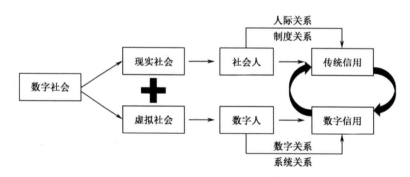

**图5-5 数字社会中信用关系与社会个体双重身份的映射关系**

数字时代下,所有数据都可成为信用数据。无论传统信用制度(基于人际信任、制度信任)还是数字信用制度(基于数字信任),它们的形成都需要一个漫长的过程,这个过程既是信用积淀的过程也是信用制度形成的过程。数字人是社会个体基于数字身份及多维海量行为数据而形成的虚拟身份,数字人的信用是通过各种数据积累的,这些信用通过数据形式表现出来。因此,可以说数据即信用,信用即数据,而且数字时代下的一切数据都能转化为信用数据。

(2)信用数据归集

信用数据是数字信用体系构建的基础,归集方式经历了来源单一向多元化、显性数据向"显隐"结合的转变。社会信用数据主要包括公共信用信息和市场信用信息两大类,其中公共信用信息是指国家机关等单位在履行职责、提供服务过程中产生的信用信息,市场信用信息是指信用服务机构等单位在生产经营、提供服务或行业自律管理活动中产生的信用信息。2021年的《征信业务管理办法》将信用信息定义为"依法采集,为金融等活动提供服务,用于识别判断企业和个人信用状况的基本信息、借贷信息、其他相关信息,以及基于前述信息形成的分析评价信息"。社会信用信息和征信业务主要从数据来源和服务目的及内容构成界定信用信息范围,其中社会信用信息涵盖的数据范围远大于传统征信行业领域的数据范围。

在数字信用的初期阶段,信用数据的归集主要来自金融领域。在数字信用发展的初期,金融机构如银行和保险公司在日常业务中产生了大量客户信息、借贷数据、担保数据等,成为最核心和主要的信用数据来源。然而,自2014年以来,我国社会信用体系建设加速推进,由传统的以商业金融为主导逐渐向商业、政务、社会和司法四位一体发展。

信用数据包括可直接识别的显性信用数据和不易被察觉的隐性信用数据,这两者的来源存在明显差异。一些数据如金融信贷数据等,其信用指向性较为明确,而另一些如互联网行为数据等,其信用指向性相对模糊。然而,随着大数据和人工智能等数字技术的不断发展,隐性信用数据逐渐成为信用数据的重要来源之一。因此,发现隐性信用数据与显性数据之间的关联性,并挖掘其潜在价值,成为构建数字信用体系的关键任务之一。

（3）信用平台建设

信用信息共享平台是建设社会信用体系的基础平台,为数字信用体系与生态建设提供必要技术支持。我国目前正在全国范围内推动统一社会信用代码制度,通过为各类信用主体赋予兼具统一性和唯一性的身份识别码,逐步建立信用建设的"全国一张网"。随着统一社会信用代码转换率的不断提升,它已成为我国纵向底层架构,①用于收集和记录各类信用主体的信用行为数据。

在实施社会信用代码的基础上,我国目前已初步形成了"3+X"信用平台建设体系（见图5-6）。"3"指由中国人民银行主导的全国征信系统平台、由国家发展改革委主导的全国公共信用信息平台,以及由市场监管总局主导的全国企业信用信息公示平台;"X"表示相关行政部门根据业务需求聚焦本行业领域发展,对业务系统进行改造建立多个信用相关的平台系统,例如,海关企业进出口信用信息公示平台、网上

---

①　张欣:《算法行政的构架原理、本质特征与法治化路径:兼论〈个人信息保护法（草案）〉》,《经贸法律评论》2021年第1期。

执法平台、公共资源交易平台等。

这些平台依法汇集各类信用信息,发挥信用信息互联互通的作用,实现信用信息在不同部门、领域和区域之间的共享和共用。

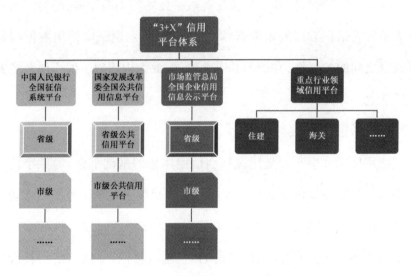

图5-6 "3+X"信用平台建设体系

2. 以数增信

数字技术在信用领域广泛渗透和深度应用,有助于拓展信用功能、改善信用关系,并推动创新的信用应用与服务。这一过程逐步实现了社会信任关系和信用体系的变革与重塑。数字技术推动了信用信息的开放共享,提高了人与人、人与社会之间的信任关系,凸显了数字信用在社会功能体系中的价值作用。数字信用的可量化特性使各类信用主体能够通过精准评估信用状况和风险,采取有效的增信措施,从而弥补信用方面的不足。数字技术还推动了信用联合奖惩机制的不断完善,凸显了信用在规范社会关系、提高资源配置效率、降低制度性交易成本、防范和化解风险等方面的作用。

（1）以数字技术重塑"信用关系"

数字技术影响下，信用的功能出现变化。金融、经济、社会功能为主要体现，其中有的功能可能增强，有的可能弱化。数字社会中，信用在资金流通、交易中介、资源配置等方面的积极作用得以延续，但同时可能面临功能的变化，这将对信用关系产生深远影响。例如，随着信用信息公开透明及共享程度的提升，信用在资金流通、资金筹集等环节的中介功能有所弱化，尤其是在某些特定领域，信息不对称问题的解决可能导致原有的信用中介功能及与之对应的职业逐渐消失。然而，与此同时，信用的社会功能却得以更充分的体现，在原有社会道德规范约束的基础上新增了信用治理、信用监管等功能。通过多元化信用数据来源的获取，可以扩大信用数据体量规模并丰富信用数据评价维度。金融机构、政府部门等基于海量且多维信用数据的关联分析能够穿透发现更多隐性信用行为和潜在信用风险。

以数字技术助推信用体系建设。信用联合奖惩作为信用体系的一个重要环节，随着数字技术的不断发展得到了广泛应用。通过数字技术，可以实现跨部门、跨平台、跨系统的信用信息共享和交换，从而推动联合奖惩机制的落地。在传统信用体系下，某些"信用漏洞"可能难以被发现和惩戒，但在数字技术的支持下，这些漏洞将无处可藏。同时，数字技术还可以实现信用状况的量化评估，使信用主体能够更加直观地了解自身的信用状况并作出相应的增信行为。金融机构和政府部门等也可以基于数字技术进行风险评估和控制，实现精准的信贷服务和行业监管。

(2)以数字技术补齐"信用短板"

数字信用体系利用数字技术,拓展了传统信用服务的覆盖范围,解决了传统信用服务半径短、覆盖用户范围有限等问题。在金融信贷方面,数字信用体系通过大数据、人工智能等技术手段,对海量数据背后的信用关系进行关联分析和深度挖掘,及时发现隐性线索,提升信用风险联防联控能力,使得更多长尾用户能够享受到信用产品与服务带来的红利。数字信用体系涵盖了现实社会和数字社会的"信用"及其影响因子,数据维度越丰富、数据越可信越准确,信用算法模型越精准,信用评价结果越可靠。在信用可评价、可测度的基础上,金融机构和政府部门可以针对信用体系中的短板进行优化,提供更加精准的信用服务;同时,信用主体也可以根据自身信用状况"短板"进行增信,提高自身信用评级,实现全面增信。

(3)以数字技术增强"信任机制"

进入数字文明时代,大数据和区块链等数字技术的快速发展和应用,加速了数字信任这一全新信任机制的构建。在数字社会下,传统的诚信文化和契约规则将继续存在并被遵循,但新增了以算法、系统、平台等技术手段为内核的数字信任关系,形成了基于"人际—制度—数字"三元信任关系的全新信任机制。虽然某些特定领域或场景中,传统的人际、制度等信用关系可能会被数字信用取代,但并不代表传统信任机制完全失效。事实上,基于区块链等数字技术的数字信任本质在于增强信任关系而非失去信任,通过数字信任可以打破时空、地域及身份等因素的限制以建立起更加宽泛的信任关系,有助于契约关系的建立与维系,推动诚信理念更加深入人心。[①]

3. 以数治信

良好信用需要长时间积累,短期利益最大化可能牺牲信用,需要进行信用治理。以数治信的目的是利用数字化技术重塑信用流程与机制,解决信息不对称、信用碎片化、监管割裂及治理工具有限等问题。

(1)以数字信用治理"信用信息不对称"问题

信用信息不对称是全球信用体系建设面临的普遍问题,其导致的"逆向选择"和"道德风险"等问题在金融信贷和公共服务供给等领域广泛存在。进入数字社会后,由于新型信用治理机制的缺失,信用失灵和信用信息不对称等问题进一步加剧了电信诈骗、P2P 非法网贷等问题的发生。数字信用体系的建设将加速以数字化为特征的新型信用治理机制的形成,通过数字技术对信用关系和流程进行重塑和再造。随着信用信息的广泛共享和深度应用,数字信用有助于有效"破解信任甄别机制缺失问题、信息不对称问题及交易主体的机会主义行为"。在数字社会中,每个人都是数据源和信用源,数字信用生态体系的形成需要个人、企业、金融机构和政府部门等多元化信用主体的共同参与。不同的信用主体可以利用区块链技术将关键数据上链,形成独属于自己的私钥。区块链技术的特性使得这些数据不可篡改且可追溯,从而实现了"去中心化"的信用结构。

---

① 李礼辉、周轩千:《五大举措构建数字社会信任机制》,《上海金融报》2018 年 12 月 25 日。

（2）以数字信用破解"信用碎片化"问题

信用数字化是一种基于数字化技术的方法,旨在将分散的信用数据整合成一套跨部门、跨层级、跨领域的信用系统,以实现数据共享和打通信息孤岛。在未来的数据驱动社会中,信用数据来源将变得更加丰富和复杂,不仅包括银行等金融机构的信贷业务数据,还包括政府等部门的各类基础信用数据。政府部门是这些基础信用数据最核心的拥有者,其纵向业务应用系统互不联通,导致信用碎片化问题突出。此外,地区之间、部门之间的技术路线不统一、信用数据接口标准不统一以及数据格式不统一等因素也加剧了"业务孤岛""数据孤岛""系统孤岛""信用孤岛"等现象的出现。因此,需要加强跨部门、跨层级、跨领域的合作,建立统一的信用数字化标准和规范,以实现信用数据的共享和打通信息孤岛的目标。

（3）以数字信用破解"信用监管割裂"难题

在实践中,由于历史、观念和技术的综合影响,基于信用的监管模式面临多方面问题,包括纵向、横向和时间上的割裂,导致信用监管呈现"条块化"和"监管链"断裂等风险。横向部门信用割裂是导致当前监管"条块化"的主因。不同行政部门仍然存在狭隘的思维,尤其是在住建、金融等领域,虽然已开始尝试基于信用评价进行监管,但由于各行业评价体系的差异,评价结果难以相互认可。纵向层级割裂是导致信用监管"断链"的重要因素。一方面,基层政府对信用监管了解不足,信用信息基础平台支持不够,信用信息的归集能力也较弱,这导致了在垂直方向上的监管断链风险。另一方面,随着信用监管应用范围的不断扩展,实际应用中面临监管负担过重、监管资源不足等问题,加剧了信用监管断链的风险。数字信用体系和生态的建设将推动信用体系向标准化、共享化和智能化转变。通过采用统一技术标准,不同部门和层级的信用平台和系统可以实现自动对接。随着信用信息共享程度的提高、信用评价结果互认范围的扩大以及信用报告应用场景的增加,信用监管的割裂问题得到了有效治理。

(4)以数字信用丰富信用治理工具与手段

以信用为基础的监管机制在市场经济发展和社会城市治理中广泛应用,数字技术形成的信用智能模型、信用监管指数等成为重要工具,具有动态化、智能化特征。这些工具以大数据和人工智能技术为支撑,形成信用指数、信用评级等信用产品与服务,用于精准的信用分类分级监管。数字技术驱动下的新型信用治理工具与手段在国家、地方和行业监管层面都有广泛应用空间,具有客观性、整体性、及时性、精细性和预测性特征,有助于实现全周期视角的分级分类监管。

## 第二节 新型数字信任架构助推社会治理

数字信用体系的建设是国家治理能力提升的核心,也是构建新型社会治理格局、推动社会治理能力向更高质量迈进的关键手段。数字信用体系与现代社会治理密切相连。随着数字文明的发展,数字信用作为社会发展的基石,将促进数字社会实现多方参与、民主监督、规则共识、契约合作和联合治理,成为实现数字社会"共建、共治和共享"治理目标的重要工具。数字信用具有去中心化、强关联性和多场景性等特征,与现代社会多方协同治理的新理念相契合。

## 一、数字信任推动社会治理主体由单中心向多中心转变

随着社会关系的复杂化,传统的单中心治理模式已经不适应现代社会治理的需求。因此,多方参与的协同治理成为现代社会治理的主要模式和基本价值导向。在数字社会中,每个网民都可以通过网络发表自己的意见和想法,形成网络社会中的"微节点"。然而,在协同治理过程中,确保不同主体参与治理信息的真实有效性一直是社会关注的焦点。

在传统社会中,信息不对称导致信息掌握者成为社会治理体系的中心,拥有绝对的话语权。进入数字社会,以区块链为底层技术的数字信任为多方协同治理提供了信任保障。区块链技术的去中心化、可追溯和不可篡改等特征为数字信任提供了技术支持,同时符合多方协同治理的需求。在以区块链为底层技术支撑的数字信用体系中,所有信用信息都可以存储到区块链上,信息提供者和拥有者作为利益相关者能够实时监控链条中的重要节点信息,确保信用信息的真实性。在这种情况下,一些重要节点凭借其影响力和聚合力逐渐演化为社会治理的关键中心。

基于数字信任的多中心治理模式有助于部分解决社会治理中存在的信息孤岛问题,促进不同治理主体和治理对象之间的信息交流,从而提高社会治理的效率。这种模式不仅对于国家、地区而言具有意义,对

全球范围内通过建立可信的数字信任体系以应对技术发展中的网络安全和数据安全问题也至关重要。构建各方之间的数字信任关系有助于确保数字服务更加便捷、平等地提供给每个社会主体,从而缩小数字鸿沟。

## 二、数字信任推动社会治理理念由刚性管理向柔性服务转变

共识机制是构建信任关系的基本逻辑,任何信任关系的形成都依赖于成员之间的共识机制。数字信任建立在三大共识机制基础上,包括机器共识、治理共识和市场共识。治理共识是数字信用体系运作的关键内在机制之一。治理规则由不同群体成员通过协商形成,并对全体成员具有约束力,形成了治理共识。

在传统信用体系中,信任机制是在"中心节点"强制管理下逐步建立的,强调中心化的社会治理理念。然而,在数字信用体系中,分布式、"去中心化"的信任机制使得社会治理由众多"节点"共同参与。以中心节点为核心的刚性管理模式不再适用,而更具"柔性"的社会治理方式逐渐崭露头角。

随着信用信息共享程度和信用应用渗透度的增加,信用手段变得更加丰富,包括信用承诺、信用公示、信用评价、信用奖惩等。这些信用手段为信用治理与信用服务提供了更多可能性。以数字技术与系统平台为支撑的数字信任体系将加速推动社会治理手段的变革,实现以信用为基础的新型治理模式从概念到实践的转变。

在数字信任机制下,网民成为社会治理的重要参与者。同时,政府监管作为社会治理的重要手段,在多个行业领域开始尝试以信用为基础的新型监管机制。相较于传统的监管模式,信用监管更注重对行政对象的正向规范引导,而非单纯的管治。通过全流程、精准化、分级分类等监管手段与策略的实施,各类信用主体被引导诚信守法。在执行失信惩戒措施时更加审慎,同时为信用主体提供信用修复的救济渠道,使监管更加灵活。

## 三、数字信任推动社会治理空间由平面化向网络化转变

在区块链等数字技术和数字平台生态的推动下,数字社会催生了一种与传统社会有所不同的数字信任机制。分布式信任是其中的重要特征之一,这一独特的信任机制决定了数字信用具有"去中心化"的特征,使得基于此进行"去中心化"城市治理成为可能。数字信任体系在"分布式"和"去中心化"等特征的驱动下,能够促使社会各类主体以更积极主动的态度、更平等互信的方式、更协同融合的手段参与城市和社会治理。

这种"分布式"和"去中心化"的数字信任体系使得社会各类主体能够以新的方式参与城市和社会治理,从而驱动社会治理体系及运行规则发生较大变化。以协同、融合、平等、互信为基本价值的新型数字社会生态和社会秩序逐渐形成。这种变革将在理念和方式手段上推动社会治理的深刻变革,形成更加开放、协同和包容的数字社会。

在传统信任机制下,无论是采用社会公民自我管理模式还是依赖法定机构的强制管理,都难以克服社会底层信任结构的缺失所带来的负面影响。然而,"去中心化"的数字信用作为一种新型治理工具,能够有效弥补传统治理模式的不足。在未来的城市治理中,普通民众将以更加多元的方式通过网络参与城市治理,并成为城市治理庞大体系中的一个"节点"。在这个过程中,每个人都可以独立完成与社会的交互,而无须直接建立信任关系。例如,相关市民只需在数字城市治理平台上注册,就可以查看和发布各类与城市治理相关的信息,同时还可以跟踪和监督自己感兴趣的社会事务。这种便捷的民众参与社会治理的机制有助于实现社会治理共同体的理想。数字信用的"去中心化"特征使得每个人都有机会独立参与社会治理,促使城市治理更加开放、透明,并增强社会成员之间的互信。

未来社会治理中,数字信用将是数字化转型的关键支柱。通过将信用查询、评价、承诺和监管等手段整合到社会治理全流程中,各级信用信息平台和社会治理数字化平台将实现互联互通。数据信息的流畅和数字应用的协同将加速推动政府"有形的手"与社会治理"无形的手"深度融合,共同推动社会治理主体从单中心向多中心的转变,治理理念从刚性管理向柔性服务的变革,治理空间由平面化向网络化的迈进。随着社会治理模式的变革,基于数字信用体系和信任关系的社会治理成本将显著降低,使社会治理朝着更加公开透明、便捷高效的方向发展。

# 第三节　数字信用增强政府数字化治理效能

## 一、以数字信用平台提升政府规制能力

近年来,由政府主导建设的信用信息共享平台和其他与信用相关的业务系统在新型监管机制和现代化治理进程中发挥着日益突出的作用。在数字技术的推动下,以信用数据为基础的各级信用平台已成为数字治理体系的重要力量和载体。随着这些平台和系统的普及应用,信用作为新的治理手段已经开始渗透到越来越多政府部门的日常业务中,成为提升政府规制能力的新突破口。尤其是以信用为基础的联合惩戒机制的建立,实现了跨部门、跨行业的联合监管和协同监管,为强有力的治理基础奠定了基础。

信用数据基础目录与信用数据标准的统一加速了信用平台的横向互联互通。随着信用数据交互共享范围的扩大,信用平台对失信行为的规制边界和范围有所延伸,显著提升了政府的信用监管与规制能力。以山东省青岛市为例,2021 年被纳入联合惩戒对象名单的企业总数为5108 家,较 2020 年同期减少 3226 家,降幅达 38.7%;被纳入联合惩戒对象名单的企业总数占运营市场主体总数的比例为 0.26%,连续三年下降。这些数据显示,信用平台在提升政府监管能力和推动社会治理方面发挥了积极作用。

## 二、数字信任提升政府数字治理合法化

政治学和社会学信任理论强调信任在公共治理中的关键作用。随着政府及公共部门数字化转型的迅猛发展,数字技术将成为未来公共治理的核心手段,数字信任的治理功能将变得愈发重要。数字信任不仅是构建政府数字治理合法性的关键组成部分,也是提高企业和公民对数字经济领域法律政策理解和认同的有效途径。政府数字治理旨在通过新兴数字技术履行法定职责并提供公共服务。在这一过程中,建立起"政府—企业""政府—公民"之间的数字信任关系,不仅使政府监管和执法更为高效,还确保企业和公民能够平等获取政府数字化公共服务的机会。因此,数字信任在构建可持续、高效的政府数字治理中扮演着不可或缺的角色。

## 三、以数字信用驱动政府业务模式创新

各省市在行政审批中引入信用元素,以信用承诺为例,建立信用数据嵌入审批全流程的双轨制度。主体在审批前签订信用承诺书,形成适用于信用承诺制的事项清单,并在办理过程中以信用状况为依据,简化信用良好主体的审批流程,提高行政效能。推动信用红黑名单自动比对,对失信主体采取相应行政限制。审批结束后将信用承诺履行情况纳入信用信息系统,形成完整闭环。数字化与线上化的融合实现政府部门间数据的动态交换和实时共享。[1]

---

[1] 刘淑春:《信用数字化逻辑、路径与融合》,《中国行政管理》2020 年第 6 期。

## 四、以数字信用机制加速政府数字化转型

数字技术与信用体系的深度融合引发了信用关系、信用功能和信用组织的巨大变革。这一变革不仅对政府业务、公共服务和行业监管等产生影响,同时也推动了政府数字化转型的加速,促使政府建设和监管模式创新。基于数据融合、系统互通和技术融合,"信用+数据"不仅成为推动政务流程再造和政府数字化转型的新途径,还深化了政府职能转变和行政体制改革。这种机制在金融、海关、工商、税务等领域的信用机制融合中表现得尤为显著。数字信任机制有效降低了因政府部门壁垒而导致的高协同成本。政府数字化建设初期存在的内部系统割裂、技术标准不一、应用重复建设和信息沟通不畅等问题,通过利用区块链技术构建数字信任机制便可得到解决。北京市实践表明,数字信任机制应用于政务服务领域,成功共享300多项数据,推动140余个区块链应用场景落地,业务办理材料减少40%。数字技术和信用体系深度融合对政府机构和业务有积极作用。

# 第四节　以数字信用为核心的新型监管机制

## 一、基于数字信用的全链条监管

以数字信用为核心的监管机制在数字信息技术蓬勃发展的大背景下崭露头角。这一新型监管机制在数字信息技术与信用深度融合的基

础上,赋予信用监管更多可能性与选择。与传统信用相比,数据技术驱动下的信用监管实现了对信用主体全生命周期的监管,形成了无缝链接的链条式监管,覆盖了事前、事中和事后的各个环节。传统监管注重事前审批,而数字信用监管重心转向事中和事后,同时兼顾了事前的引导作用。事前阶段通过信用公示、信用承诺等手段引导信用主体,在信用网站和平台上公示信用信息,鼓励签订信用承诺书,并进行分类管理;事中阶段将信用承诺、信用评价融入政府审批流程,实现对信用承诺和评价结果的自动调取与验核,强化对违约行为和信用等级较低主体的监管;事后阶段根据各类信用清单对失信主体进行奖惩,提供信用修复救济渠道,使失信主体能够及时修复信用。这一新型监管机制通过数字技术的支持,实现了更加全面、精准和动态的信用监管,为信用主体提供了引导、监督和修复的全方位支持。

## 二、基于数字信用的分级分类监管

分级分类监管是信用监管新机制的关键目标之一,旨在通过对信用主体不同信用状况采取差异化监管,提升监管效能。数字信用体系下的信用评价与传统小样本评价不同,依赖于海量多信源信用数据,建立科学的评价模型,并通过对上亿条动态更新信用数据的分析进行自适应调整。评价结果通常以量化的分值或等级呈现。分级分类监管的目的是引导信用主体守信,对企业信用评价而言,政府部门会根据评价结果采取差异化监管,如对评价较低的企业进行重点监管和加大抽查频次,并在招投标、评先评优等活动中实施一定限制。随着信用信息共享的增加,评价结果将在多层级、多部门中共享,成为联合奖惩的重要依据。这一机制的实施旨在激励守信者获得信用红利,同时让失信者寸步难行,从而构建更加健康有序的社会信用环境。

## 三、基于数字信用的精准监管

精准监管是以数字信用为基础的新型监管机制的显著优势。它通过技术手段,加强对违法违规、风险高发环节和领域,以及特定人群等关键领域的监管。大数据技术的广泛应用使政府能够通过对海量信用数据的分析,更加精准地定位行业中存在信用风险的环节,从而提升对这些薄弱环节和参与主体的监管,减少因失信而导致的违法违规行为。随着我国社会信用体系建设的不断完善,政府部门不断提升信用监管意识,信用信息的归集能力也在不断增强,为开展失信专项治理提供了强有力的依据。

数字信用的精准监管在市场监管等领域中取得了较好的成效。国家市场监督管理总局推动了全国范围内的"企业信用风险分类管理系统"建设,该系统以全国、全量、跨部门的企业信用信息为基础,整合了互联网等非公共部门的数据,使得企业主体风险评价更为精准高效。系统基于海量鲜活的企业信用数据,构建了企业信用风险评价模型,包括企业基础属性信息、企业动态信息、监管信息、关联关系信息、社会评价信息等多个维度的指标,实现了企业信用风险评价的可视化和动态化。市场监管部门根据企业信用风险等级进行精准监管,推动监管模式由被动监管向主动监管、由事后处置向事前预警的转变。通过全面广泛地收集企业信用风险数据,政府能够在充分了解企业信用风险状况的基础上,精准定位主要风险点,并进行主动干预,实现监管关口前移,促使监管更加灵活、高效、精准。

## 四、基于数字信用的联合监管

以数字信用为基础的联合监管是指不同部门以信用为纽带,共同对同一主体的同一行为进行联合监管。这种监管形式涉及综合执法、守信联合激励和失信联合惩戒等方面。社会力量被鼓励积极参与监管,与行政力量联合开展监管,既有助于信用信息的充实,也能够弥补行政监管力量的不足。充分共享信用信息是以数字信用为基础进行联合监管的关键。在平台经济监管方面,数字信用联合监管得到了有益的应用和探索。近年来,平台经济监管已经突破了传统平台责任的界限,纳入了平台内部的各个环节,如数据、算法、经营方式和用工模式等都在监管范围内。为了实现对平台经济的全面有效监管,单个行政主管部门依靠自身难以胜任,需要借助数字技术手段,探索数字化监管新模式。

2021 年底,国家发展改革委等九部门印发了《关于推动平台经济规范健康持续发展的若干意见》,明确要求提升监管能力,加强数字化监管支撑,改进信用监管,并推动平台企业对网络经营者违法行为实施联防联控。以 J 省为例,其公共信用评价平台以信用大数据为主线,融合了"数据—模型—场景"的设计理念,以政府部门归集的各类信用信息为基础,注重接入和补充企业、协会、第三方机构等信用相关数据,开展基于信用大数据的多场景应用,提供多方面监管服务,包括招投标环节的企业信用审查和财政资金扶持的企业风险审核等。

# 第六章　数字社会治理的新基准与"硬约束"——数字规则

## 第一节　数字规则的相关概述

### 一、数字规则概述

#### （一）数字规则的概念

《辞海》（第七版）对规则进行了五种解释：一是仪范、规范；二是规章制度，如交通规则、借书规则；三是法则、规律，如自然规则；四是合乎一定方式、整齐，如规则四边形；五是就某一或某些事项所制定的书面文件，具有法律效力。综合而言，规则是一种规范、法律法规、方式、规章制度和制定的书面文件，同时在一定范围内有约束力。

《数字规则蓝皮报告（2021年）》明确数字规则是围绕数字化发展核心方向，支撑政府、社会与经济数字化转型的基本要求。其基本原则包括推动数字化规范、有序、安全发展，以促进数字化在经济中发挥最大价值。该报告解决了数字化发展中的关键问题，加速了数字治理规则体系的构建，以支持经济发展与布局的重构。

## （二）数字规则的特征

数字规则具有创新性，因数字化发展以数据为核心生产要素，与传统生产要素相比，数据具有多元特质、非排他性、低边际成本、复杂权属等特点，因此需要独立的规则体系。数字技术在各行业广泛应用，对生产方式、商业模式、管理形式等带来深刻影响，可能引发经济社会治理规则的变革，数字规则将在经济社会治理中发挥新的作用。

数字规则具有约束性，作为关于人行为的规范，具有强制力。数字社会运行的各种行为需在一定范围内得到许可，包括自然界、社会和他人许可。这种约束性为数字社会的有序运行提供了基础。

数字规则具有复杂性，涉及经济与社会方方面面。从设计到实施，需要建立规范性和标准化的规则体系。同时，数字规则面临着如何统一行为规制与发展促进、处理发展与安全关系等重要挑战。

数字规则具有协同性，因数字治理涉及多元主体的利益，需要综合性的过程。数字治理涉足不同行业领域，需要不同主体、不同领域的协同治理，多元主体在数字治理中的作用逐渐凸显，包括互联网平台、行业协会、平台用户等。这种协同性有助于更有效地应对数字治理的挑战。

### （三）数字规则的形式

数字规则是由有影响力或强制性的权威机构和部门制定或认可的行为规则,采取一定方式规范人们的行为模式、权利义务和行为准则。它包括政策规划、法律法规和标准规范三个方面。

数字政策规划是国家或地方发布的关于数字化发展的顶层设计、规划和实施方案的政策性文件。它指导数字化发展的重点方向,明确了数字社会发展的底线原则,为数据风险规制和安全底座建设提供支撑,实现数字化发展的安全保障。

数字法律法规是由国家立法机关通过特定立法程序制定的数字社会的行为规则,具有强烈的国家意志性。这些法规明确各行为主体的权利义务关系,规定了违反法规可能面临的法律责任和制裁措施,是数字社会中必须遵守的基本行为规则。

数字标准规范由具有权威性的组织和机构在一定范围内通过标准化的程序和步骤制定,为数字活动或数字社会行为提供规则、指南或特性。这些标准规范是共同使用或重复使用的文件,有助于统一行为标准,促进数字社会的有序运行。

## 二、新发展需要与旧规则体系的冲突

### （一）社会数字化与个人利益的冲突

在大数据时代,各种个性化服务和精准推送都依赖于对数据的采集。然而,随着数据应用行为的复杂和多元化,人们对数据技术的使用并没有形成规范的态势,导致了隐私侵犯、信息茧房和收益分配不均等问题。当前社会数字化与个体利益保护之间存在矛盾,成为数字规则构建中需要直面的重要问题。解决这一问题将有助于建立更加合理和平衡的数字规则,确保数字技术的发展符合社会和个体的利益。

1. 敞视式监狱和隐私侵犯

数字网络的开放自由信息交流方式形成了数字留痕数据,使个人处于全景监视中,带来了侵犯个人隐私等问题,被称为"敞视式监狱"。各类活动产生的数字留痕数据被不同平台采集,如电商平台获取消费数据、电信运营商分析社交数据、搜索引擎平台记录网络检索行为。尽管单一数据看似不完整,但通过大数据技术整合,可以准确获取某个个体及相关的一系列隐私信息[1]。这导致了"人肉搜索",即通过互联网上的分散数据挖掘,拼凑出个人画像信息,对个人的生活、学习和工作造成各种舆论暴力。[2]

2. 信息茧房和过滤气泡

在数字社会中,随着数据呈现爆发式增长,人们面临海量信息的挑战。然而,碎片化的信息对个体的信息加工能力提出更高要求。在个体信息接受能力和兴趣的影响下,人们往往在信息摄取过程中形成信息接受性和处理惯性,倾向选择理解并令其愉悦的信息,这导致了"信息茧房"。这一效应使个体接收到的信息更为单一,不利于学习提升,

---

① 吴卫华:《个人隐私保护的伦理反思与体系建构》,《中州学刊》2019 年第 4 期。
② 吴天夫:《数字时代的社会变迁与社会研究》,《社会科学文摘》2022 年第 3 期。

反而强化了已有的观念和认知,形成一种"过滤气泡"或"回音壁"机制。这种机制限制了用户搜索结果的多样性,使其仅局限于熟悉的信息领域,形成一个内向循环,加强了群体已有的价值观念。解决这一问题对于建立更开放、多元的数字社会至关重要,以促进信息的全面获取和理解。

3. 数字贡献收益分配失衡

在数字社会中,数字技术使人们享受更多便利,个体在数字网络空间的各种行为生成了大量数据,为数字社会的发展提供了重要的信息。然而,尽管个体是数据的生产者,却无法有效掌控和开发自己生产的数据的价值。相比之下,数据平台和公司成为数据的加工和利用方。在整个利益分配过程中,个人作为数据生产者实际上无法分享数字价值化所带来的收益,反而面临个人隐私受侵害的风险,导致数字贡献与收益分配的不平衡问题。解决这一问题将是数字社会中重要的挑战,需要建立更公平和透明的数字规则,确保个体在数字化发展中能够获得合理的权益。

## (二)数字价值化与社会公正的冲突

数字价值化过程提升资源优势和竞争优势,但各大网络平台利用数据追求利益最大化,引发个人信息滥用、企业数据垄断和数据安全风险问题,导致不公平问题。

1. "去中心化"与数字垄断共存

数字社会呈现出"去中心化"的趋势,类似于网络结构,信息通过各种方式传递。然而,随着数据成为生产过程中不可或缺的要素,节点利益者有可能形成数据的控制中心,导致数字垄断问题。这种数字垄断可能引发经济利润的不均衡,出现"得数据者,得天下"的现象,带来"赢者通吃"和"大鱼吃小鱼"等不正当竞争现象。

### 2. 功能潜变诱发数据滥用

数据的价值化在其重复使用、与其他数据的融合关联和智能分析过程中。数据的使用目的可能因信息不对称和技术障碍等发生功能潜变,使得公众对监视的警惕性降低。用户在拒绝过度采集时可能面临无法正常使用网站的问题,而数据一旦被收集,可能在使用过程中发生意想不到的功能潜变,导致数据滥用问题频发。

### 3. 竞争失序与不正当竞争

数字平台作为数字社会的基本组织形式,不完善的监管可能导致不正当竞争。一方面,可能产生新旧业态摩擦,由于传统行业受规则约束,而数字平台企业不受相同规则约束,可能导致竞争不公平。另一方面,数字平台基于垄断地位可能出现不正当竞争行为,如"二选一""大数据杀熟""算法歧视",可能侵犯消费者利益,引发各种社会问题,影响社会稳定。

### (三)数据流动化与数字安全的冲突

数字技术发展导致数据应用场景和参与主体多样化,加速数据流动,增加不法分子实施违法犯罪的风险,面临外部攻击的挑战。

1. 网络攻击引发公共安全

近年来,数字社会中黑客活动不断增加,通过网络盗窃、勒索和攻击等方式对个人、组织乃至国家安全构成威胁。

（1）侵害个人隐私

黑客利用互联网平台的安全漏洞,入侵企业网站,窃取用户数据库,导致个人隐私和企业机密泄露。爬虫技术的广泛应用给不法人员提供了数据窃取的机会,不法分子通过获取的个人信息进行诈骗,包括虚假中奖、冒充公检法机关等手段。

（2）网络攻击破坏

除了为获取利益而进行的违法行为,部分黑客以破坏为目的,对个人、组织的系统进行网络攻击,破坏数据或使系统陷入瘫痪。对关键信息基础设施的破坏可能对社会和国家秩序造成严重威胁。

（3）窃取商业机密

随着互联网的普及,对商业机密的侵害变得更加频繁和猖獗。商业机密的泄露对企业的经济效益、核心竞争力和未来发展趋势造成严重经济损失。

（4）危害国家安全

随着信息化在经济生活中的广泛应用,网络安全问题威胁国家安全。曾经爆发的"震网"事件便是例证,病毒破坏了伊朗核设施的设备,导致伊朗暂停浓缩铀进程,凸显了网络攻击对国家安全的潜在危害。

2. 数字主权与国家安全挑战

当前,网络空间已成为国际竞争的主要战场,尤其是随着"棱镜门"事件的爆发,引发了各国对数字主权和数字安全的高度关注。

## 三、新规则体系构建需要直面的问题

数字社会发展中的问题是构建数字规则的挑战,个人信息保护、数据共享流通等问题亟待解决,可作为数字规则构建的首要切入口。

### (一)个人信息保护难问题

尽管全球在数据保护方面进行了丰富的立法实践,但实际执行中仍然面临着较大的困境,导致单纯通过法律、传统执法和个人投诉难以有效保障个人信息安全。监管滞后也增加了个人隐私泄露的风险,如在 2020 年,为回应社会关切,我国不少地方政府公布了确诊病例的流调数据,却因此暴露了确诊病例的隐私数据。

1. 个人信息普遍收集使用

当前数字社会发展几乎所有生产、销售、消费活动都涉及个人信息的处理,尽管法律对此作出了详细规定,但实际执行时却依赖于处理个人信息的组织和单位。政府难以有效监督众多涉及个人信息的组织,传统监管模式面临困境,例如 GDPR 生效后,虽然成员国增加了预算和人员,但仍难以满足监管需求。

2. 个人信息收集使用隐蔽

大量个人信息收集行为难以被个人感知,组织对信息的使用往往处于隐蔽状态,导致个人难以有效监督,社会主动检举揭发模式难以充分发挥作用。例如,Facebook 与剑桥分析公司数据分享行为曝光主要依赖媒体调查,而不是受影响用户的主动举报。

3. 个人信息融入组织运营

个人信息的收集和使用已成为组织生存和发展的关键。政府在执法检查时需要耗费大量资源了解组织信息,而数字经济竞争越来越依赖个人信息的积累和开发,导致组织在监管面前产生抵触心理,采取各种手段逃避监管。这使得政府在执法时也需要投入大量资源。

## (二)数据交易难问题

随着对数据交易需求的增加,数据产权的明确逐渐成为限制交易的关键。数据显示,2019 年,我国场内数据交易规模仅占整个大数据产业的4%,而超过50%的数据交易平台年流量低于50 笔,数据交易规模相对较小。很多数据公司陷入困境,只能通过场外交易或者在桌面下进行"数据黑市"式的一对一交易获取所需数据。[①] 由于数据的复杂性,很难通过单一的产权理论解决,数据确权问题成为制约数据要素流通与交易发展的重要难题,困扰着学术界和实务界。

目前,数据交易问题主要表现为"三不":一是"不会"交易,因为数据商品化体系尚未建立,市场不成熟,交易规则不统一,导致数据主体对如何进行数据交易缺乏清晰认识;二是"不愿"交易,由于缺乏

---

① 童楠楠、窦悦、刘钊因:《中国特色数据要素产权制度体系构建研究》,《电子政务》2022 年第 2 期。

关于数据交易定价和交易权益分配等方面的标准,数据主体不愿意参与交易;三是"不敢"交易,因为数据交易的范围尚未明确,同时缺乏数据追溯等信任机制,使得交易主体担心出现数据泄露等问题,因此不敢积极参与数据交易。这些问题严重制约了数据要素的流通与交易的发展。

### (三)数字市场失灵问题

数字经济作为新兴事物,市场培育尚不完善,给拥有海量数据的头部企业带来了寻租机会。这些企业通过网络平台的流量优势,一方面实施"大数据杀熟"和变相"捆绑式消费",严重侵犯数字消费者权益;另一方面利用市场竞争优势打压潜在竞争者,巩固自身竞争地位,导致数字经济领域市场失灵问题的出现。

对于消费者而言,企业滥用市场支配地位侵害了其权益。一些平台企业凭借流量资源形成的网络效应,在相关市场具备较强的主导地位和话语权。这表现为不平等的权利义务关系,广泛使用不公平格式条款,限制消费者权利、加重义务或责任。此外,有些平台通过搭售和捆绑行为,迫使用户使用其服务,不断侵犯了消费者的自由选择权。

对于相关市场竞争者,这些头部企业通过设定各种门槛或实施垄断行为,提高市场进入壁垒,排挤竞争对手,实现市场支配力的扩张。这体现为签署霸王条款,利用高用户黏性和海量流量,联合其他竞争性平台达到限制市场竞争的目的。此外,算法合谋是另一种手段,通过技术优势,利用算法协调多个平台一致行动,以阻止潜在竞争对手的进入或延伸垄断势力。通过限制竞争性并购,大型平台企业通过"扼杀式"并购中小企业,挤压新技术拥有者和市场新进者的生存空间,巩固自身竞争优势,这不利于整个市场创新。

## (四)政务数据共享难

首先是政府部门之间存在"不愿共享""不能共享""不会共享"的问题。数据的所有权、管理权、使用权缺乏法律约定,导致部门数据共享的权责利划分模糊,政务数据的共享管理机制难以解决。一些部门由于担心数据泄密和失控,不敢将数据资源共享开放,而缺乏刚性约束的绩效评估也使政务数据共享受制约。

其次,数据开放与共享过程中的风险防控难度较高。在数字社会时代,数据的快速流通和运营创造了巨大的价值,但伴随而来的数据黑客、网络黑客、数据倒卖等问题使得数据安全风险严峻。特别是在政务数据中,由于涉及公民隐私和国家核心数据,一旦出现法律法规、技术保障、安全管理等方面的疏漏,将带来严重的安全隐患。

最后,政企数据共享范围有限、程度不深。政府与企业之间的数据对接机制不畅通,企业缺乏提供数据的责任和激励机制,同时政府在技术和平台能力方面也存在缺陷。数据产权和利益分配机制不完善,导致政府不敢、不愿对接企业数据。此外,对政府使用企业数据的合规性和企业对政府使用自有数据的担忧,也成为制约政企数据共享的问题。

## 第二节 数字规则体系的建构逻辑

数字社会的利益分配和治理规则主要通过数据信息的掌控实现，并以数据赋权为基础进行分配。在数字社会发展中，个人、企业和国家逐渐被虚拟化和数字化，其生活、生产和意志在数据开发利用中得以体现。数字社会治理规则的核心在于规范人与数据之间的权利义务关系，即对数字权进行安排和规定。

为了引导数字社会的发展，需要有明确的价值导向和目标导向。我国的"十四五"规划纲要明确了数字生态建设的重点，强调了放管结合、发展与规范管理相统一的原则，构建数字规则体系，营造开放、健康、安全的数字生态。

数字社会治理的核心在于规范数字行为本身。数字行为可从不同视角分为数字产业化、产业数字化、数字价值化和治理数字化等类型。数字行为也涉及数据处理的各个环节，需要建立围绕不同主体和行业属性的规范化数据管理规则体系。构建的数字规则体系应包括数据开放共享、数据资产交易、数据跨境流动、数据竞争秩序和数据安全保护等方面的规则（见图6-1）。这样的体系有助于实现数字社会的开放、健康和安全发展。

### 一、数字"三权"：数字规则体系构建的基石

数字权主要分为3个方面：国家数字公权、数字人格权、数字产权。

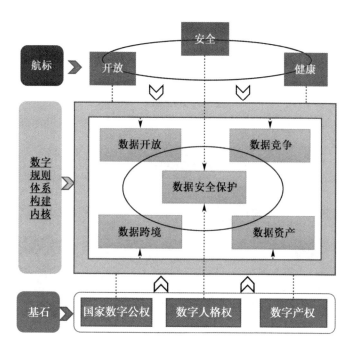

**图 6-1　数字规则体系的建构逻辑**

国家数字公权表示国家作为数据资源主体所持有的权力,包括核心内容如数据管理权和数据控制权。[①] 数字人格权以公民个体为中心,涉及数据知情同意权、数据隐私权、数据修改权等。[②] 数字产权则关注物的权利,包括资产所有权、使用权和收益权等。数字"三权"框架体系如图 6-2 所示。

---

① 连玉明:《认清形势,把握形势——兼谈大数据在社会治理中的应用》,《领导决策信息》2018 年第 6 期。

② 呼连焦、刘彤:《大数据视域下社会治理:机遇、挑战与创新》,《湖湘论坛》2018 年第 31 期。

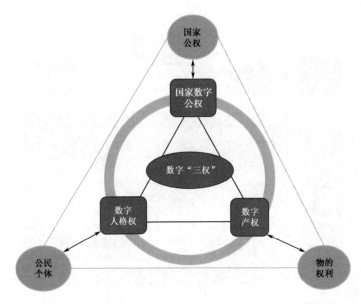

图6-2　数字"三权"框架体系

## （一）数字人格权

数字社会中,个体数据的广泛应用带来了数字化发展的红利,但也引发了个人隐私和人格权的担忧。数字人格权关注个体人格权,强调的是对个体数据的控制权而非产权。数字社会的健康发展需要在法律和伦理框架内平衡数据的使用,以实现公平共享和可持续发展。

当前,国际上对于个人数据概念的定义存在差异,如美国强调"个人数据",欧盟强调"个人隐私",中国法律强调"个人信息"。我国法规明确定义了个人信息的范围,包括能够单独或与其他信息结合用于识别个人身份的各种记录方式。此外,《中华人民共和国民法典》将个人信息保护纳入人格权法的范畴,为数字人格权提供了初步法律支持。这反映了各国在处理数字时代个人数据问题上的不同重点和法律体系的差异。

## （二）数字产权

随着数字社会的飞速发展,数据资源被认为具有财产属性,有人将其比作"新时代的石油"。建立完善的产权制度是实现数据资产化和有序流动交易的前提,产权保护有助于激发数据的生产、共享、利用和开放。数字产权包括物权、债权、股权和知识产权等,源于对数据交易流通的需求。个体信息只有按照特定目标、特定方法收集整理成数据集或数据产品,才能具有明显的经济价值。完善的数据产权制度应具备归属明确、内容法定和保护严格的特征。

## （三）国家数字公权

国家数字公权是从更宏观的角度审视国家对整个数字空间的治理,将数据作为国家的重要资产纳入政府治理的核心内容。政府作为数据的管理者,不仅需要建立合法合理的原则来使用居民和社会组织的数据,同时也需要体现国家意志,对整个数字社会中的数据行为进行监管。政府代表国家行使对大数据的管理权,包括数据获取权、数据控制权、数据发展规划权和数据使用许可权。[1] 国家数字公权的权利客体包括个人公共数据和行业企业主体公共数据,尽管企业的业务数据不属于公共数据,但其权益关系需要国家监管或调整,因为这些数据的价值化应用涉及公共利益,也属于国家数字公权的范畴。

---

[1]　吕廷君:《数据权体系及其法治意义》,《中共中央党校学报》2017 年第 21 期。

从各国司法实践看,美国和欧盟等国家通过不同措施强调保护国家数据主权。美国国防部的《美国本土外云计算战略》着重确保对在境外环境中产生的美国数据的控制和主权。此外,美国还通过《澄清海外合法使用数据法》取得了直接访问在境外服务器存储的美国企业数据的权利。在国际数据主权竞争激烈的背景下,有必要从国家安全和公共利益出发,将整体数据作为公共物品进行管理和规制,特别关注国家数据主权,以免受其他国家的长臂管辖干扰。①

## 二、良好数字生态:数字规则体系构建的目标

良好的数字生态是在数字规则构建的价值导向和目标导向下形成的,必须满足开放、健康、安全这三大要求(见图6-3)。这不仅是对构建良好数字生态的要求,也是对数字规则体系构建的方向指引。

### (一)开放

数字社会的发展需要一个开放的数字生态,这是数字社会内在规律的必然要求。数字社会的连接性体现在互联互通上,而数字社会发展的趋势是朝着组织结构平台化、空间边界模糊化、互动方式开放化的方向发展,最终将在数据要素、技术能力、服务范围等多个方面实现开放。

---

① 童楠楠、窦悦、刘钊因:《中国特色数据要素产权制度体系构建研究》,《电子政务》2022年第2期。

图6-3　良好数字生态三大要求

开放是满足各类主体共享数字赋能需求的正当需求。对企业而言,开放体现在技术能力的开放上,而数字技术的进步依赖于开放创新的集成。对个人而言,数字开放体现为服务范围的开放,理想的数字社会是"数字化服务普惠应用",实现数字个体和区域之间的差距缩小。对政府而言,开放体现为数据要素的开放,推进政务数据和公共服务资源的数字化开放,打破数据孤岛,实现数据赋能。

数字规则体系的建设需符合开放数字生态发展的需求。在国内,数字规则的设定应促进发展和创新,使数据、技术、服务等要素能够自由流动和共享。在国际层面,数字规则的构建要与国际标准接轨,确保我国能够合理地参与世界数字规则秩序的构建。

## （二）健康

为实现数字社会的规范有序发展,需要构建健康的数字生态。数字技术的发展对数字社会运行产生了双重效应。尽管数字技术的融合创新带来了数字红利,但也引发了信息孤岛、平台垄断、算法滥用、个人隐私泄露、平台劳动者权益受损等问题,侵害了用户的正当权益,频繁引起舆论关注,同时妨碍了其他企业,特别是中小企业的创新与发展。

数字社会运行的无序主要来自资源独占和技术控制。数据资源的技术独占和平台化导致了"数字独占"或"数字垄断"①,使得生产资料不均衡分布。算法技术的独特和定制化带来了算法黑箱、算法歧视、算法独裁、算法战争等问题。数字技术和数据资源的演进逻辑受资本趋利性影响,可能对弱势群体带来"剥削",不利于健康数字生态的形成。因此,健康导向的数字规则构建旨在适应新技术应用如人工智能、大数据、云计算、区块链等的制度规则,同时考虑数据资源本身的规律。

为构建健康的数字生态,数字规则需要在数字价值化和数字竞争秩序方面进行规制。数字价值化规则以数据为新的生产要素,探索可行的数据交易流通模式,推动数据在经济中充分发挥价值,包括规范数据交易和跨境流动。数字市场竞争秩序的核心是规定平台企业的合规经营边界和范畴,通过数字竞争规范引导数字市场健康发展,实现数字社会技术创新迭代升级和数字市场不断完善。

---

① 王建民:《数字社会是"见识社会"吗——数字社会的多维效应及机遇》,《新视野》2022 年第 1 期。

## （三）安全

在数字社会发展的底线要求下,构建安全的数字生态是一切发展的前提。数字规则的构建不可避免地涉及数字安全要求,我国"十四五"规划纲要也明确强调了"统筹发展和安全"的任务部署。安全的数字生态要求加强数字安全规则体系建设,提升数据安全保障水平,有效防范各类风险。数字安全体系是一个动态发展的体系,需要从数字安全的范畴和标准出发,明确当前阶段的重点风险和可接受的安全底线,建立一套切实科学、鼓励发展、守住底线的安全保障规则体系。

数字安全涵盖了与数字时代和数字化相关的所有安全要素、行为和状态。这不仅包括一般意义上的"网络安全"和"数据安全",还包括"十四五"规划纲要提出的"数字关键基础设施/数字关键技术安全"。数字安全以数字身份为核心,包括信息安全、网络安全、数据安全、隐私保护等领域或场景。此外,数字安全还关注通过数字技术保障数字基础设施的物理安全。

数字规则为数字安全框架提供指引,而安全法规和标准规范则构成安全保障体系的基准。在数字时代,安全保障手段包括全天候监控、层层设限的攻防技术、加密技术、隐私计算等。然而,这些实施层面的防护的指导仍然是背后的安全法规和标准规范。在一个系统完整的数字安全规则体系基础上,安全管理和安全技术可以有机结合,通过对安全设施、保护硬件、保护软件等参数的设置、操作流程的标准规范,并结合安全管理法律法规的制定,提升整体的安全保障能力。

### 三、数字行为规范：数字规则体系构建的内核

数字社会的发展是基于数据各种使用行为产生社会价值的过程。根据《中华人民共和国数据安全法》对数据处理的定义，数据全生命周期包括数据的收集、存储、使用、加工、传输、提供、公开等环节。在数据收集环节，重点应强调数据的合法合规，以防止过度收集和非法收集。数据存储、使用、加工、公开等环节包括各种数据活动，需要积极探索数据的汇聚、共享、开放、应用等模式，促进数据价值的充分开发。数据传输、提供等环节涉及数据跨境流动和数据交易等活动。在整个数据生命周期的管控中，还需要关注数据安全等方面，为数据价值的释放提供安全保障，制定安全技术、安全管理、安全建设、安全运营等规则。

## 第三节　我国数字法律框架体系

### 一、数据保护立法体系完善

#### （一）数据保护整体架构搭建

我国在数据保护方面取得显著进展，立法体系日益完善。新颁布的《中华人民共和国民法典》涵盖了关键的数据保护内容，同时，《中华人民共和国网络安全法》《中华人民共和国数据安全法》《中华人民共和国个人信息保护法》等法律的相继制定，为我国建立了相对完备的数据安全保护法律框架。

《中华人民共和国个人信息保护法》在个人信息保护方面的规定不仅严格,还从三个层级明确了法律规范。首先,法律强调了对自然人的个人信息权益的保护。其次,法律明确了个人、信息从业者和国家在个人信息处理活动中的权利义务关系,强调了各主体的不同角色。最后,法律规定了信息从业者和国家机关在违法行为方面可能承担的法律责任,为个人信息权益提供了全面的法律维护。

中国在网络安全、数据安全以及数字关键基础设施/技术安全方面建立了一系列法规体系。网络安全法规体系通过《中华人民共和国网络安全法》及相关文件,使得相关法律在执行层面更具操作性。数据安全方面,《中华人民共和国数据安全法》及相关配套文件对不同领域进行了规范。此外,《关键信息基础设施安全保护条例》为数字关键基础设施和技术提供了法律支持。这些法律法规体系构成了具有中国特色的网络和数据保护框架。

## (二)数据保护中国特色凸显

### 1. 正当合法的数据收集

我国法律如《中华人民共和国消费者权益保护法》和《中华人民共和国网络安全法》强调了数据收集的正当性和合法性,要求在收集与使用个人信息时必须征得信息主体的同意,并明示目的、方式、范围。

### 2. 严格的数据安全规则

我国信息保护制度和网络安全措施在严格程度上不逊于欧美国家。关键要求包括建立内部规程、对数据处理系统实施保密措施、指定信息处理安保负责人、评估可能危害、实施内部人员控制,并对所有员工进行教育。

3.数据保护立法较为分散

尽管我国在网络安全、信息保护领域制定了近40部法律、30余部法规及近200部规章,但整体系统性尚需完善。存在法规间逻辑不足、协调不够的情况。未来需要进一步强化整体框架,确保各法规之间有机衔接,形成更加完备和有序的法规体系。

## 二、数据共享纵深推进

### (一)公共数据开放政策体系逐步形成

近年来,我国已经逐步构建起以《中华人民共和国政府信息公开条例》和《促进大数据发展行动纲要》等国家政策文件为核心的政府数据开放制度体系,如图6-4所示。

我国在信息公开、大数据发展、市场化配置要素以及数据安全方面的法规制度逐步完善。政府信息公开强调常态化公开,大数据行动纲要提出公共数据资源开放共享,要素市场化配置着眼于推进政府数据开放共享并建立规范的数据管理制度。2020年通过的《数据安全法》专门规定了政务数据的安全与开放,强调国家机关的责任和推动开放的措施。这一系列法规构建了更加全面的政府信息管理和数据安全体系。

我国制定了关于公共数据开放的国家标准,其中包括《信息技术

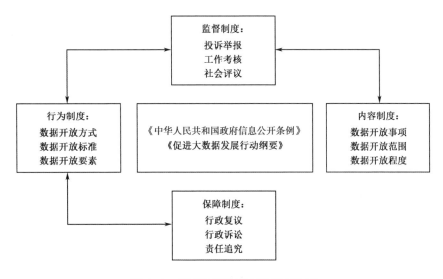

图 6-4　我国政府数据开放制度体系

大数据　政务数据开放共享　第 2 部分:基本要求》(GB/T 38664.2—2020)和《信息技术　大数据　政务数据开放共享　第 3 部分:开放程度评价》(GB/T 38664.3—2020)等,为政府公共数据开放提供了规范和标准。这有助于确保政府数据的开放是基于一系列明确的基本要求和评价标准,提高了政务数据开放的规范性和质量。

## (二)地方公共数据开放实践加快探索

截至 2020 年 10 月,全国 38 个地方政府发布了涉及公共数据开放的政策法规。上海市在 2019 年 10 月实施了《上海市公共数据开放暂行办法》,这是全国首个专门为公共数据开放制定的地方性法规。这些地方政策为公共数据开放提供了具体的工作要求,为各地方推进公共数据开放工作提供了法律依据。

随着各地数据开放政策的不断完善,公共数据开放逐渐成为地方政府的常态化工作。上海市在过去 6 年中通过政府公文发布了公共数据资源开放年度工作计划,展示了一种有序推动数据开放的实践。[①]各省(自治区)除吉林、云南外,均已上线公共数据开放平台,表明公共数据开放正在全国范围内得到推进。

## (三)数据交易积极探索

### 1. 国家数据交易法规框架

我国建立了完整的数据交易法规体系,包括政策、发展规划、国家标准和法律法规四个方面。这一体系展示了政府对数据交易领域进行管理和监管的整体框架。详细内容可在政府网站公开资料中查阅,具体见图 6-5。这表明我国政府高度重视数据交易市场,并通过法规手段来规范和推动其健康发展。

政策方面的发展显示出我国在数据交易领域的积极探索和制度完善。2019 年 10 月,《中共中央关于坚持和完善中国特色社会主义制度 推进国家治理体系和治理能力现代化若干重大问题的决定》首次提出建立"劳动、资本、土地、知识、技术、管理数据等生产要素由市场评价贡献、按贡献决定报酬的机制"。2020 年 4 月,党中央、国务院发布《关于构建更加完善的要素市场化配置体制机制的意见》,明确加快培育数据要素市场,引导大数据交易市场的培育。此外,国务院办公厅

---

① 王新明、桓德铭、邹敏等:《我国公共数据开放现状及对策研究》,《江苏科技信息》2021 年第 38 期。

| 条文类别 | 内容 |
| --- | --- |
| 法律法规 | 《中华人民共和国民法典》（以下简称《民法典》）、《中华人民共和国个人信息保护法》（以下简称《个人信息保护法》）、《中华人民共和国数据安全法》（以下简称《数据安全法》）、《中华人民共和国网络安全法》（以下简称《网络安全法》）、《中华人民共和国反垄断法》（以下简称《反垄断法》）、《中华人民共和国反不正当竞争法》（以下简称《反不正当竞争法》）等 |
| 国家标准 | 《信息技术数据交易服务平台交易数据描述》《信息安全技术数据交易服务安全要求》《信息技术数据交易服务平台通用功能要求》等 |
| 发展规划 | 《中华人民共和国国民经济和社会发展第十四个五年规划和2035年远景目标纲要》《"十四五"大数据产业发展规划》《"十四五"数字经济发展规划》《"十四五"国家信息化规划》等 |
| 政策 | 《关于构建更加完善的要素市场化配置体制机制的意见》《建设高标准市场体系行动方案》《要素市场化配置综合改革试点总体方案》等 |

图6-5　数据交易法规体系

印发《要素市场化配置综合改革试点总体方案》，明确建立健全数据流通交易规则。这些政策举措旨在推动数据市场的市场化配置和规范交易行为。

在发展规划方面，《"十四五"数字经济发展规划》的印发展示了我国政府对数字经济深化发展的关切。该规划明确指出,数据要素是数字经济深化发展的核心引擎,并设定了到2025年初步建立数据要素市场体系的目标,强调加快数据要素的市场化流通,同时加速构建数据要素市场规则。该规划还提出了培育发展数据交易平台的任务,强调提升数据交易平台服务质量,同时建立健全数据资产评估、登记结算等市场运营体系。

在标准规范方面,政府陆续推出一系列与数据交易相关的国家标准,为该领域提供指导。这包括《信息技术数据交易服务平台交易数据描述》《信息安全技术数据交易服务安全要求》《信息技术数据交易服务平台通用功能要求》等标准。此外,在数据资产化方面,国家标准《信息技术服务数据资产管理要求》于2022年5月1日起正式实施,成为全国首个正式发布的数据资产管理领域国家级标准。

在国家立法层面,中国正逐步构建以数据为核心的法律法规体系,为数据交易提供了法律保障和规范。《民法典》明确提出,数据可作为一种受法律保护的客体,强调了对数据权益的法律保障。同时,《数据安全法》在法规中建立了健全的数据交易管理制度,规范了数据交易行为。该法律还对数据交易服务机构的相关职责和义务进行了概括规定,强调了在数据交易过程中的合规性和责任划分。这些法律法规的制定为数据交易提供了明确的法律框架,旨在保障数据安全、规范交易行为,并推动数据交易的可持续发展。

2. 地方数据交易规则加快实践

自2015年我国首家大数据交易所成立以来,已有超过20个类似平台相继建立,为我国数据交易市场注入了活力。这些早期交易所在市场实践中积累了丰富的经验,为数据交易和平台运营提供了宝贵的参考。然而,随着发展,这些平台也逐渐发现了市场存在的瓶颈和制约。

首先,在数据确权方面,贵阳和浙江的大数据交易所分别进行了一系列尝试,但实践表明其服务在市场上的认可度仍然不高。这主要因为确权在交易所层面缺少法律效力和公信力,同时市场主体对其技术和权威性缺乏足够信任。不同交易所建立的不同确权系统可能导致结果冲突,形成逐底效应,割裂了数据在各平台之间的流通。解决这些问题需要加强确权的法律地位和公信力,建立统一的确权标准,以促进数据交易市场的稳健发展。2019年9月,我国迈出了全国性数据确权服务平台的第一步,即人民数据资产服务平台的批准设立。该平台以符合法规和使用约定为基准,运用技术手段确保数据流通业务的可追溯性。这一平台的设立有助于在全国范围内承认数据权利,形成公示公信效果,为数据交易提供了有效的保障。尽管平台已成立,但其实际运营情况尚未公布,登记确权的实效性仍需进一步评估。因此,对于数据登记确权制度,需要在理论和实践中持续不断地进行探索和检验。

其次,我国在数据交易规则方面也作出了一些尝试。《华中大数据交易平台规则》作为全国首个由数据交易所编制的大数据交易规则,在规范交易平台职责、资质、内容、行为和争议处理等方面具有重要意义。其公布初期具有示范性,但在交易平台的权利义务方面规定较为简单,仅包含7个条文,而其他相关规定分散在规则的其他章节中,对交易平台的权利义务规定不够清晰和明确。这一规则的制定为我国大数据交易市场提供了一个初步框架,但在未来的实践中仍需要不断完善和深化,以促进大数据交易市场更为健康、有序地发展。

《数据流通行业自律公约》2.0版作为一个行业自律性公约,拟定时受到各方利益考虑,但在缺乏主导力量的情况下,其合意性受到限制。公约内容简短,仅包含五章15条,规定较为原则性,缺乏实际操作性。与之相比,贵阳大数据交易所和上海数据交易中心的交易规则在实践指导方面更为突出,两者采用差异化的模式,通过比较可以为大数据交易所的发展提供借鉴。这突显了在制定行业自律公约时,需要更多考虑各方利益,同时结合实际操作情况,以确保公约具有更强的实践指导意义。

## (四)数据跨境治理逐步推进

### 1.加快构建数据安全出境管理框架

我国在立法方面通过《中华人民共和国国家安全法》《中华人民共和国网络安全法》等法律,正式将网络空间的主权、安全和发展纳入法律范畴。在此框架下,《中华人民共和国数据安全法》《中华人民共和国个人信息保护法》等法规以及《数据安全管理办法(征求意见稿)》《个人信息出境安全评估办法(2019年征求意见稿)》等规章制度进一步强调对数据出入境的安全评估,以规范和保障数据的安全。2022年9月1日,国家网信办发布了《数据出境安全评估办法》,首次提出"促进数据跨境安全、自由流动"的要求,明确了需要进行数据出境安全评估的主体。此外,2021年11月14日,国家网信办发布《网络数据安全管理条例(征求意见稿)》,进一步强调了数据跨境活动的数据处理者的合规义务,为数据安全管理提供了更为具体的规范。

## 2. 对数据本地化存储的要求较为严格

我国在数据存储和处理方面表现出强烈的"本地化"倾向,对数据离境设置较大难度。《中华人民共和国网络安全法》要求关键信息基础设施运营者在境内运营时收集的个人信息应在境内存储,以防范可能对公共利益和国家安全造成重大危害的破坏或泄露。此外,一些重要行业和关键领域也受到相关法规的限制,如《中华人民共和国保守国家秘密法》要求防止含有国家秘密的数据流出中国,《地图管理条例》要求互联网地图服务单位将服务器设在中华人民共和国境内,《中国人民银行关于银行业金融机构做好个人金融信息保护工作的通知》规定个人金融信息的存储、处理和分析需在中国境内进行,不得向境外提供境内个人金融信息。这一系列规定旨在保护国家安全、公共利益和个人隐私。

## 3. 加强国家数据主权规则布局

在新形势下,中国需要密切关注全球数字贸易和数字治理规则的演变。为了维护国家利益和积极参与全球治理,中国应主动参与双边和多边数字贸易与数字治理规则的谈判。在这一过程中,中国应当以重点数字贸易和数字治理议题为中心,提出具体的中国方案和政策框架,以推动全球规则的制定,为全球数字治理贡献中国的智慧和方案。[1]

---

[1]　张茉楠:《"硅幕"背后的数字治理博弈》,新华社,2022年5月31日。

第一,通过有序扩大数字领域市场准入与开放,支持自贸区(港)制度创新先行先试,推动数字经济的发展。支持特定区域如海南自贸港、上海自贸区、粤港澳大湾区、北京数字贸易试验区在数据海关、离岸数据中心等方面进行先行先试,建立数字自由贸易区。在确保安全底线的前提下,放宽增值电信、云计算等数字领域的市场准入要求,以促进相关产业的发展。

第二,中国在国际贸易和治理领域采取积极策略,着眼于提升国际规则制定的话语权。在多边框架下,中国通过积极参与世界贸易组织等机构,力求增加数字贸易和治理规则,推动开放式多边机制的谈判,包括利用亚太经济合作组织、RCEP等区域贸易协定框架,加速数字贸易条款的升级。在双边路径上,中国加快自贸协定的扩容,着力升级数字贸易条款及制度安排。灵活运用美欧之间的利益分歧和欧盟数字主权需求,争取更多的战略空间,采取聪明的谈判策略,例如搁置争议较大的议题,展开合作,以实现中国在数字领域的更大影响力。

## (五)数字市场竞争同步规制

### 1. 数字市场竞争顶层设计加快完善

我国在"十四五"规划纲要和《建设高标准市场体系行动方案》中明确了加大反垄断和反不正当竞争执法司法力度的方向,以防止资本无序扩张。此外,《建设高标准市场体系行动方案》还明确了加强和改进反垄断与反不正当竞争执法的具体措施,特别强调了对平台企业垄断认定、数据收集使用管理、消费者权益保护等方面的法律规范完善。

对于新兴业态,如平台经济、共享经济,国家发展改革委等9部门发布的《关于推动平台经济规范健康持续发展的若干意见》成为治理政策的"集大成者",突出协同治理、强化部门协同、线上线下一体化监管原则,以及加强对平台经济领域的协同研判。这些政策意图规范市场,促使平台经济健康发展。

2.数字反垄断法律法规加速出台

2021年2月,国务院反垄断委员会发布了《关于平台经济领域的反垄断指南》,解决了平台经济领域的"二选一""大数据杀熟"等争议性问题,并提出了创新型企业并购审查的指导意见。2022年6月,全国人大通过了修改后的反垄断法,充分考虑了数字经济的特点,满足了反垄断监管的新需求。在具体操作层面,国家市场监督管理总局于2021年10月发布了《互联网平台分类分级指南(征求意见稿)》和《互联网平台落实主体责任指南(征求意见稿)》,为规范平台经济经营者的行为和明确主体责任提供了指导。数字经济和平台经济领域的反垄断规制已成为当前竞争监管的重要内容。

# 第四节　数字安全保护规则构建

## 一、基于政府、企业、公民多元主体的"利益平衡"权力体系

数据的合理使用和自由流动是数字社会发展的原动力,但数据安全保护规则的构建需平衡国家、企业和个人三方的权益。政府作为数

据汇集者和监管者,需要兼顾数据开放和隐私保护;企业作为数据控制者和处理者,依赖用户信息实现经济活动,保护数据控制者权益有利于挖掘数据价值;公民作为个体隐私所有者,有权享有个体隐私受保护不被泄露和侵害,需要数字规则给予一定的支配控制权。

根据国际通行做法,各国在制定数字保护立法规则时,均以平衡政府、企业与公民之间的利益关系为基础。例如,欧盟《通用数据保护条例》在其"前言"部分第 2 条明确指出,本条例的目标是促进创建一个自由、安全和公正的领域和经济联盟,推动经济和社会进步,加强欧盟内部市场的经济融合,以及维护自然人的福祉。

在国内,张新宝教授提出了"三方平衡"理论,以实现个人、企业和国家三方的利益平衡。该理论主张在保证各主体核心利益的前提下,牺牲非核心利益以实现利益上的共赢。[①]《中华人民共和国个人信息保护法》第 11 条也体现了这一立法理念,即"国家建立健全个人信息保护制度,预防和惩治侵害个人信息权益的行为,加强个人信息保护宣传教育,推动形成政府、企业、相关社会组织、公众共同参与个人信息保护的良好环境"。图 6-6 为基于政府、企业、公民多元主体的"利益平衡"权力体系。

## (一)政府角度:个人信息保护和促进数字化发展的双重职责

在"个人享有信息受保护权利—国家履行保护义务"的法律框架

---

① 张新宝:《论个人信息权益的构造》,《中外法学》2021 年第 33 期。

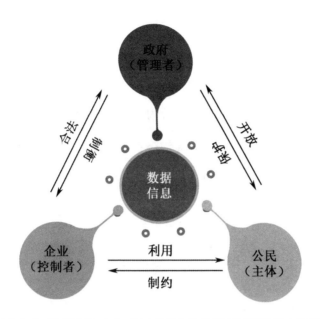

**图 6-6　基于政府、企业、公民多元主体的"利益平衡"权力体系**

下,国家作为立法机构的主体,应当承担为个人信息提供积极保护的义务。这一义务的法律依据是《中华人民共和国宪法》第 33 条,即"国家尊重和保障人权"的规定。信息权和隐私权作为人权的重要组成部分,国家需要建立个人信息作为数据使用和处理的基本制度,制定明确的规则来规范公民与企业之间的权利义务关系结构,以实现权益制衡的目标。① 同时,国家还需要采取措施来保障个人信息的合法使用和规范处理,以维护公民的合法权益。

### (二)企业角度:个人信息权益对其数据财产权利形成约束

企业拥有对数据利用开发的财产权利,但该权利的行使应受到个

---

① 王锡锌:《个人信息国家保护义务及展开》,《中国法学》2021 年第 1 期。

人信息保护权的限制。企业在经过处理分析后获得的数据财产已经改变了原始形态,成为企业的数据资产,但仍然要受到个体信息权的影响,并受到相关法律法规的约束。企业获得数据财产权益的前提是,其处理个人信息的行为必须是合法行为,不得侵犯个人的个人信息权益。在数据处理活动中,如果公民需要行使保护其信息"本权权益"的权利,企业应当依法履行相应的义务,并且不得以其享有数据财产权为由进行抗辩。①

### (三)公民角度:享有作为个体信息主体的各项权利

在数字化社会,自然人向数字人的转变对国家保障人权的内涵和外延提出了新要求。数字信息安全直接关系到个人的身体安全、财产安全和人格尊严。侵犯数字信息安全的行为具有难以提前预防和事后难以查证的特点,普通个人在面对掌握技术的企业或平台时几乎没有任何对抗能力,也无法采取私人救济手段。因此,要求立法机构通过立法赋予个人在涉及个体的信息处理行为和活动中享有信息支配权利,并进一步通过政府的公权力加以保障,这是整个数据保护的核心。对此,《中华人民共和国个人信息保护法》规定,"个人对个人信息具有支配权,并在个人信息处理活动中享有知情、更正、补充、删除等救济性权利"。这一规定为保障个人在数字社会中的权益提供了重要的法律支持。

---

① 张新宝:《论个人信息权益的构造》,《中外法学》2021 年第 33 期。

## 二、基于数据生命周期与信息敏感度的安全保护框架体系

个人信息的保护需要贯穿整个数据处理周期,因为在数据生命周期的不同阶段,信息的敏感度和面临的风险各异。为了有效保护个人隐私,必须根据数据处理者的行为和个体信息支配的角度,结合不同生命周期阶段的隐私类型及其面临的代表性风险,构建一个基于数据生命周期和个人信息敏感度的安全保护框架体系。

构建数据保护规则体系的总体思路包括三个关键步骤:首先,对数据处理各环节的运行轨迹进行精确定位;其次,基于个人信息的重要性和私密性进行维度划分;最后,通过对两者关系的分析,明确各阶段的安全风险,并提出相应的保护措施。①

### (一)以数据为中心的全生命周期保护规则

数据本身存在一个从产生到消亡的生命周期。在这个周期中,数据的采集粒度、时效性、存储方式、整合状况、可视化程度、分析深度以及与应用衔接程度均表现出不同的特点。通常,数据的全生命周期是根据其在组织业务中的流转情况来定义的,具体分为以下六个阶段(见图6-7)。

1. 数据采集

数据采集是系统获取新生成数据和从外部收集数据的阶段。在此

---

①　祝阳、李欣恬:《大数据时代个人数据隐私安全保护的一个分析框架》,《情报杂志》2021年第40期。

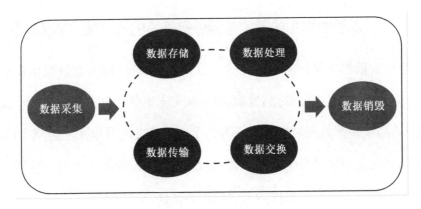

图 6-7　数据全生命周期

阶段中,个人通过互联网在相关软件留下使用痕迹,这些痕迹被感知并记录下来,从而形成原始的数据点。

2. 数据存储

数据存储是数据以结构化或非结构化格式进行存储的阶段。存储方式包括物理存储或云存储。

3. 数据传输

数据传输是数据通过网络从一个数据处理者(控制者)流动到另一个数据处理者(控制者)的阶段。

4. 数据处理

数据处理是对数据进行查询、变更、计算、分析、可视化等操作的阶段。

5. 数据交换

数据交换是数据在不同系统之间进行集成和共享,以及数据处理人与外部主体进行数据交换的阶段。

6. 数据销毁

数据销毁是对数据及其存储的介质进行销毁,保证数据从媒介载体彻底消除且无法恢复的阶段。

数据生命周期安全是指从数据生命周期的角度出发,确保数据在其各个活动阶段的特征和行为均符合预期和数据本质的要求。为了全面评估数据安全能力,2019 年 8 月 3 日,《信息安全技术数据安全能力成熟度模型》(GB/T 37988-2019)正式发布。该模型从数据安全过程维度、安全能力维度以及能力成熟度等级维度三个方面构建了一个三维立体模型,即数据安全能力成熟度模型,如图 6-8 所示,对数据安全能力进行全方位的等级评估。

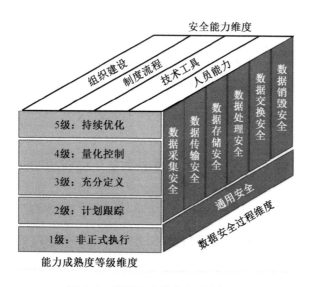

**图 6-8　数据安全能力成熟度模型**

根据数据生命周期的六个阶段,数据安全过程维度可分为数据采集安全、数据传输安全、数据存储安全、数据处理安全、数据交换安全和数据销毁安全六个阶段。此外,《信息安全技术数据安全能力成熟度模型》将这六个生命周期进一步细分为 30 个过程域。例如,在数据采集安全阶段,包括数据资产梳理、敏感数据识别、元数据管理和数据分类分级四个过程。这 21 个过程域分布在数据生命周期的六个阶段,部分过程域贯穿整个数据生命周期。图 6-9 为数据的全生命周期安全。

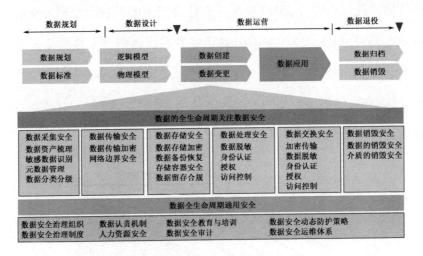

图 6-9  数据的全生命周期安全

## (二)以敏感度为中心的分级分类保护规则

在"三方平衡"的理念指导下,个人信息保护的核心是对信息的敏感度和分类进行准确的判断和管理,并针对不同敏感度的信息制定相应的处理规则。全球范围内,各国普遍采用的方法是将个人信息按照其重要程度划分为一般信息和敏感信息,并对敏感信息制定特别的保护规则。例如,欧盟的《通用数据保护条例》第 9 条以及美国加利福尼亚州的《加州隐私权法案》均对个人敏感信息设置了专项保护条款。

《中华人民共和国个人信息保护法》第 28 条也明确规定,"敏感个人信息是一旦泄露或者非法使用,容易导致自然人的人格尊严受到侵害或者人身、财产安全受到危害的个人信息,包括生物识别、宗教信仰、特定身份、医疗健康、金融账户、行踪轨迹等信息,以及不满十四周岁未成年人的个人信息"。根据《信息安全技术个人信息安全规范》(GB/T 35273-2020),个人信息被划分为五种类型:基础身份信息、独立敏感信息、关联敏感信息、浏览痕迹信息以及公开不敏感信息。[①] 这些信息的敏感度依次递减(见图 6-10)。

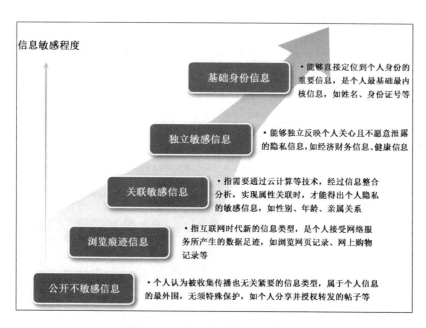

**图 6-10　个人信息敏感程度分类**

---

① 祝阳、李欣恬:《大数据时代个人数据隐私安全保护的一个分析框架》,《情报杂志》2021 年第 40 期。

## (三)不同阶段不同类型的数据保护框架

结合不同阶段的数据生命周期和信息敏感度,提出如图 6-11 所示的保护框架。在借鉴欧盟《通用数据保护条例》和各国实践的基础上,通过多元主体利益平衡,构建政府、公民、数据处理者三方协同治理。在技术手段的支持下,建立分阶段分类型的数据保护规则,实现了差别化和更为精准的管理和监督体系。这一框架有望为数据保护领域带来新的理念和实践路径,推动全球数据治理体系的进步。

各个数据保护阶段和类型的责任和规则的详细内容见图 6-11。政府需要设立数据开放审核机构,实行真实身份可验证制度,以及通知

| | 数据产生 | 数据传输 | 数据使用 | 数据共享 | 数据消除 |
|---|---|---|---|---|---|
| 公开不敏感信息 | | | 挖掘数据价值,基于公共利益优先开放 | | |
| 浏览痕迹信息 | 技术:数据溯源、数据匿名化与假名化的数据处理 政府:建立专门的数据开放审核机构、实施用户真实身份可查验制度,告知许可制、明确数据权属 信息业者:目标原则(明确使用目的)、安全责任制、采集范围最小原则 公民:知情权、信息自决权、匿名原则 | 技术:设置必要的加密技术以保障数据传输安全、认证技术、数字水印和电子签名 政府:严格监管,发挥数据溯源和数据协议的作用 公民:自决权、限制公开和滞留权 | 技术:设置必要的加密技术以保障数据传输安全、认证技术、数字水印和电子签名 政府:严格监管、平台安全系数评估,发挥数据溯源和数据协议的作用 公民:自决权、限制公开和滞留权 | 政府:跨部门合作、严格监管,制定完整流程以接受和回应公众质疑 公民:告知权、可查验权、知情权 | 政府:规定服务商的数据留存周期限制、权限,并强制要求服务商提供明文的可用数据 公民:被遗忘权(编辑和删除权、拒绝权和自动化的决策权利) |
| 关联敏感信息 | | 技术:差分隐私保护技术、区块链技术(有迹可循) 政府:建立跨境数据流动安全监管制度 | 技术:区块链技术、数字水印和电子签名 政府:建立专门的数据管理隐私保护实践机构,需要完善访问控制和身份认证管理 信息业者:去个人化信息处理利用、承担数据处理者的法律责任 公民:信息控制权、防止未经允许二次使用 | 技术:差分隐私保护技术、区块链技术(海量交易数据库)、反数据追踪与控制的技术 政府:构建开放政府数据政策框架、加强政府内部协同与监管、统一政府数据交换平台 信息业者:去个人化信息处理利用、统一政府数据交换平台 | |
| 独立敏感信息 | | 技术:加密技术、区块链技术 政府:严厉打击非法传输隐私信息行为 | 技术:加密技术、数据水印技术 政府:成立监管机构,加大数据非法使用的处罚力度,数据存储库监管 | 技术:差分隐私保护技术、区块链技术 政府:严厉打击非法泄露和非法买卖数据 | |
| 基础身份信息 | | 技术:加密技术、数据追溯技术等 政府:法律法规严格规定使用权限、明确责任 信息业者:严格保密、承担非法使用法律责任 公民:信息自决权、知情权、上诉追责权 | 实施最严格的隐私安全保护机制 | | |

**图 6-11 基于数据生命周期与个人信息敏感度构建的保护框架①**

① 祝阳、李欣恬:《大数据时代个人数据隐私安全保护的一个分析框架》,《情报杂志》2021 年第 40 期。

和许可制度。对于公民个人,他们应享有知情权、信息自主权、匿名权等权利。信息从业者则需要明确信息使用目的,建立安全责任制,并利用技术手段如数据溯源和匿名处理来实现隐私保护。在保密方面,必须严格遵循法律责任,并采用技术手段如加密技术、区块链技术和差分隐私保护等。

## 三、基于多样化约束手段的全方位数据保护规则体系

数据安全的维护涉及法律法规、监管机构、标准规范和企业自律等多方力量的协同。建立健全的数据安全保护体系需要不断完善法律法规,推动技术标准规范的统一,构建外部监督执法体系,同时在企业内部建立自律规则,形成多样约束手段,构筑全方位、系统化的数据安全保护规则体系。

### (一)技术规则:加强数据安全技术标准规范制定

数据安全保护的实现依赖于技术手段,因此需要对技术使用进行规则约束。在数据处理手段方面,个人信息数据主要有实名制(原始形态)、去标识化及匿名化三种形态。① 针对不同的形态,技术手段也会有所差异。因此,监管部门需要根据精准保护的原则,制定相应的技术标准和技术规范。

目前,我国已经制定了《信息安全技术　个人信息去标识化指南》

———————

① 祝阳、李欣恬:《大数据时代个人数据隐私安全保护的一个分析框架》,《情报杂志》2021 年第 40 期。

（GB/T 37964—2019），该标准于 2020 年 3 月 1 日开始实施。尽管如此，立法和学界对于去标识化的标准、性质、法律效果并没有形成统一的认知。因此，需要进一步总结行业内较为通行的典型案例和实践做法，规范关键敏感信息去标识化的目标、原则、技术、模型、过程和组织措施，不断完善并出台能有效抵御安全风险、顺应数字社会发展需求的去标识化规则。

从数据处理过程来看，包括数据层、应用层和发布层，涉及 MD2 算法、hash 杂凑算法、P2P 架构、模糊处理等算法模型。此外，还有网络匿名保护技术、数字水印技术、差分隐私保护技术等技术成果。对于这些技术的应用程序如何也需要建立相应的技术规则。

**（二）制度规则：完善数据安全保护法律法规及其配套措施**

目前，我国还没有制定《中华人民共和国网络安全法》《中华人民共和国数据安全法》《中华人民共和国个人信息保护法》的详细实施细则，对于一些具体问题的界定，例如数据所有权和公共数据安全等，尚未明确。因此，建议我国借鉴欧美两大保护体系，完善我国的数据安全保护体系，并提升我国个人信息保护法的地位。在立法理念上，必须始终坚持"发展与安全并重"的原则，平衡个人信息的保护与数字社会发展的需求。

1. 完善个人信息分级分类保护规则

《中华人民共和国个人信息保护法》的信息保护规则在整合、修改和补充原有法律规范方面发挥了关键作用，通过消除碎片化、分散化的立法带来的矛盾和混乱,构建了清晰的分级分类法律保护体系。为建立完善的个人信息保护法律保护体系,建议迅速制定个人信息分级分类规范。该规范应根据数据可交易性和隐私特征,将个人隐私信息与一般信息区分开,并根据信息的商业属性、信息类别以及对权利相关人的影响进行分类,采取相应的措施进行保护。

2. 对特殊敏感数据进行分类专项保护

针对医疗、健康、政务等领域的关键特殊敏感数据,建议制定专项法律法规以实施数据的专项保护。

3. 完善法律责任体系

在法律责任方面,《中华人民共和国宪法》《中华人民共和国民法典》《中华人民共和国刑法》等法律构建了个人信息保护的法律秩序,从国家对公民提供保护义务的角度出发。同时,结合《中华人民共和国行政法》《中华人民共和国消费者权益保护法》等法律,共同建立了事前预防和事后处置机制,运用多种工具保护个人数据信息免受侵害。为确保法律责任的履行,建议制定惩罚性赔偿规则。由于个人信息的商业价值较为抽象,目前侵犯个人信息的认定标准和损失量度缺乏客观统一标准,法院通常只支持直接损失,而抽象的价值增值部分则往往未被认可。因此,应建立惩罚性赔偿制度,提高侵犯个人信息的违法成本,以达到震慑违法行为的效果。为更好地保护个人信息,建议将行政监管和公益诉讼有机结合,构建更符合我国国情的个人信息保护联动机制和权利救济机制。

#### 4.完善诉讼救济法律体系

行政救济是完整法律体系不可或缺的一部分。欧盟规定,每个数据主体都应具备合理的申诉权利,以确保所有人都能通过向监管机构寻求救济途径来维护自身权益。为了提高涉及个人信息违法行为的改正效率,美国在其法律体系中引入了行政罚款和民事诉讼的改正期制度作为前置程序。

应将行政监管与公益诉讼有机结合起来,以建立更加符合国情的个人信息保护联动机制和权利救济机制。举例来说,《数据安全法(草案)》第22条规定:"国家建立数据安全审查制度,对影响或者可能影响国家安全的数据活动进行国家安全审查。依法作出的安全审查决定为最终决定。"这一规定明确了司法救济不在考虑范围内,且在审查主体、审查标准、审查程序方面存在模糊之处,可能会导致审查权滥用。

另外,《个人信息保护法(草案)》第67条针对国家机关处理个人信息的规定,未明确提及司法救济和国家赔偿,仅简单提及了国家机关的内部监督。这种规定可能会对个人行使防御权构成过度的限制,因此需要在法律体系建设中予以完善。[1]

#### (三)监管规则:构筑统一协作的监督执法体系

#### 1.探索数据安全保护机构设置

随着数据信息的跨区域性和空间不确定性的增加,传统的违法行

---

[1] 王锡锌:《个人信息保护义务及展开》,《中国法学》2021年第1期。

为管辖权确定原则面临新的挑战。同时,我国个人信息保护监管涉及公安、网信、市场监管、金融等监管部门,存在"九龙治水"的部门间协调问题。为解决这些问题,亟须进行相关规范和优化,以适应日益复杂的信息社会和保护个人信息的需要。

2. 探索建立分级分类监管体系

为应对日益复杂的数据交易环境,建议建立中央与地方政府分级监管、权责一致的监管体系。这一构想借鉴了欧盟和美国等地的成功经验,并强调在不同数据交易场景下设立相应的负责机构。

3. 多元监管机构协同执法机制

建立反垄断监管机构、消费者权益保护机构和数据保护机构之间的协作机制,以确保在共同执法时能够相互配合,改变目前"九龙治水"的执法格局,并促进各领域监管机构之间的一致性。

### (四)自律规则:构建企业内部数据安全监管自律规则

1. 不断提升应用隐私条款政策的规范性

目前,互联网平台等数据控制者主要通过隐私条款的方式告知用户个人信息收集和使用规则。然而,在实际执行过程中,存在隐私条款冗长、晦涩难懂等问题,导致个人需要耗费较长时间阅读,且因对一些技术词汇缺乏专业了解,存在隐私泄露、知情权和选择权被剥夺等潜在风险。

为解决这一问题,应发挥第三方社会组织的作用,鼓励行业协会和自律组织在政府的监督指导下对隐私条款的设置进行更新和监督。同时,要求各大应用市场承担起对隐私保护的监管责任,建立起隐私协议示范条款。此外,还可以利用技术手段提取隐私政策的核心内容,形成摘要和流程图,以保护用户合法权利,促进隐私条款更为规范、简明、易懂。

2. 探索构建数据安全官制度

《通用数据保护条例》规定,企业应任命一名数据安全官。① 未设立数据安全官的企业在《通用数据保护条例》下属违规,面临最高1000万欧元或全球年营业额的2%(两者取高值)的处罚。参照中国现有法律法规及标准,《中华人民共和国网络安全法》《关键信息基础设施安全保护条例》《个人信息安全规范》均提及网络安全负责人或类似职位,其职责包括但不限于制定内部安全管理制度和操作规程、实施人员技能考核、组织培训及开展网络安全事件应急处置等。但目前,对于未设立数据安全官的企业机构或政府部门,中国现有法律中并没有相应的责罚机制,相关规定以"应当明确""应当制定"为主,缺乏强制性。同时,高素质信息保护专业人才的稀缺也制约了数据安全官制度的推进。为完善数据安全官制度,未来需对相关法律进行修订。这包括明确设置数据安全官的法定条件,并确保数据安全官独立履职的权利。

3. 构建数据安全风险防控流程规则

建立完善的数据管理制度,包括事前的重要数据备案、事中的数据风险监控以及事后的数据泄露通报。事前备案强调按照规则记录关键

---

① 张莉:《数据治理与数据安全》,人民邮电出版社2021年版,第161页。

数据,并明确数据处理主体的安全责任。事中监控则涵盖实时风险监测、预警发布和应急预案启动。在事后阶段,对数据泄露事件进行责任分析,并及时通报相关方和监管层,以全面提升数据安全管理的效能。

4. 构建数据安全管理行业规范

建议发挥行业协会和联盟的作用,强化企业外部第三方机构和行业组织的外部规则,建立健全行业自律机制和数据访问机制。鼓励社会团体如行业协会、企业联盟出台有实际约束力的行业标准,作为对国家法律的有效补充,成为行业内部的行为准则。鉴于数据安全与不同生命周期和属性的数据有关,相关团体标准可能由不同领域的社会团体制定。

# 第五节　数字开放共享规则构建

## 一、数字开放共享的权利基础:公共数据权

### (一)从知情权到公共数据权的演进

随着政府信息公开向数据开放的演进,公民数据权利经历了显著变化。英国、美国等国家在数据开放实践中树立了公民权利的基础地位,形成了社会需求推动的模式。① 国内城市如上海、青岛、浙江也积

---

① 张晓娟、孙成、向锦鹏等:《基于国际评估体系的政府数据开放指标特征与模式分析》,《图书与情报》2017 年第 2 期。

极探索开放数据,通过监测项目、改善用户界面和主动征求公众评价等方式,努力提高数据开放的质量和效果。这一过程不仅是政府与公众关系的演变,更是公共数据治理中权利与责任的协同发展。

在政务信息公开阶段,公民的知情权和监督权对提高政府透明度和信息利用效率至关重要。具体实践中,一些法规文件如《浙江省公共数据开放与安全管理暂行办法》明确规定了政府在信息开放方面的责任。其中,注重优先公开对经济社会发展有帮助的数据,广泛听取公众意见,并灵活调整开放内容,以确保公民充分享有知情权。

政务数据开放的核心宗旨是满足公众的数据利用权利,通过合理有序的公开方式促进经济和社会的发展。政府数据的开放不仅有助于公众更便捷地查询和使用相关信息,同时也为创新和发展提供了强有力的支持。在法律层面,保障"公民公共数据权"体现了对社会公众利益的重视,符合政府数据开放的逻辑基础,为社会各方面的受益提供了法律保障。

## (二)公共数据权的权利义务关系

公民公共数据权的核心权能包括开放请求权、使用权、获取收益权等,这些权能是确保公共数据权益实现的关键内容。① 开放请求权作为公民向政府索取数据的法律起点,通过公众的请求,政府能够制定和实施相关数据开放规范,确保公民的数据公开权得以实现。而使用权

① 朱峥:《政府数据开放的权利基础及其制度构建》,《电子政务》2020年第10期。

则赋予公民在合法范围内利用已公开数据以满足个人需求的权利,促进数据的更广泛、有效利用。

政府数据开放中的使用权与传统民法中的使用权有所不同,其行使不涉及实物消耗。获取收益权指用户基于公共数据分析后形成的产品,赋予其获得财产的权利。政府作为数据的许可人和控制者,在实现公民数据权方面发挥着关键作用。政府业务部门和政府数据管理部门在数据开放中分工不同,前者是数据来源部门,后者则是数据的管理和协调部门。这两个部门在公共数据的提供和有条件开放方面都具有责任和义务。有学者将政府部门的权力划分为数据共享权、数据开放权、许可使用权、获取权,强调了政府在数据开放中的多重角色与权责。[①]

## 二、数据开放共享的框架体系:以数据开放全过程和数据质量管理为主线

数据开放共享的生命周期可分为几个关键阶段,包括数据开放前的采集存储、开放平台的建设管理,数据开放中的开放范围、开放标准、开放程序、安全管理以及保障监督,最后是数据开放共享后的法律责任追究。[②]

### (一)多方协同:数据开放共享"五方"

主体数据开放共享主要涉及数据提供方、数据使用方、平台管理

---

① 张钦昱:《数据权利的归集:逻辑与进路》,《上海政法学院学报》(法治论丛)2021年第36期。

② 闫桂勋、刘蓓、程浩:《数据共享安全框架研究》,《信息安全研究》2019年第5期。

方、服务提供方和指导监管方五方面的主体。

1. 数据提供方

数据提供方即数据来源方,主要由数据的生产者、采集者、汇聚者组成,包括政务部门或企业。数据来源方的责任在于遵循数据质量管理和数据安全保护的流程规范,以确保数据的完整性、准确性和安全性。

2. 数据使用方

数据使用方,即数据开放共享的需求方,出于特定目的,在政府或企业部门对开放共享数据进行应用。根据法律规范和平台准则,数据使用方需在授权范围内获取并使用共享数据。同时,为确保数据流转和应用的安全,需建立相应的保护措施及监督机制,防止数据丢失或泄露,并确保数据使用不超出规定范围。

3. 平台管理方

平台管理方在数据开放共享中充当着需求方和供给方的桥梁,主要负责共享平台的建设、管理和运营。无论是政府机构还是企业,平台管理方的责任是建立和完善数据管理制度,其中包括数据全周期的清洗、审核、分类和存储制度,数据使用记录和台账制度,平台数据安全使用制度,以及数据使用流向监测制度。①

4. 服务提供方

服务提供方作为数据共享开放服务的支撑者,为数据提供方、使用

①　陈迎春:《政府大数据开放共享框架构建及安全保障研究》,《互联网天地》2022年第3期。

方或平台管理方提供技术和安全服务,包括加工分析、安全保障、监测评估等。类似于市场中介机构,服务提供方通过服务协议与各方合作,同时建立相应的管理制度和专门团队。

5. 指导监管方

指导监管方是国家依照法律法规和政策文件的权威授权,负责对数据开放共享活动和相关行为主体进行监督管理的政府部门,如我国的网信、公安、安全、保密等部门。这些监管部门根据各自职能范围,履行制度规则制定、执法监管、执法检查、协调仲裁等监管职责。

### (二)合规有序:数据开放共享的程序

明确的开放程序是保障数据开放合法性和规范性的关键。政府在数据开放中具有责任,制定具体的开放流程有助于监督数据开放的合法性。程序的制定应围绕数据的生命周期构建,确保全面、有序的数据开放。

1. 准备过程

首先,要优先选择国家鼓励的领域,特别关注商业增值显著、社会需求紧迫的政府数据。例如,我国通过的《关于构建更加完善的要素市场化配置体制机制的意见》规定了有限开放领域,包括企业登记、交通运输、气象等公共数据。其次,建立数据审查程序,包括对数据本身的涉密性审查和分类处理。通过脱密性处理后,数据可以设置为不允许开放、有限制开放和完全开放等不同程度的类型化开放方式,以确保敏感信息的安全。最后,需要制定数据开放目录,各部门在不违背国家安全和社会利益的原则下制定目录,并进行动态更新。① 这符合《中华人民共和国数据安全法》的规定,有助于保障政府数据开放的有序进行,同时满足社会需求,推动数据开放的可持续发展。

### 2. 实施过程

首先,应规定数据的申请程序,公民有权按照条件申请限制条件下的数据,同时对于公民认为应当开放的数据也有权提出申请。政府在拒绝公民申请时应及时告知理由,以确保决策的透明和公正。

其次,为了防止有限理性导致政府不敢开放数据,需要明晰数据开放政府的法律责任。明确各方的法律责任,建立法律框架,有助于推动政府数据的依法开放。

### 3. 监管考核过程

首先,需要规定数据的更新和纠错程序。准确、高质量、有连续性的数据对经济和社会具有更大价值,因此纠错和更新程序是必要的维护措施。通过不断进行数据纠错和优化,可以提升数据质量,从而更精确地提升数据的价值。

其次,为保障数据开放的效果,需要设立监督问责程序。这一程序可以从数据准备、数据质量和数量、数据平台建设等多个方面设置量化标准进行考核,同时考虑公众的数据使用反馈。根据考核结果进行评价,可提出改善意见,确保数据开放的质量和效果。

---

① 刘权:《政府数据开放的立法路径》,《暨南学报》(哲学社会科学版)2021 年第 43 期。

4.风险防控过程

数据开放共享的整个过程同时也是风险防范的过程,因此需要建立专门的机制和风险防控机构。为强化安全管理,还应设立数据开放保密审查和相应的法律制度。在这一基础上,需要加强安全风险识别,设计完善的风险预防与响应机制,以保障数据开放共享过程的安全性和可控性。

### (三)统一开放:数据开放共享平台建设与管理

为提升数据开放效率并实现统筹管理,建立统一的数据开放共享平台是必要的。由政府主导的平台具有高度认可度和权威性。多个国家已建立了国家层面的政府数据开放平台,但面临着平台数量、数据资源、服务功能不足、发布时效性低、地域差异大等问题。根据《中华人民共和国数据安全法》第 42 条的规定,"构建统一规范、互联互通、安全可控的政务数据开放平台",强调全国统一的开放平台建设。同时,《公共信息资源开放试点工作方案》鼓励试点地区采用 www.xxxdata.gov.cn 开放平台域名,并提出了一些平台建设的要求。这为未来全国一体化统一开放数据平台的建设打下了基础,将有助于协同各地方政府,提升我国数据开放的整体水平,实现更加规范、高效的数据开放。

## 三、数据开放规则体系:立法先行、标准保障

### (一)推动数据开放专门立法

尽管我国在政府信息公开和政府数据开放方面发布了多项规范和

政策,但缺乏一部专门的国家层面的法律,现有规定也较为分散,不便于全国范围内实施一致的政府数据开放。① 因此,借鉴欧盟和美国的经验,制定专门的法律将有助于从顶层设计上建立制度规范,明确政府数据开放的目标导向和行为准则。

在政府数据开放方面的立法实践中,主要存在三种立法模式。②

(1)一些学者如周汉华、肖卫兵、何渊建议修改《中华人民共和国政府信息公开条例》快速解决问题,并在需要时启动数据开放专门立法。

(2)中国行政管理学会课题组建议由国务院制定行政法规,先制定全国范围的《中华人民共和国政府数据开放条例》及实施细则,再由全国人民代表大会制定更全面的《中华人民共和国政府数据开放法》。

(3)由学者于世梁、王万华等提出,建议在建设社会主义法治社会的背景下,采用一步到位的方式制定《中华人民共和国政府数据开放法》。借鉴欧盟的经验,强调通过迅速制定法律,明确政府数据开放的治理机制、范围、边界、深度、标准、质量以及例外情况。

在长期视角下,考虑到依法治国的要求,建议选择专门立法模式,即由全国人大正式立法制定《中华人民共和国政府数据开放法》。鉴于人大立法过程耗时较久、程序相对烦琐,为了迅速应对问题,可以在短期内由国务院制定关于政府数据开放的行政法规,以解决当前紧迫

---

① 东方、邓灵斌:《政府数据开放的法律规制:美国立法与中国路径——基于美国〈开放政府数据法〉(OGDA)的思考》,《情报资料工作》2021 年第 42 期。

② 刘权:《政府数据开放的立法路径》,《暨南学报》(哲学社会科学版)2021 年第 43 期。

的问题。在实践中不断积累经验,并在合适的时机由全国人大专门制定法律,以确保政府数据开放法规的全面性和可行性。

### (二)完善数据开放配套法律

#### 1.政府数据开放的许可授权

我国政府数据管理中存在责任不明确的问题,迫切需要通过法律手段赋予特定政府机构数据开放的法律主体责任。这包括明确各阶段的知识产权归属,并通过数据开放许可授权的法规,清晰规定政府开放数据的使用权益。这一法律层面的干预旨在为政府数据开放提供规范和便捷,有助于有效遏制腐败问题,同时破除权力垄断,促进数据的更加公正、透明、广泛的利用。[①]

在公共数据治理的授权机制方面,杭州市在《杭州市数字政府建设"十四五"规划》中创造性地提出了建立市民授权机制。这一新机制摒弃了传统的数据共享方式,将社会公众(市民、企业等)纳入数据采集、共享和使用的全过程。在公共数据治理中,地方政府充分认可公众作为数据主体的地位。为此,地方政府为公众设立了数据账户,并提供数据资产服务。据相关人员表示,"(数字时代)每个人均应有一个数据账户","如同将钱存入银行,将数据存入数据局(的数字账户)同样重要"。市民数据账户中的数据可以来源于不同层级、不同区域政府的职能部门,也可以来源于企业和社会组织。通过数据账户,"(市民

---

① 东方、邓灵斌:《政府数据开放的法律规制:美国立法与中国路径——基于美国〈开放政府数据法〉(OGDA)的思考》,《情报资料工作》2021年第42期。

在各类平台)查询完(个人信息)后,便可将信息存入个人数字账户。……由地方政府来保管,确保安全、保障权威"。换言之,市民数据账户的建立突显了公共数据平台作为公民、法人数据公共托管平台的性质。①

**2. 完善数据开放的组织管理机制**

参考英国的经验,我国应设立专门负责开放政府数据工作的部门,并赋予其全面管理各政府部门数据的职责。同时,应明确各政府部门与数据开放主管部门的分工与职责,以确保职责清晰、工作高效。为加强中央与地方之间的沟通协作,地方政府应成立大数据管理局或大数据管理中心,专职负责本行政区域内的大数据工作。我国应从国家层面统筹设立专业的政府数据开放共享管理部门。中国电子信息产业发展研究院的张莉等人提出了一种全国层面的数据开放共享组织架构,如图 6-12 所示。他们建议在中央和地方网信办下设专门的数据开放共享办公室,主要负责制定发展规划、政策文件和标准规范,强化全盘统筹、综合协调、监督考核等职能。②

**3. 完善数据开放质量管理制度**

为促进政府数据的开放利用,必须建立健全的政府数据开放质量管理体系。该体系应从数据的时效性、准确性、完整性等方面制定明确的管理规范,并特别关注政府数据的格式标准和可机读化,确保数据开放

---

① 高翔:《超越政府中心主义:公共数据治理中的市民授权机制》,《治理研究》2022 年第 2 期。

② 张莉:《数据治理与数据安全》,人民邮电出版社 2021 年版,第 202 页。

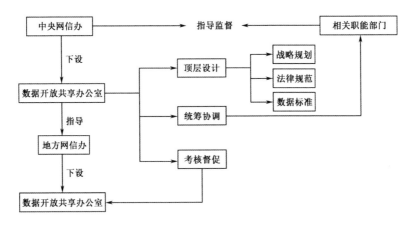

图6-12　政府数据开放共享的组织架构

的数量。当前我国政府数据开放仍存在使用不便的问题,因为并非所有开放数据都采用可读格式,给非技术背景的数据使用者带来了困扰。

## (三)统一数据开放共享标准

数据的开放标准能够有效提高数据的互操作性、可比性、聚合性和连接性,促使数据从封闭到共享再到广泛应用的发展。2017年年底,在英国政府技术战略委员会(InnovateUK)资助下,英国开放数据研究所(Open Data Institute,ODI)与W3C(World Wide Web Consortium,万维网联盟)共同启动了"数据的开放标准"(Open Standards for Data,OSD)项目,该项目旨在为政府和机构提供关于开放标准开发、采纳和实施的指南和支持,并随后发布了一系列标准的实施指南。[①]

2020年4月,国家标准化管理委员会发布了与政府数据开放共享

---

① 翟军、翟玮、裴心童等:《英国政府数据共享与开放的元数据标准建设及启示》,《情报杂志》2021年第40期。

领域相关的三项国家标准,分别是《信息技术  大数据  政务数据开放共享  第1部分:总则》(GB/T 38664.1—2020)和《信息技术  大数据  政务数据开放共享  第2部分:基本要求》(GB/T 38664.2—2020)及《信息技术  大数据  政务数据开放共享  第3部分:开放程度评价》(GB/T 38664.3—2020)。这些标准规范了公共数据开放的各个方面,包括数据资源、平台设施、应用成效、管理制度和安全保障。[①]未来,将基于"开放政府数据生命周期"构建全流程的政府数据开放共享标准体系。黄如花依据规范化流程划分了6个标准子体系,共涵盖23项标准(见图6-13),重点关注各阶段的领域、范围、功能和活动,以进一步推动政府数据开放的规范化发展。[②]

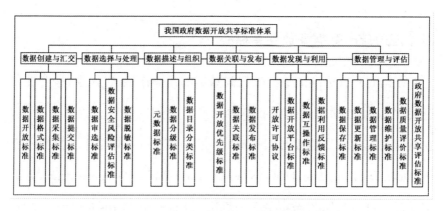

图6-13  我国政府数据开放共享标准体系框架

①  张群、尹卓、于浩等:《欧盟开放数据和公共部门信息再利用指令的启示》,《大数据》2022年第8期。

②  黄如花:《我国政府数据开放共享标准体系构建》,《图书与情报》2020年第3期。

# 第七章　加强数字法治政府建设，保障数字社会法治治理

## 第一节　"数字法治政府"的概念认知与机理阐释

### 一、"数字法治政府"的概念认知：一个前提性问题

"数字法治政府"这一创新性开放概念，突显了数字政府建设对于法治向度把握的关键性，同时强调了政府数字化转型与法治化建设同步构建的紧迫性、必要性和可能性。

### （一）"数字法治政府"概念的多元认知

"数字法治政府"的概念在学术和实践领域引发不同观点。一方面认为它是数字政府与法治政府的融合产物，①另一方面则强调其体

---

① 关保英、汪骏良：《基于合作治理的数字法治政府建设》，《福建论坛》（人文社会科学版）2022 年第 5 期。

现了政府治理信息化与法治化有机融合的价值导向。① 学者们认为数字化技术在依法行政、治理流程优化以及法治理念深度融合方面扮演关键角色。② 全面建设数字法治政府被看作推动数字政府、"放管服"改革和法治政府建设协同与融合的手段,旨在实现信息革命下的政府职能转变与高质量发展。③ 最后,有观点认为这不仅仅是数字政府的法治化,更是现代法治向数字法治的转型升级,涉及从业务流程到体制机制再到制度模式的全面重塑过程。④

"数字法治政府"是一个多维度的概念,在不同学者眼中有着不同的理解和诠释。其中,数字政府法治化作为构建数字政府的目标之一,意味着将数字技术与法治相结合,为依法行政提供科技支持。⑤ 这一理念要求我们在数字政府的建设过程中,不仅要注重规范化、程序化体系的建立,更要深入探索法治的方法论及权力控制等深层次要素,使法律体系的构建与法治化运行机制的构建相得益彰。为了确保数字政府法治化不流于形式,我们必须精确界定"法治化"的边界和内涵。数字法治政府不是对数字政府表面的美化,而是要在数字政府建设的全过程中,坚持法治的立体化理念,将法治观念渗

---

① 李桂林、李露雅:《"良法善治"维度下数字法治政府建设的"双化协同"》,《南昌大学学报》(人文社会科学版)2022 年第 2 期。

② 张鹏:《区块链赋能下的数字法治政府建设:内涵、关联及路径》,《电子政务》2022 年第 7 期。

③ 鲍静:《全面建设数字法治政府面临的挑战及应对》,《中国行政管理》2021 年第 11 期。

④ 马长山:《数字法治政府的机制再造》,《政治与法律》2022 年第 11 期。

⑤ 伍爱群、韩佳、周顺忠:《加快推进我国数字法治政府建设的建议》,《中国信息安全》2022 年第 8 期。

透到每一个环节。① 这意味着,在数字政府建设的理念塑造、全局审视、现状分析、战略规划、难题解决以及成果巩固等各个环节,都要以法治为导向,将各种问题转化为法治问题来解决,确保数字政府建设的每一步都符合法治原则,实现法治化目标。

"数字法治政府"是以数字化为手段,以法治政府建设为目标。我国在这方面已有进展,但长期机制仍有待完善。数字化手段对法治政府建设有理论和实践支持,应充分利用,让政府成为"数治"的对象。然而,数字化是柄双刃剑,其效果取决于使用者。数字化的法治政府旨在利用数字功能促进法治政府的数字化建设,如推动行政权力的数字化转型,提高公正、效率和精度。同时,数字化有助于促进合作治理,与法治政府建设相互关联,包括整合公共服务理念、推动数据开放共享、强调公共利益导向以及促进社会自治等方面。学者针对"数字法治政府"的实际建设提出了合作治理和协同治理等具体方法,旨在通过数字化维持政府开放的合作状态,改善行政监管方式,调整行政权力运作,推进法治政府的建设。

数字社会治理涉及复杂的任务和新兴问题,需要以法治思维为指导来选择应对措施,并与法治相协调。同时,治理模式将面临变革,必须重塑行政组织和程序,并接受法治的检验。因此,建设数字社会的关键在于建立数字法治政府,以法治为核心理念,以适应数字社会治理的

---

① 陈金钊:《现代化语境的法治化探寻》,《山东大学学报》(哲学社会科学版)2021年第4期。

挑战和变革。

### （二）数字政府与法治政府的协同演化机理

"数字法治政府"内涵丰富,需理解数字政府与法治政府的内在逻辑联系和融合互动。两者相互依存,同频共振。① 我国正处于传统政府向数字政府、政府法制向法治政府转型的过程,其中数字政府和法治政府代表技术维度和价值维度的政府形态发展,分别侧重于工具技术层面和制度理念层面的政府变革。结合这两个概念形成的"数字法治政府"概念,旨在紧密嵌合工具技术层面的政府模式与制度理念层面的政府结构,是"技术与制度关系在法治政府建设中的体现"②。

目前,对于"数字法治政府"这一概念,无法确定它是从数字政府向数字法治政府的演变,还是从法治政府向数字法治政府的转变。一方面,如果认为"数字法治政府"这一概念表达的是从数字政府向数字法治政府的升级,那么一个不容忽视的问题是,我国尚未全部完成数字政府的构建,这种跨越显得过于超前。

可以看到的是,虽然目前我国尚未全面建成数字政府,但数字政府建设已经广泛展开,数字行政等应用正逐渐普及,政府的"数治"效能得到了大力的提升。尽管数字政府建设在提升行政效率和服务质量方面取得了显著成效,但同时也存在一些不容忽视的法治挑战。例如,随

---

① 孙冠豪:《中国数字法治政府建设十年述评》,《中国信息安全》2023 年第 2 期。
② 王春业:《技术与制度良性互动下的我国数字法治政府建设》,《南通大学学报》(社会科学版)2022 年第 6 期。

着数字技术的广泛应用,过度管制和干预的现象愈发明显,个人隐私和信息安全面临严重威胁,公民的基本权利也可能受到数字权力的不当限制。在这种情况下,如何确保数字政府建设的法治效能与行政效能同步提升,成了一个亟待解决的问题。

政府在电子化、网络化的履职方式中,构建起了"电子政府",这一创新举措与数字时代政府治理范式的数字化转变所形成的"数字政府",共同回应了经济社会对于"数治"的迫切需求。"电子政府"与"数字政府"这两个概念,既有紧密的联系,又存在深刻的差异,它们分别体现了政府在不同阶段对于数字化转型理念的独特理解和实践。就未来而言,政府的数字化转型不仅是"流程再造"、"模式优化"及重塑权力运行方式,更多是对既有规则的冲击。[1] 鉴于数字政府可能重新厘清政府职能与责任边界,因而可能对现有法治政府体系造成一定冲击。

从长远看,数字政府与法治政府之间或将形成一种动态的、互为影响的平衡关系。但当前,数字政府的迅猛变革可能会突破法治政府的既有规范,导致两者间出现失衡状态。这种失衡在一定程度上表现为数字政府技术治理中所隐含的风险。

有学者警示,数字政府建设中的无缝化与边界化并存所诱发的安全风险,直指数字政府面临着协同性、回应性、互嵌性等悖论。[2] 此外,

---

① 余凌云:《数字政府的法治建构》,《中国社会科学院大学学报》2022 年第 1 期。

② 周丽娟:《无缝化与边界化:数字政府建设的安全悖论与超越》,《求索》2022 年第 3 期。

也有学者关注到数字政府建设所面临的非均衡困境。①"数字法治政府"旨在规范数字政府建设,以控制风险、重塑结构与机能。

## 二、"数字法治政府"建设的逻辑进路

科层制政府结构为现代法治政府的发展铺平了道路,数字政府在这一基础上对法治政府提出了挑战。关键问题在于数字政府与法治政府如何协调发展。法治政府作为调整科层制结构的机制,在数字政府带来全面转型的未知情境下,面临着将数字化问题纳入传统政府框架的不确定性挑战。

### (一)数字政府面临的技术反噬及其法治挑战

#### 1.数字政府的法律因应迟滞

数字信息技术对政府产生了深远影响,涉及多个层面。数字政府不仅是信息技术与科层政府的结合,更是对政府职能的重新塑造。这种变革需要法律框架的适应,但传统法律框架已难以满足需求。数字政府实践中出现的问题,如行政异化、权利保障不足等,都是法律滞后的表现。现有的法律框架对数字政府的规范相对不足,难以应对其职能边界的扩张。目前,数字政府的制度建构有待完善,缺乏体系建构,相关法律法规有待进一步健全。立法者未能有效应对数字政府的发

---

① 赵淼、鲍静、刘银喜:《从赋能到包容:数字政府建设非均衡困境生成机制及化解路径》,《中国行政管理》2022年第12期。

展,导致出现"数字行政的法律空白"。这使得数字政府缺乏合法性,数字行政模式未被纳入行政法治框架。

### 2.数字政府的权力风险扩张

数字政府建设不仅仅是技术层面的挑战,更关涉对权力的态度问题。[①] 数字技术的广泛运用,不仅改变了政府权力的运作方式,也提出了新的权力分配与制约问题。尽管数字政府带来了诸多便利与高效,但也必须警惕其可能带来的法律风险和出现权力过度集中现象。

在数字政府的建设过程中,必须坚守法治原则,确保权力在法律的框架内运行。数字法治政府的建设,不仅是对数字技术的规范,更是对权力运作的制约与监督。我们应当充分认识到,数字政府的发展不仅是技术进步的体现,更是对权力运行方式的深刻变革。

### 3.数字政府的行政伦理消解

随着数字政府的崛起,传统行政伦理面临前所未有的挑战。数字化转型使行政程序与技术流程难以无缝衔接,可能导致传统行政程序被取代,行政理性受损。此外,数字政府或许会加剧科层官僚制的弊端,同时偏离组织理性的核心。而数字政府运作中出现的效率与公正、程序与实体、形式法治与实质法治的冲突,解决之道将取决于数字政府的运作目标。因此,对于数字化转型中的行政伦理冲突,需要审慎权衡并在数字政府发展的框架内找到合适的平衡点,以实现更加全面、高效和公正的行政治理。

---

① 孙冠豪:《中国数字法治政府建设十年述评》,《中国信息安全》2023 年第 2 期。

4.数字政府的"技术—制度"失衡

数字政府是信息技术推动下的产物,对传统行政组织架构带来了巨大改变,同时也承担更多的行政责任。然而,数字政府面临技术受限和技术创新的困境。它需要信息技术既受行政结构的控制,又能够自行设计控制者,形成了一个棘手的"鸡生蛋、蛋生鸡"的循环难题。① 这种现代性危机表现为政府异化和再集权化,破坏了政府的组织结构、职责体系和行政行为,使得政府活动出现异化现象。解决这一挑战需要深入思考如何在信息技术的发展中找到平衡点,以维持政府的有效性和合法性,确保数字政府的发展不仅现代化而且民主化。数字政府的发展推动了政府活动的广泛延伸与责任边界的模糊,这种趋势进一步加剧了有限政府与有为政府之间的内在张力。此外,数字政府可能增强行政领域的专业壁垒,降低外部民主问责的效力,从而面临因"技术—制度"失衡所引发的异化危机。

## (二)"数字法治政府"建构的逻辑理路

"数字法治政府"是一个复杂而宏观的概念,并不简单地代表数字政府的法治保障。尽管旨在构建法治主导的数字政府,"数字法治政府"的概念和制度建构必然滞后于数字政府建设进程,因为与科层制政府相适配的法治政府本身也在建设之中。

数字法治政府面临独特的运作挑战,传统模式难以适应数字化时

---

① 张雪帆、蒋忠楠:《公共行政的数字阴影:数字政府建设中的伦理冲突》,《公共行政评论》2022年第5期。

代的需求。因此,需探索新构想,明确发展方向。数字法治政府不仅是利用数字技术推动法治的工具,也是法治理念在数字化环境中的拓展。除了基础设施如信息平台、数据开放和数字化监管外,还需实现政府行为、观念和制度的全面革新,构建职责明确、法治为基的治理体系。但在此过程中,需解决技术与法治之间的协调问题,确保数字与法治的和谐统一。

然而,法治政府的目标包括多个维度,例如适度、合法、阳光、服务、责任和诚信等。① 在我国,构建法治政府需要考虑责任、服务和透明等方面。② 鉴于法治是复杂的价值系统,如何将法治理念引领数字政府的发展还需要进一步深入研究和探讨。

在法治框架下解决数字政府面临的现代与后现代挑战,是我们面临的重要任务。我们期待法治为数字政府提供明确的指导和规范,然而,必须意识到数字政府正在逐步改变法治政府的传统构建和运作方式。同时,面对数字政府在法治化进程中的双向影响,如何客观全面地评估其对法治的遵循与背离,是一个需要认真对待的挑战。因此,必须深入研究、审慎应对,确保数字政府在法治的轨道上健康有序发展,为法治建设注入新的活力。尽管法治政府核心在于约束权力,但如何利用法治的多维价值来引导数字政府建设是一个复杂的课题,因为公共权力的法治化不仅限于行政机关权力,还包括更广泛的行政行为主体

---

① 黄英:《论法治政府的价值取向及其现实冲突》,《学术论坛》2010 年第 7 期。

② 张翠梅:《中国语境下的"依法治国"与法治政府构建》,《江汉论坛》2015 年第 5 期。

的法治化,特别涉及平台权力作为政府辅助者和行政助手的影响。国家对数字权力的管控若不得当,可能会诱发数字权力风险,特别是在数字资本游离于政府监管之外的情况下。为此,不仅要对信息国家保持高度警觉,更要防范信息资本主义的滋生。例如,要警惕某些技术被资本所控制,从而形成超越国家和个人的强大数字权力。

# 第二节 "数字法治政府"建设

党的十八大以来,以习近平同志为核心的党中央高度重视数字化发展,并提出构建"数字中国"的远大构想。在党的十九大报告中,将"数字中国"提升为国家战略,将"数字政府"视为其重要组成部分。[①]作为数字时代政府治理的新形态,数字政府旨在利用数字科技深化政府职能改革,优化治理体系,提升治理能力。近年来,中国数字政府建设不断推进,党的十九届四中全会首次将其要求写入党中央文件中。2022 年 4 月 19 日,中央全面深化改革委员会第二十五次会议审议通过了一系列文件,强调了数字政府建设的重要性和必要性。党的二十大报告提出,加快建设网络强国、数字中国。[②] 深化推进数字政府建设,是适应信息化时代趋势,加快建设数字中国的必然要求。

---

① 张建锋:《数字政府 2.0:数据智能助力治理现代化》,中信出版集团 2019 年版,第 21—39 页。

② 习近平:《高举中国特色社会主义伟大旗帜 为全面建设社会主义现代化国家而团结奋斗——在中国共产党第二十次全国代表大会上的报告》,人民出版社 2022 年版,第 30 页。

《2022 联合国电子政务调查报告》显示，中国的电子政务发展指数（EGDI）达到 0.8119，全球排名第 43 位，属于非常高的水平。[①] 尽管我国数字政府建设在近年来取得了一定的成效，相较于 2020 年有了明显的提升，但与美国、英国等数字政府建设领先国家相比，仍存在不小的差距。我们必须清醒认识到，数字政府建设并非简单的技术升级，而是一场具有针对性的系统性变革。它要求我们在政府理念、治理方式、运行机制、政务流程以及体制资源等多个方面进行全面优化和重构。

## 一、法治环境下建设数字政府的理论问题

2021 年 8 月，中共中央和国务院发布了《法治政府建设实施纲要（2021—2025 年）》，首次提出了"数字法治政府"这一创新性概念。随后，2022 年 6 月，国务院发布了《关于加强数字政府建设的指导意见》，明确指出要加快完善适应数字政府建设的法律法规框架体系。这表明数字政府建设与法治政府建设应该相互协调、互相促进，数字政府建设必然在法治环境下不断推进。

### （一）数字政府建设及其法治环境的内涵

#### 1. 数字政府建设的内涵

数字政府建设是指将数字技术广泛应用于政府管理服务，通过推

---

① United Nations Department of Economic and Social Affairs, *United Nations E-Government Survey 2022: The Future of Digital Government*, October 2022, https://www.un-ilibrary. org/content/books/9789210019446/read.

动政府治理流程再造和模式优化,不断提高决策科学性和服务效率。2019 年,党的十九届四中全会首次明确提出要"推进数字政府建设",并在《中共中央关于坚持和完善中国特色社会主义制度 推进国家治理体系和治理能力现代化若干重大问题的决定》中明确指出:"建立健全运用互联网、大数据、人工智能等技术手段进行行政管理的制度规则。推进数字政府建设,加强数据有序共享,依法保护个人信息。"此外,《中华人民共和国国民经济和社会发展第十四个五年规划和 2035 年远景目标纲要》也以专章阐明了提高数字政府建设水平的整体要求,进一步明确了"数字政府"的内涵,即将数字技术广泛应用于政府管理服务,推动政府治理流程再造和模式优化,不断提高决策科学性和服务效率。这两部重要文件中均专门提及数字政府建设的相关要求,并对数字政府建设的定义和要求进行了明确,这充分体现了党和政府对数字政府建设的高度重视。

2. 数字政府建设法治环境的内涵

数字政府建设的法治环境是确保数字政府运行合法、规范的重要保障。它涵盖了法律保障、制度规范等多方面内容。在当前全面依法治国的大环境下,《关于加强数字政府建设的指导意见》明确指出了构建科学规范的数字政府制度规则体系的重要性,其中健全完善数字政府建设的法治环境至关重要。此举意味着,我们必须积极推动法规的修订工作,深入清理与数字政府建设不相适应的条款,同时要将实践中行之有效的做法上升为制度规范,从而加快构建和完善与数字政府建设相匹配的法律法规框架体系。这一指导意见的出台,为提升数字政府建设的法治化水平提供了明确的方向和根本遵循,为相关工作的开展提供了科学指导和坚实保障。

### (二)以人民为根本、提高行政效率是数字政府建设的基本要求

党的十八大以来,以习近平同志为核心的党中央坚持以人民为中心的发展思想,积极建设数字政府,并明确提出了数字政府建设要以人民为中心。然而,过去一段时间里出现了行政效率低下的问题,数字政府建设通过电子政务和一网通办成功解决了这一问题,提高了行政效率,实现了以人民为中心的目标。数字政府建设还致力于消除"数字鸿沟",确保数字化带来的便利平等地惠及各地区和年龄段的人群,提高了服务质量和效率,让建设成果更多更公平地惠及全体人民,更好地满足人民群众的需求,提供更高质量的公共服务。

### (三)信息技术为数字政府建设提供了可能

在中央全面深化改革委员会第二十五次会议上,习近平总书记强调,为全面贯彻网络强国战略,应将数字技术广泛应用于政府管理服务,推动政府数字化、智能化运行,为推进国家治理体系和治理能力现代化提供有力支撑。数字政府是一种将理想化的善治模型置于网络化、数字化、智能化环境下的治理方式和途径,其目的是改进政府内部的机构化过程,提供更好的信息和服务交付,降低腐败和增加政府透明度,加强政治可信性和责任性,通过民主参与和协商促进民

主的贯彻。① 随着信息技术的迅速发展,包括互联网、大数据、移动通信、人工智能等新兴技术的崛起,数字政府建设获得了前所未有的可能性。政府应以人民群众的需求为出发点,结合现有技术条件,利用信息技术的先进手段,推动数字政府的建设。数字政府的重要功能和便利服务,如"电子政务""一网通办"等,都依赖于信息技术的支持。然而,数字政府的发展不仅仅是信息技术发展的结果,也不是政府被动接受技术发展的产物,更不能简单视为数字技术的简单叠加。数字政府代表着政府体制的深刻变革,是政府整体再造的过程。

### (四)法治是保障数字政府建设的前提

2021年,《法治政府建设实施纲要(2021—2025年)》提出全面建设数字法治政府,强调科技保障体系的健全,利用互联网、大数据、人工智能等技术推进依法行政,实现政府治理信息化与法治化深度融合,提升数字化水平。这要求统筹推进数字政府与法治政府建设,使数字化与法治化在治理思维、理论、制度和工具上深度融合,通过数字化赋能推进法治政府建设,通过法治化赋能推动数字政府建设。2022年,国务院发布的《关于加强数字政府建设的指导意见》同样强调推动政府治理法治化与数字化深度融合,并加快完善适应数字政府建设的法律法规框架体系。数字政府建设不能仅仅依赖于信息技术的发展,

---

① 徐晓林:《"数字城市":城市政府管理的革命》,《中国行政管理》2001年第1期。

与法治的紧密结合同样至关重要。信息技术虽然是推动政府治理的手段,但它本身并不能确保善治。在数字政府建设中,法治保障是推动其良性发展的关键,只有通过建立和完善法律法规体系,才能真正提升政府的治理能力和职能改革。法治是政府运作的基石,行政活动必须遵循法律,确保其合法性和正当性。因此,数字政府建设需要在法治环境下进行,以确保有法可依、有法必依,从而更好地服务于社会。

## 二、我国数字政府建设的法治环境现状

### (一)我国数字政府建设的立法及政策现状

当前,我国数字政府建设的法律框架体系主要以行政法规为主导,同时辅以行政规章和相关法律的规定。尽管我国已经初步形成了以行政法规为核心、行政规章为辅助的法律体系,但尚未构建起全面、系统的数字政府建设法律框架体系。具体见图7-1、图7-2、图7-3、图7-4。

| 法律 | 《中华人民共和国国民经济和社会发展第十四个五年规划和2035年远景目标纲要》<br>《法治政府建设实施纲要（2021—2025年）》<br>《中华人民共和国数据安全法》<br>《中华人民共和国个人信息保护法》 |
|---|---|

图7-1 我国数字政府建设立法概况(1)

| 行政法规 | 《国务院办公厅关于促进电子政务协调发展的指导意见》<br>《全国一体化政务大数据体系建设指南》<br>《促进大数据发展行动纲要》<br>《推进"互联网＋政务服务"开展信息惠民试点实施方案》<br>《政务信息资源共享管理暂行办法》<br>《国务院关于加快推进"互联网＋政务服务"工作的指导意见》<br>《政务信息系统整合共享实施方案》<br>《国务院关于在线政务服务的若干规定》<br>《国务院办公厅关于建立健全政务数据共享协调机制加快推进数据有序共享的意见》 |
| --- | --- |

图 7-2　我国数字政府建设立法概况（2）

| 部门规章 | 《政务信息资源目录编制指南（试行）》<br>《"十四五"推进国家政务信息化规划》<br>《"十四五"民政信息化发展规划》<br>《交通运输政务数据共享管理办法》<br>《民政部贯彻落实〈国务院关于加强数字政府建设的指导意见〉的实施方案》<br>《文化和旅游部办公厅关于进一步加强政务数据有序共享工作的通知》 |
| --- | --- |

图 7-3　我国数字政府建设立法概况（3）

| 地方性规章 | 《广东省"数字政府"建设总体规划（2018—2020年）实施方案》<br>《浙江省数字化转型标准化建设方案（2018—2020）》<br>《贵州省推进"一云一网一平台"建设工作方案》<br>《山东省数字政府建设实施方案（2019—2022）》<br>《宁夏回族自治区加·快推进"数字政府"建设工作方案》<br>《湖北省数字政府建设总体规划（2020—2022）》<br>《山西省数字政府建设规划（2020—2022）》<br>《安徽省"数字政府"建设规划（2020—2025）》 |
| --- | --- |

图 7-4　我国数字政府建设立法概况（4）

首先,在行政法规层面,目前有以 2022 年颁布的《国务院关于加强数字政府建设的指导意见》《全国一体化政务大数据体系建设指南》为代表的关于数字政府建设的数部行政法规,包括《国务院办公厅关于促进电子政务协调发展的指导意见》(国办发〔2014〕66 号)、《促进大数据发展行动纲要》(国发〔2015〕50 号)、《推进"互联网+政务服务"开展信息惠民试点实施方案》(国办发〔2016〕23 号)、《政务信息资源共享管理暂行办法》(国发〔2016〕51 号)、《国务院关于加快推进"互联网+政务服务"工作的指导意见》(国发〔2016〕55 号)、《政务信息系统整合共享实施方案》(国办发〔2017〕39 号)、《国务院关于在线政务服务的若干规定》(国务院令第 716 号)、《国务院办公厅关于建立健全政务数据共享协调机制加快推进数据有序共享的意见》(国办发〔2021〕6 号)等文件,这些行政法规构成了我国当前数字政府建设法治体系的核心内容,为我国的数字政府建设提供了关键的行动准则和法律保障。

其次,在行政规章层面,在《国务院关于加强数字政府建设的指导意见》出台之前,便有众多的立法尝试。针对《政务信息资源目录编制指南(试行)》(发改高技〔2017〕1272 号)、《"十四五"推进国家政务信息化规划》(发改高技〔2021〕1898 号)、《"十四五"民政信息化发展规划》(民发〔2021〕104 号)、《交通运输政务数据共享管理办法》(交科技发〔2021〕33 号)等相关部门规章,各中央政府部门紧密结合各自行政职能,从政务服务数字化、政务数据共享、电子政务系统升级等多个维度,对其下属单位进行了明确的要求和指导,从专门化、专业化、职能化的角度"加快建设数字政府,提高政务服务水平"。

最后,在更高的法律层面上,《中华人民共和国国民经济和社会发展第十四个五年规划和 2035 年远景目标纲要》的特定章节以及《法治政府建设实施纲要(2021—2025 年)》的专门条款,均对数字政府建设的主要内容进行了明确而详尽的规定。另外,关于政务数据安全和相关个人信息保护的内容,则由《中华人民共和国数据安全法》第五章"政务数据安全与开放"和《中华人民共和国个人信息保护法》第二章第三节"国家机关处理个人信息的特别规定"进行专门规定。

### (二)我国数字政府建设的执法现状

2019年,经中国软件评测中心全面评估,我国数字政府建设已取得显著进步,正处于全面提升的关键阶段。这一阶段不仅推动了政府治理模式的创新升级,提升了行政管理的效率和质量,还显著增强了政府的公信力和执行力,为构建现代化政府治理体系奠定了坚实基础。值得强调的是,新法律法规的出台为数字政府建设提供了坚实的法律支撑和保障。中央和地方各级执法部门深入贯彻实施相关法律法规,积极践行法律精神,有效推动了数字政府建设的步伐。特别是在电子政务和政务信息共享等关键领域,取得了显著成效和重要突破。

国家互联网信息办公室发布的《数字中国发展报告(2021年)》数据显示,我国数字政府建设已取得显著成效,"掌上办""指尖办"已成为政务服务的标准配置,"一网通办""跨省通办"等方面也取得了积极的进展。与此同时,各级执法机构积极协同,显著扩大了我国数字政府的服务覆盖面,并使其提供的服务项目更加多元化。

根据中国互联网络信息中心发布的报告,中国的数字政府建设已经取得了显著成果。截至 2024 年 10 月，国家平台已经向地方提供了超过 5400 亿次的数据共享交换服务，彰显了中央与地方政务信息共享的不断加强。各省级数字政府在组织机构、制度体系、治理能力等方面展现出了各具特色的发展成果，地区之间存在明显差异。自 2020 年以来，中国加快了数字政府建设的步伐，实现了政务信息的共享，为各部门协同提供了坚实的技术和制度基础。而 2022 年《国务院关于加强数字政府建设的指导意见》的出台，则标志着中国数字政府建设迈入新的发展阶段，为相关执法领域带来了新的发展机遇。

## 三、我国数字政府建设现有法治环境的不足与原因

### （一）我国数字政府建设现有法治环境的不足

#### 1. 数字政府建设的法律体系尚不完善

目前，我国数字政府建设的法律框架主要由行政法规所主导，尚缺乏一部具有统领性的法律文件来对其进行位阶上的明确规范和科学指引。数字政府建设作为一项全局性的制度变革，其推进与实施需要得到高位阶法律的全面规范与指导，而行政法规和行政规章等则应作为这一法律框架的重要补充。因此，为确保数字政府建设的法治化、规范化与高效化，应建立以法律为基础、辅以必要规范文件的数字政府框架体系，从而确保各级政府及其部门在数字政府建设中做到有法可依、依法行政，为实现国家治理体系和治理能力现代化提供坚实的法治保障。

2. 数字政府建设的执法标准有待进一步明确

第一,数字政府建设面临着行政服务事项供给标准缺乏统一的问题。这一建设不仅仅是技术问题,更牵涉到对权力的处理。它要求减少审批事项、推进网上自主办理,但对权力范围的明确界定缺乏规定。同时,对于既可线上办理又可线下办理的业务,缺乏一致的标准和流程规定,导致服务标准不一致,影响了数字政府建设的效果。

第二,数字政府建设缺乏科学、系统的评价标准,尤其是缺乏人民满意度的评价体系。缺乏科学有效的考评标准使得对该建设的影响和成效评估变得困难,可能导致其变成形式主义。鉴于数字政府建设的核心目标在于服务人民,缺乏对人民满意度的评价体系妨碍了其进一步完善和推进。

第三,数字政府在促进政务信息流通和数据交流方面面临着数据标准不统一的难题,导致数据壁垒影响了跨区域信息流通。不同地区数字化发展不一致导致数据标准、编目指南和存储格式的不一致性,给跨区域政务信息调取带来了极大的困难。

## (二)我国数字政府建设现有法治环境相对不足的原因

1. 由行政系统内部驱动数字政府建设导致法律体系不完善

我国数字政府建设在法制建设方面存在不足,这主要是因为政府数字化转型主要由内部行政系统推动所致。在数字政府建设的初始阶段,主要依赖行政法规、行政规章等内部手段来加以规范。这些法规主要立足于内部视角,聚焦于制度、体制和机制的构建与实施过程,而忽视了对外部法律环境的考量与对接。当前数字政府建设法律法规主要以内部行政法为主,其来源、调整对象等都是内部性的,符合内部行政法的特点。

2. 从地方试点开始建设数字政府导致执法标准不明确

我国的数字政府建设从地方试点开始,各省级行政区在没有全国统一执法标准的情况下,制定了各自的建设规划。然而,各地实际情况的差异,导致了执法方式和方法的不一致,加深了执法标准不明确的问题。实践优先于理论发展,数字政府的实际推行始于 2017 年的广东省,但要建立相关的执法标准,需要长期的实践经验积累。唯有深入实践,方能精准把握哪些行政事务适宜数字化操作,哪些则不适宜,以及何种数据规范更契合数字政府建设的实际需求。

## 四、我国数字政府建设现有法治环境的完善

数字政府建设在我国发展中具有重要意义,为保障其顺利运行,需要建立健全的法治环境。建议从立法和执法两个方面入手,首先通过制定专门的《数字政府法》来规范数字政府建设,其次在执法层面,强调以人民为中心,加强服务供给、群众参与和数据安全等方面的执法工作。这些措施将有助于推动数字政府建设更加智能高效、协同有序地发展,推动政府治理方式转型和治理能力提升。

### (一)立法上的完善:颁布《数字政府法》

尽管我国已有多项行政法规支持数字政府建设,但缺少专门法律。

《国务院关于加强数字政府建设的指导意见》提出完善法律法规的重要性,并呼吁立法机关尽快颁布《数字政府法》。这一法律将统领数字政府建设,为下位法提供依据,解决数字政府建设中的深层次体制机制问题,推动数字政府建设更规范、全面地发展。

第一,为规范数字政府建设,《数字政府法》需界定其法律地位,并明确直接主管部门及其职责。此外,在主管部门和各行政部门、地方政府内部,应设立类似于美国的"首席信息官",专责政务信息的收集与管理,以促进行政信息资源的协调共享。这些规定有助于建立更完善的数字政府组织架构,提升信息资源利用效率,实现更高效的行政管理和服务。

第二,《数字政府法》应规定数字政府建设的标准。当前缺乏数字政府建设与服务标准,影响了数字政府服务的有效实施。因此,这部专门立法应包括:为了保障行政服务事项的供给质量,需确立统一的供给标准,并对数字政府的工作范围和服务提供方式进行明确界定;为提升政务服务的质量和效率,需建立科学的考评标准,并将公众反馈体系纳入其中,以激发公众的参与热情,推动政务服务的持续优化;为确保政务数据的共享和流通,需制定统一的政务数据标准,打破数据壁垒,实现信息互通,以提升政务服务的效能和水平。

第三,《数字政府法》应规定政府和私人主体在数字政府建设中的权利和义务。这项建设将推动政府组织结构和职能的变革,并带来政府治理理念的创新。法律应明确数字政府建设不仅是政府享有的职权,更是政府应该履行的责任。

第四,数字政府建设正逐渐成为合作治理的核心途径。为确保建设的高效推进,必须明确界定政府与参与其中的私人主体之间的权力与责任关系。在明晰双方权利义务边界的基础上,开展合作,共同推动数字政府建设的深入发展。

### (二)执法上的完善:坚持以人民为中心

数字政府建设的目标是为民众提供更便捷高效的服务,解决烦琐低效的问题。随着数字政府向更高阶段发展,公民导向愈加重要,需要注重电子服务的便捷、安全和整体性。因此,数字政府建设必须以人民为中心,从人民群众的需求出发,确保服务的质量和效率。为达成这一目标,需要优化政务服务,利用先进技术提供个性化、便捷的服务;建立群众参与的评价标准体系,确保政府工作符合民意;同时,加强对个人信息的保护,确保公民隐私不被侵犯。

党的十八大以来,我国数字政府建设取得了显著成果,法律和政策体系已构建,数字政府平台也在稳步发展。党的二十大报告强调法治在国家治理中的重要性,数字政府建设作为全局性、系统性的改革,对政府职能转变和数字中国建设至关重要。这一改革需要人才、技术和法治环境的支持。当前我国正在全面建设社会主义现代化国家,加快推进数字政府建设是满足人民需求和国家治理现代化的重要举措。因此,必须积极创造条件推动数字政府建设的落实。

# 第三节 "数字法治政府"的
# 路径塑造与机制构建

## 一、"数字法治政府"建设的关键任务与突破路径

### （一）"数字法治政府"建设的关键任务

1. 切实加强信息权力结构再造的法治因应

数字政府建设在改变政府权力运作方式和范围的同时,应强调数字权力的法治规范和数字民主的推动。通过重塑信息结构与伦理,加强权力监督,实现政府与社会的信息共享、政府权力的分散与社会权力的集中。数字政府建设需要明确信息权力伦理,提升信息权力的行使效率,增强透明度和责任意识,强化自我监督控制机制,并通过政府数据开放方便公民获取社会公共数据,加强外部监督控制,从而促进数字政府的可观测和可监督性的发展。

2. 准确把握"技术—制度"的辩证互动关系

数字技术已深刻改变政府运作模式与组织架构,催生了法治体系如何与数字政府技术革新相匹配,以及技术革新如何融入法治政府价值重塑的议题。这种技术与制度的交互关系,要求我们在法治化与数字化之间寻求有机协调、双向促进的路径。一方面,要推动数字行政的法治化进程,确保数字行政技术随着法律制度的完善、行政行为的规范

化、行政体制机制的改革以及思维方式的转变而不断演进;另一方面,要探索行政法治的数字化实现路径,通过数字化信息技术的运用,推动行政法治的创新与适应。然而,在政府治理和信息工具构建中存在不平衡,需要双向构建,以实现更加有效的治理,适应数字时代的要求。

3. 积极防范数字技术对法治政府的侵蚀和解构

数字技术的发展提高了政府的运作效率,但与此同时,法治对于政府权力的限制和规范也显得尤为重要。数字技术与法治的互动具有双重面向,可能促进制度优化也可能带来制度破坏,因此维护数字政府的法治核心至关重要。建设"数字法治政府"需要运用法治理论设定技术治理的界限,实现技术与法治的平衡,确保技术驱动和法治引领相辅相成。同时,数字政府的伦理规范也应充分整合,强化科技和信息伦理治理以及法律治理,通过法治价值的渗透赋予技术以政府理性和伦理规范。

4. 充分保障数字政府社会回应性与责任性的协调

"数字法治政府"的建设需要克服数字政府服务性与有限政府回应性之间的矛盾,实现法治和数字政府之间的协调发展。目前的挑战在于建立数字政府与法治政府双向互动的模式,使数字政府既能响应需求又能承担责任。数字技术本身并不能直接决定政府的责任履行,而是需要结合制度和技术,以适应不断变化的数字行政要求,构建一个既规范又能灵活应对的数字政府。因此,为推进"数字法治政府"建设,必须严格规范和完善数字政府的职责体系,确保数字行政组织法与行政程序法之间的协调统一。

## （二）"数字法治政府"建设的突破路径

"数字法治政府"旨在规范数字政府在"治理社会"方面的职能,重新聚焦于其核心目标:"治理政府"。其核心思想在于确保数字治理在法治框架内运行,通过协调法治与数字治理的关系,实现数字政府下数字治理与法治的相互影响,解决"市场失灵"和"政府失灵"问题,确保法治构建与数字政府运行的适应性。然而,这一过程并非简单的数字治理与法治、信息化与法治的叠加,而是需要深度互动与融合。必须深入研究这些元素如何有机结合、协同运作,以推动数字治理与法治、信息化与法治的全面发展。

### 1. "数治"治理面向数字法治政府建设

在数字社会日益复杂的背景下,数字平台企业所表现出的"反社会倾向"愈发明显,这无疑加重了数字政府在市场监管和社会治理方面的责任。随着市场经济的不断深化和复杂化,政府对市场的监管和调控显得尤为重要。与此同时,信息革命的迅猛发展也对市场管制提出了更高的要求。数字化社会生活的代码化趋势在一定程度上简化了社会问题的处理,但同时也推动了政府治理的技术性演变。数字政府以数据应用为核心构建了"数治"模式,这种模式有助于减少社会成本,其基本机理在于通过数据处理降低社会治理的成本。[①] 数字政府以全面、宏观的视角,通过"数治"功能履行公共管理职能,改造社会。

---

① 姚尚建:《人的自我数据化及其防范——数字城市的前提性问题》,《学术界》2023 年第 1 期。

虽然数字治理在提高治理效率方面发挥了作用,但其并非智慧治理,容易违背法治原则。数字治理存在的问题主要源于算法偏见和权力偏好,可能损害数字社会结构和法治。因此,建立数字法治政府不仅要追求数字治理,更要遵循综合法治理念,通过法治化促进数字治理。法治政府强调权力控制和法治效能,关注被治理者角度和治理政府,侧重于行政自律;数字政府则重视治理和行政效能,强调治理者视角和政府治理。数字政府的建设基石在于通过数字技术对社会治理进行现代化改革,即"数治"。与此同时,法治政府则坚守法律的权威,确保政府行为受到法律的严格约束。

数字法治政府建设的核心在于妥善处理数字化行政与法治之间的关系,确保政府在数字治理领域的行为受到法律的制约,不得超越其职权范围。为实现这一目标,必须建立健全的法律制度和技术支撑机制,为数字治理行为提供明确的规范与指引。这就意味着法治不仅为数字治理提供支持,还要为其提供约束,特别是自我监督和外部控制能力。

2. 数字权力融入数字法治政府建设

数字政府的崛起离不开市场治理技术的运用,然而,其发展应更注重服务性而非控制性。数字法治政府的核心目标在于调整数字政府权力偏差,以适应数字治理时代的特点,构建服务型的整体政府。在这一过程中,数字法治政府旨在审视和规范数字权力的运行,以提升国家治理的理性,同时将数字权力控制纳入数字政府建设,寻求更优的法治政府方案。随着信息技术的发展,数字治理时代的兴起清晰地展现了政府和社会系统的新轮廓,数字社会治理和数字权力监督相互促进,推动着数字法治政府的建设。

"数字法治政府"有助于规范、理性、合法、有序地运用数字政府的权力,推进数字权力在数字政府中的规范实践。① 尽管数字政府在监管数字权力方面相较于传统法治政府存在不足,但随着技术和制度的日益融合与发展,其展现出良好的发展态势。技术规制理论为数字政府提供了潜在的规制手段,即将技术手段作为规则或制度来制约权力的运行,进而影响权能的变动和权力的分配。在政府决策过程中,技术发挥着至关重要的作用,通过逻辑计算和数据追踪来规范政府行为,弥补政府在理性、中立和预测性方面的不足。

3. 行政效能嵌入数字法治政府建设

数字政府建设的推进,为政府部门间的协同合作、综合治理及行政效能提升提供了重要契机。借助先进技术的支撑,政府各部门得以更加紧密地围绕行政目标展开合作,有效破解了传统部门利益格局的制约,推动了政府治理体系和行政效能的整体跃升。然而,尽管效能原则要求制度建设带来可观回报,但这些回报不应损害人类的基本价值。因此,"数字法治政府"建设旨在实现法治与行政高度融合,而非仅关注单一行政效能的数字政府。提升政府治理的数字化水平,并不等同于推进法治政府建设的整体水平。尽管两者在透明度、便捷性等方面存在一定的联系,但这种联系并非决定性的。

"数字法治政府"涉及数字行政中的管理、政治和法律三个路径的

---

① 胡杰:《论权力的义务性》,《法学》2021年第10期。

协调。管理路径注重效率和经济,政治路径关注公平和责任,法律路径强调个人权利和合法程序。当前需优化政府职责划分,整合权限,解决职责缺失问题,提升数字政府效能。应协调行政效率与法治关系,避免过度集中带来的风险。可借鉴他国经验,改革数字行政内部控制机制,建立分散化决策结构和组织模式,完善效能激励和监督机制。数字技术发展有助于建立全域守法的法律实施监督机制,强化社会治理和政府治理效能的同步监督。

## 二、"数字法治政府"的系统塑造与机制构建

### (一)"数字法治政府"的系统塑造路径

"数字法治政府"的构建不仅涉及新制度的创造,也涵盖了既有机制的优化,这极大地考验了政府在新时代背景下的制度构建与创新能力。依据机制设计理论,优质的制度需要通过精心策划和创造来实现,其中信息和资源的合理配置是机制设计的核心要素。因此,这一理论对于推动"数字法治政府"的建设具有重要的理论和实践指导意义。

相较于传统政府模式,"数字法治政府"具有独特的信息工具优势,通过运用先进的信息技术手段,能够优化数字行政法治资源的配置,提升政府治理效能。在建设"数字法治政府"的过程中,我们需充分运用机制设计理论,例如通过实施"设计型行政法",科学构建相关机制,引导数字政府建设的方向,实现法治制度、法治技术与法治理念的有机结合。

　　随着数字社会的不断演进,数字政府与传统政府形态的差异日益显著,因此,建立全新的"数字法治政府"成为当务之急。这项工程是一个长期而复杂的过程,需要系统规划和持续推进。关键在于建立长效机制,包括动力、监督和评价机制,以确保建设不断向前推进。同时,需注重转变数字政府职能,加强监督保障,并严守核心原则和特征。这意味着要强调法治政府核心价值,追求公正、监督权力和保障公民权利等原则;同时,要重视法治政府工具系统建设,通过技术赋能法治,捍卫法治的价值体系。在建设过程中,需要统筹推进关键制度建设,实现自我推动与内外联动相结合,推动数字政府信息平台设施、权力监督制度、数字财政体系优化以及绩效评估机制的建设,以此推动"数字法治政府"的不断完善和发展。

### (二)"数字法治政府"的机制构建

#### 1."数字法治政府"信息平台设施构建

　　学者认识到数字政府是一个数据流动平台,呈现了国家治理问题的实质。数字政府建设通过"社会计算"强化国家治理,但需要警惕单向"数治"带来的治理危机,必须坚持"数治"权力运行法治化的理念,推动数字公民知情权和参与权的制度化,包括政府信息公开和政府数据开放法律制度的建设,以及促进社会治理大数据和政府治理大数据的协同共建。为实现"数字法治政府",需以数字信息平台为基础,整合、开放、共享政府数据,建立开放的数据生态系统。这有助于推进数字经济和数字社会的发展,并促成政府、企业和公众等多方参与,同时构建权力监督的基本渠道。

政府数字信息平台建设需平衡"数治—治数"关系,强调治理权责的清晰标准和可计算性,打造良好的数字平台生态。关键在于不仅仅是对数据进行集中管理,更要提高数据开放程度以满足社会需求,同时加强数据保护监督机制。

2."数字法治政府"权力监督制度构建

建设"数字法治政府"需要内部和外部控制的双向构建,结合权力监督的制度优化、技术调整和工具改进,促进数字政府对权力进行自我反思和修正。重点在于强化数字权力监督,使政府实现行政自治、加强外部监督,提升法治建设的数字化水平。数字权力监督具备国家和社会两个层面的监督机制。数字权力监督的建立需要与传统监督制度相结合,以确保多元化、多层次的监督机制有效运作。尽管技术能够加强监督能力,但其实际效果仍依赖于制度的安排。数字法律监督机制已融入数字政府治理,而国家数字权力监督机制也在建设中,与社会化的数字权力监督机制共同作用于数字政府的行政权力规制。

社交网络的兴起改变了信息流动的格局,但数字政府的发展可能重新调整这一格局,使信息流向不再自然。未来,数字法治政府需要利用数字技术的优势,加强国家自身的监督能力,以适应信息结构的变革。通过数字化权力监督,可以将权力运行转换为数据流程,并利用大数据和区块链技术建立起强有力的数字监督体系,将数据监督作为数字政府权力监督的核心环节。

3. "数字法治政府"数字财政体系构建

数字政府的经济职能对于建设"数字法治政府"至关重要,需要通过法治手段加以规控。数字财政作为数字社会的基础设施,不仅提供政府财政数据,还支持其他公共数据,重塑了政府财政结构,使其运行更透明、可观测。数字财政的发展势在必行,它不仅加速了数字政府财政治理现代化,还有助于形成有效的规控机制,预防和解决数字政府的公共风险,维护数字社会的稳定。

4. "数字法治政府"绩效评估机制构建

"数字法治政府"作为数字政府建设的标杆,不仅强调合法性,也注重责任伦理规范。为了充分发挥其引领作用,必须建立健全的质量评价和绩效评估体系。然而,当前数字政府绩效评估面临诸多挑战,因此,亟待建立明确的规范标准和绩效考核机制。大数据技术的运用为数字政府绩效评估提供了新的可能,推动了绩效评估向持续、精准验证的方向发展。同时,加强数字政府职能审查机制,促进制度创新,有助于发现和解决数字政府运行中的问题,推动数字法治政府建设的深入发展。

# 参 考 文 献

[1]郑春荣、[德]亚历珊德拉·豪斯泰因:《社会科学视角下的数字化进程》,同济大学出版社 2019 年版。

[2]陈罡:《城市环境设计与数字城市建设》,江西美术出版社 2017 年版。

[3]高崇:《人工智能社会学》,北京邮电大学出版社 2020 年版。

[4][韩]高三锡:《崭新的未来:5G 超链接社会》,赵在九、王丹娜译,中国广播影视出版社 2021 年版。

[5][德]埃里克·谢弗尔、吴琪、黄伟强:《工业 X.0 实现工业领域数字价值》,贺琳、曹心羽译,上海交通大学出版社 2017 年版。

[6]郑戈:《数字社会的法治构型》,上海人民出版社 2023 年版。

[7]郭亮、李洁、彭竞等:《异构智算:高效算力筑基数字社会》,人民邮电出版社 2022 年版。

[8]张立:《走进数字社会》,国家行政管理出版社 2023 年版。

［9］刘红波:《面向数字社会的公众参与和政府回应》,华南理工大学出版社2023年版。

［10］张公望:《走向数字社会》,浙江人民出版社2023年版。

［11］王轩:《数字社会治理:价值变革、治理风险及其应对》,《理论探索》2023年第4期。

［12］田旭明:《数字社会的主要伦理风险及其应对》,《中州学刊》2022年第2期。

［13］张媛媛、邹静:《"技术—隐私"视域下数字社会隐私保护的路径创新》,《社会科学研究》2022年第6期。

［14］谢新水:《合作共享:功能良好数字社会的建构原则——基于德鲁克和梅奥的反思》,《学术界》2022年第1期。

［15］刘华、刘秀华、杨继文:《数字社会建设中的科技治理问题及其法治保障路径》,《科技进步与对策》2022年第14期。

［16］周尚君:《数字社会对权力机制的重新构造》,《华东政法大学学报》2021年第5期。

［17］孟庆国、郭媛媛、吴金鹏:《数字社会治理的概念内涵、重点领域和创新方向》,《社会治理》2023年第4期。

［18］李智水、邓伯军:《数字社会形态视阈下社会治理的逻辑进路研究》,《云南社会科学》2020年第3期。

［19］刘凤、杜宁宁:《数字社会转型背景下城市基层治理逻辑变革研究》,《湖北民族大学学报》(哲学社会科学版)2020年第4期。

［20］肖俏、任家庆:《网络空间:数字社会城乡融合发展新路径》,

《甘肃理论学刊》2021 年第 2 期。

[21]李照伟:《数字社会:让社会服务更聪明 让群众生活更便利》,《宁波通讯》2021 年第 21 期。

[22] The UN, *International Community Must Urgently Confront New Reality of Generative*, *Artificial Intelligence*, *Speakers Stress as Security Council Debates Risks*, *Rewards*, July 2023, https://press. un. org/en/2023/sc15359.doc.htm.

[23] Cozza, M., "Bridging gender gaps, networking in computer science", *Gender*, *Technology and Development*, No.15, 2011.

# 后　记

　　本书通过社会学、政治学、法学、管理学、网络技术等多学科交叉研究,力求为探索数字社会的转型和治理提供新的理论研究路径,具有较强的学术价值和应用价值。一是为从事数字社会治理研究的学者提供参考;二是为各级政府数字社会治理提供决策参考;三是为从事数字社会治理的工作者提升数字治理能力提供智力支持;四是为广大网民提高数字素养的科普读物。作为一名数字社会治理领域的研究者,我希望开拓一个数字社会治理研究的新视角,为我国数字社会治理和数字经济高质量发展尽微薄之力。

　　本书的成功出版得到了人民出版社、中共山东省委党校(山东行政学院)有关领导和同仁的大力支持。在本书成稿过程中,课题组成员做了大量问卷调查、设计论证和书稿的校对等艰苦细致的工作,经过近两年的努力终于成书。同时,本书得到山东省大数据局和中共山东省委党校(山东行政学院)创新工程资助出版,在此一并致谢!

由于作者水平所限,书稿尚存在很多不足之处,对于研究中所存在的问题和不足,敬请学界同人批评指正并请多提宝贵意见,以求在未来研究中加以弥补。

于泉城

2024 年 9 月 10 日

责任编辑：赵圣涛
封面设计：胡欣欣

**图书在版编目（CIP）数据**

数字社会转型与治理研究 ／ 梁松柏著. -- 北京 ：
人民出版社，2024.9 -- ISBN 978－7－01－026935－1

Ⅰ．D63-39

中国国家版本馆 CIP 数据核字第 202434MN72 号

**数字社会转型与治理研究**
SHUZI SHEHUI ZHUANXING YU ZHILI YANJIU

梁松柏　著

人民出版社 出版发行
（100706　北京市东城区隆福寺街 99 号）

中煤（北京）印务有限公司印刷　新华书店经销

2024 年 9 月第 1 版　2024 年 9 月北京第 1 次印刷
开本：710 毫米×1000 毫米 1/16　印张：20
字数：320 千字

ISBN 978－7－01－026935－1　定价：109.00 元

邮购地址 100706　北京市东城区隆福寺街 99 号
人民东方图书销售中心　电话（010)65250042　65289539